JOCHEN ANDRITZKY

# VISIONEN BRAUCHT DAS LAND

JOCHEN ANDRITZKY

# VISIONEN BRAUCHT DAS LAND

## Für eine langfristige Politik mit Mut zur Zukunft

HERDER

FREIBURG · BASEL · WIEN

MIX
Papier | Fördert gute Waldnutzung
FSC® C014496

Verlag Herder GmbH, Freiburg im Breisgau 2026
Hermann-Herder-Str. 4, 79104 Freiburg


www.herder.de

Bei Fragen zur Produktsicherheit wenden Sie sich an
produktsicherheit@herder.de

The views expressed herein are those of the author and should not be attributed to the IMF, its Executive Board, or its management.

Alle Cartoons in diesem Buch stammen von Spirt Cebanu.

Umschlaggestaltung: wunderlichundweigand, Schwäbisch Hall
Satz: Daniel Förster, Belgern
Herstellung: GGP Media GmbH, Pößneck
Printed in Germany

ISBN (Print): 978-3-451-07263-5
ISBN (EPUB): 978-3-451-83620-6
ISBN (PDF): 978-3-451-84138-5

*Maxi*

*Für Deine Zukunft*

# Inhalt

# Mondlandung

Die Luft ist stickig im spärlich eingerichteten Besprechungszimmer des Ministeriums. Auf der einen Seite des Tisches haben die fünf Wirtschaftsweisen und ich Platz genommen. Auf der anderen Seite blickt uns ein Abteilungsleiter mit seinem Team in die Augen. Das Wort *Transformation* gehöre nicht zum Sprachgebrauch des Hauses, stellt der Abteilungsleiter klar. Dem Wirtschaftsstandort Deutschland gehe es gut. Das Geschäftsmodell der deutschen Wirtschaft sei intakt. Die Rahmenbedingungen stimmten. Es bestehe keine Notwendigkeit, sie grundlegend zu überdenken.

So erinnere ich mich an meine erste persönliche Begegnung mit der deutschen Wirtschaftspolitik. Das war im Juni 2015. Erst am Vortag war ich aus meiner Wahlheimat USA angereist, um einen neuen Job als Generalsekretär des Sachverständigenrates zur Begutachtung der gesamtwirtschaftlichen Entwicklung – der Wirtschaftsweisen – anzutreten. Zwei Jahrzehnte hatte ich im Ausland gelebt, zunächst in der Schweiz während meines Studiums, später in den USA als Ökonom beim Internationalen Währungsfonds.

Meine Ankunft in Deutschland dagegen fühlte sich an wie die Landung auf dem Mond. Der aus der Zeit gefallene Stadtflughafen Tegel, die spottbillige Taxifahrt im klapprigen Opel samt entrüstetem Fahrer, dem ich ahnungslos meine amerikanische Kreditkarte reichte, und die allerorts sichtbar gealterte Infrastruktur. War das wirklich mein Heimatland? Gekrönt wurde das Ganze durch die steile Ansage des Abteilungsleiters, es bestehe keinerlei Anlass, über Transformation oder Strukturwandel nachzudenken.

Ich kam mir vor wie ein Fremder im eigenen Land. Als wäre ich auf dem Mond gelandet, und zwar auf dessen Schattenseite. Denn einerseits hatte ich den Eindruck, das Land des Wirtschaftswunders sei abgewirtschaftet und eingerostet. Andererseits wirkten die wirtschaftspolitischen Grundüberzeugungen wie Botschaften aus einer anderen Welt.

Seither sind einige Jahre vergangen. Die Erkenntnis, dass sich die Welt um uns herum im tiefgreifenden Wandel befindet, hat sich durchgesetzt. Der Begriff »Transformation« hat seinen Charakter als Kampfbegriff der progressiven Linken verloren und findet zunehmend Eingang in die öffentliche Debatte. Darauf deutet eine Auswertung der Presseberichterstattung hin (Abbildung 1). Im Jahr 2025 wurde der Begriff fünfzehnmal häufiger in Presseartikeln verwendet als noch 2005.

Wie wir wirtschaftspolitisch mit diesem Umbruch umgehen sollen, ist noch längst nicht geklärt. Dieses Buch will Alternativen aufzeigen. Dabei hilft es, wenn Sie jetzt die Brille der Langfristigkeit aufsetzen. Denken Sie an das Jahr 2050. Dann werden Ihre Kinder fast so alt sein wie Sie heute. Wie wird die Welt dann aussehen? Wie sollte sie aussehen? Und was werden Ihre Kinder im Jahr 2050 darüber

Abb. 1: Narrativ Transformation

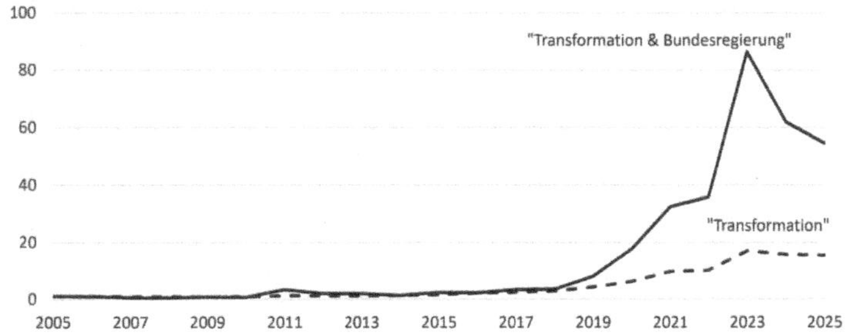


*Normierte Anzahl von Presseerwähnungen, 2005 = 1. Quellen: GENIOS, eigene Berechnung.*

denken, was wir im Jahr 2026 diskutiert, beschlossen und vielleicht versäumt haben? Vergessen Sie nicht: Seit der Jahrtausendwende, die uns noch wie gestern vorkommt, ist mehr Zeit vergangen, als uns bis 2050 bleibt.

Sehen Sie mit der Brille der Langfristigkeit auf die Grundthese dieses Buches: Wir sollten, ausgehend von langfristigen Zielbildern – also positiven, realistischen Visionen –, die wirtschaftspolitischen Rahmenbedingungen unseres Landes neu kalibrieren, anstatt mit kleinteiligen staatlichen Eingriffen nur an Symptomen herumzudoktern. Dieses Buch ist ein Plädoyer für eine langfristig gedachte Rahmenpolitik, die uns befähigt, unsere Zukunft aktiv zu gestalten.

Dieses Buch wird Ihnen nur dann Spaß machen, wenn Sie zwei Prämissen teilen. Erstens haben Sie ein Grundvertrauen in die freiheitlich-marktwirtschaftlichen Mechanismen, also in die Idee, dass Märkte unter geeigneten Rahmenbedingungen zu guten Ergebnissen führen können. Das hat zu Zeiten Ludwig Erhards funktioniert, und das funktioniert auch noch heute. Natürlich haben sich die Strukturen verändert. Es gibt heute zum Beispiel große Plattformunternehmen wie Amazon und Google. Aber Monopole sind kein neues Phänomen. Sie hießen früher einfach AT&T oder Standard Oil. Wo Märkte versagen, sollten wir zunächst über die Rahmenbedingungen nachdenken und nicht reflexhaft in den kleinteiligen staatlichen Interventionismus verfallen.

Die zweite Prämisse lautet, dass sich unsere Welt bis 2050 grundlegend wandeln wird. Gemeint ist eine massive Verschiebung der Parameter für die Wirtschaft, oft ohne klaren Endpunkt, etwa bei der künstlichen Intelligenz. Andere Entwicklungen, wie der demografische Wandel, sind vielleicht absehbar, aber wie wir damit umgehen, ist noch offen. Wieder andere Zielmarken könnten sich verschieben, zum Beispiel wenn die Not der Klimaanpassung das Ziel der Klimaneutralität verdrängt. Klar ist, dass die kommenden Jahrzehnte tiefgreifende Veränderungen mit sich bringen. Der wirtschaftspolitische Rahmen sollte deshalb zum Wandel befähigen und zugleich in der Lage sein, mit unterschiedlichen Szenarien umzugehen.

Was ist mein Ziel? Ich möchte langfristiges Denken in der Politik wieder attraktiv machen. Dazu sollten wir Rahmen setzen und Anreize wirken lassen. Diese Rezeptur funktioniert auch in Zeiten des Wandels, auch wenn sie mitunter einen längeren Atem braucht.

Ich hoffe, mit diesem Ansatz jene zum Innehalten zu bewegen, die angesichts der Herausforderungen unserer Zeit in die Trickkiste des Interventionismus greifen möchten. Denn eine Politik der symptomorientierten, kurzfristigen und kleinteiligen Eingriffe überfordert Staat, Wirtschaft und Gesellschaft gleichermaßen. Zugleich möchte ich Verfechter einer ordnungsorientierten Wirtschaftspolitik ermutigen, mit Weitblick die nötigen Veränderungen des Rahmens anzustoßen. Allzu oft beschränken sie sich meines Erachtens darauf, die Vorschläge der Interventionisten lediglich abzuwehren. Meine Vorstellung ist hingegen, dass sie eigene Ordnungsansätze entwickeln und diese offensiv in die Debatte einbringen.

Wie komme ich als Technokrat aus dem wirtschaftspolitischen Maschinenraum dazu, ein Plädoyer für strategisches Politikdenken ins Zentrum zu stellen? Vor gut fünfundzwanzig Jahren haben mich die Wirtschaftskrisen in Asien, Osteuropa und Lateinamerika mit der Faszination für Wirtschaftsreformen infiziert. Seitdem arbeite ich in der internationalen Wirtschaftspolitik auf technischer Ebene, also dort, wo der Teufel im Detail steckt. Und wo man lernt, wie schwer es ist, ein politisch »gut gemeint« in ein praktisch »gut gemacht« zu verwandeln.

Diese Erfahrung hat mir gezeigt, welche enorme Kraft institutionelle Rahmenbedingungen und ökonomische Anreize über die Zeit entfalten. Wer Strukturen schafft, statt auf Einzelfallsteuerung zu setzen, erzielt eine nachhaltigere Wirkung. Einzelmaßnahmen sind oft nur symbolische Stellschrauben. Sie geben der Politik das Gefühl, etwas bewegt zu haben. In Summe verstopfen sie aber die Politik, blähen Bürokratie auf und verstellen den Blick auf das große Ganze.

Deshalb bestimmen Überlegungen zu Anreizstrukturen und Freiräumen dieses Buch, hin zu einem Rahmen, in dem sich die Gestaltungskraft des Einzelnen entfalten kann. Ja, ein freiheitlicher, marktwirtschaftlicher Rahmen kann die Herausforderungen unserer Zeit bewältigen!

Sind wir hierzulande willens und in der Lage, diese Diskussion zu führen? Mein Steckenpferd war es stets, der Politik konstruktive wirtschaftspolitische Vorschläge zu machen. Doch vieles davon findet nicht den Weg in die öffentliche Diskussion, weil es zu weit entfernt vom politischen Tagesgeschäft ist. Das Jahresgutachten der Wirtschaftsweisen enthält zum Beispiel Hunderte Seiten voller Reformideen. Doch was titeln die Zeitungen, wenn das Gutachten wie üblich am Vortag an die Presse durchgestochen wird? Sie stürzen sich auf die Konjunkturprognose für die nächsten Monate. Die detaillierten Reformvorschläge finden kaum Beachtung.

Diese Kurzfristorientierung hat sich in weiten Teilen der politischen Debatte breitgemacht. Strukturreformen, die kurzfristig Verlierer schaffen und sich erst auf lange Sicht auszahlen, werden systematisch vermieden. In der Folge tun sich Politikerinnen und Politiker und ihre Berater zunehmend schwer damit, langfristige Politik überhaupt noch zu thematisieren. Dieser Befund hat mich dazu bewogen, den Maschinenraum zu verlassen und mit der Gründung eines

Thinktanks – der Zukunft-Fabrik.2050 – den Blick auf den Wandel in der langen Frist zu richten.

Und wozu braucht es dieses Buch? Es entstand aus drei Gründen.

Erstens ist das Anliegen dieses Buches – die Idee einer visionsorientierten, langfristigen Wirtschaftspolitik – zu lang und sperrig für einen Zeitungsartikel oder ein paar Social Media Posts.

Zweitens bietet ein Buch in der Auslage der Buchhandlungen vielleicht die Chance, mehr Menschen für die Idee langfristiger Wirtschaftspolitik zu begeistern. Die Bühnen dieses Landes – ob Zeitungen, Konferenzen, Talkshows oder interne Gesprächsrunden in Hinterzimmern – werden meist von altbekannten Platzhirschen bespielt. Neue Ideen tun sich schwer. Der Markt für Ideen ist in Deutschland unterentwickelt. Ein Buch aber darf jeder schreiben. Vielen Dank, dass Sie Ihre wertvolle Zeit investieren möchten, um es zu lesen.

Drittens ist dieses Buch eine Einladung an Sie! Beteiligen Sie sich am langfristigen Denken. Geben Sie ihm eine Bühne. Ich werde dieses Buch künftig zu all meinen Terminen mitnehmen, ob zu Gesprächen mit Politikern in Berlin oder mit Unternehmern im Rest des Landes. Seien Sie gewiss: Die Führungsriege unseres Landes wird es lesen, genauso wie Sie es gerade tun!

# 1

# Visionslos in die Transformation

Der Internationale Währungsfonds – für viele Jahre meine berufliche Heimat – ist mit rund dreitausend Beschäftigten der größte Arbeitgeber für Makroökonomen weltweit. Die zentrale Aufgabe des IWF ist die wirtschaftliche Analyse der über 190 Mitgliedsländer. Die Mitarbeiter rotieren alle paar Jahre von einem Länderteam zum nächsten. Ein typisches Flurgespräch beginnt deshalb meist mit der Frage: »Which country do you work on today?« Durch diese ständigen Wechsel sind die Ökonomen darauf trainiert, rasch die wirtschaftlichen Grundlagen eines Landes zu erfassen. Wie beim Arzt beginnt alles mit der Diagnose.

Wie funktioniert also die deutsche Wirtschaft? Zentraler Bestandteil des deutschen Geschäftsmodells ist seit Langem die Stärke der Exportbranchen, allen voran der Automobil- und Maschinenbau, gefolgt von Chemie und Pharma. Relativ zu seiner wirtschaftlichen Größe ist Deutschland stärker als jede andere Volkswirtschaft in den internationalen Handel eingebunden (Abbildung 2). Besonders im Automobil- und Maschinenbau liegt Deutschlands komparative Stärke.[1] Die Marke »Made in Germany« steht weltweit für technische Raffinesse und Präzision. Möglich wurde das durch gut ausgebildete Fachkräfte, nicht zuletzt dank des international geschätzten dualen Ausbildungssystems und aufgrund der besonderen Struktur aus industriellen Großunternehmen und spezialisierten Mittelständlern. Diese »Hidden Champions« konkurrieren mit ausgetüftelten Nischenprodukten und Spezialanfertigungen auf dem Weltmarkt.

Über lange Zeit hat uns diese Wirtschaftsstruktur Wohlstand und Beschäftigung beschert. Also alles in Ordnung? Gibt es überhaupt einen Transformationsbedarf? Können wir nicht einfach beim Weiter-so bleiben? In diesem Kapitel erzähle ich meine Geschichte über das Erfolgsmodell Deutschland, das noch vor wenigen Jahren gepriesen wurde.

Abb. 2: Außenhandelsquoten und Größen von Volkswirtschaften

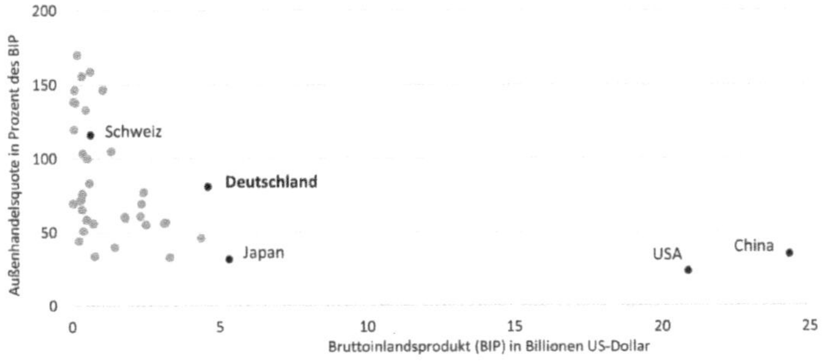


*Bruttoinlandsprodukt in Kaufkraftparitäten im Jahr 2020. Quellen: Sachverständigenrat Wirtschaft Jahresgutachten 2022/23, eigene Darstellung.*

## 1.1 Kranker Mann auf Steroiden

Seit einiger Zeit steht Deutschland wieder als »kranker Mann« in den Schlagzeilen. Das Wachstum bleibt aus, Deutschland weist die schlechteste Wirtschaftsentwicklung unter den großen Industrienationen auf.[2] Die mehrjährige Schwächephase der deutschen Wirtschaft hält an. Langsam setzt sich die Erkenntnis durch, dass Deutschlands Kurs in den Niedergang führt.

Der Transformationsbedarf ist seit Jahrzehnten absehbar. Doch als Glückspilz der Globalisierung hat Deutschland ihn lange kaum gespürt. Seit den 1990er Jahren sind in den USA digitale Plattformgiganten entstanden, während China vom armen Agrarstaat zur zweitgrößten Wirtschaftsmacht der Welt aufgestiegen ist, die uns technisch ein- und überholt. In Deutschland hingegen bestimmen Schlagzeilen über Stellenstreichungen und Werksschließungen das Bild. Von neuen Erfolgsgeschichten, etwa von Softwareanbietern wie Celonis oder Personio oder Mobilitätspionieren wie Flix oder Tier, hört man kaum. Es gibt sie, doch sie finden kaum Beachtung.

Wie konnte es also sein, dass Deutschland bis vor Kurzem trotz eines massiven globalen Strukturwandels noch immer als Erfolgsmodell galt, obwohl es im Kern weiter Autos und Maschinen baute? Obwohl Teile der ehemals starken Chemieindustrie längst abgewandert waren?

Ein Blick über zwanzig Jahre zurück hilft, das zu verstehen. Denn damals ergab sich eine Situation, die zur letzten großen Debatte um Strukturreformen geführt hat, die es in unserem Land gab, die Agenda 2010. Neben den Nachwehen der Wiedervereinigung, die einen massiven Strukturbruch in Ostdeutschland auslöste, zeichnete sich in den 1990er Jahren der Übergang in eine neue Wirtschaftsordnung ab. Märkte wurden dereguliert, Staatskonzerne wie die Telekom privatisiert. Die »Deutschland AG« – ein dichtes Geflecht aus verschachtelten Beteiligungen großer Konzerne – wurde unter dem Druck der Globalisierung entflochten. Verschärfte Kontroll- und

Transparenzpflichten sowie neue steuerliche Regeln für Veräußerungsgewinne machten alte Strukturen unattraktiv und ebneten den Weg zu einer teilweisen Neuordnung.

Ich hatte damals die Gelegenheit, einen Blick in beide Welten zu werfen, in die alte Industrie und die neu entstehende. Als Mitarbeiter einer Vermögensverwaltung lernte ich, wie die Gelder des rheinischen Kapitalismus mit ausgeklügelten Finanzderivaten und Schiffsbeteiligungen vom Zugriff des Fiskus ferngehalten wurden. Bei der Mitarbeit in einem Münchner Start-up wurde ich Zeuge der verzweifelten Versuche, in den Anfängen des Cloud Computing Investoren von neuen Ideen zu überzeugen. Der Strukturwandel war erkannt, doch die Beharrungskräfte waren stärker. Das Platzen der Dotcom-Blase im Jahr 2000 und die Enttäuschung über die »Volksaktien« von Telekom und Post verhinderten einen nachhaltigen Aufbruch in eine neue Wirtschaftsordnung.

In den frühen 2000er Jahren führten die fortschreitenden Veränderungen und die Rezession 2002/03 zu massiven Jobverlusten. Die Wirtschaft war schwerfällig, das Sozialsystem aufgebläht. Das Wachstum lahmte, die öffentlichen Kassen leerten sich. Der Druck wurde so groß, dass mit der Agenda 2010 ein wirtschaftspolitischer Befreiungsschlag mit Reformen der Sozial- und Arbeitslosen-, Renten- und Gesundheitsversicherung folgte.

Doch dieses Aufbäumen blieb ein einmaliges Ereignis. Statt den Strukturwandel kontinuierlich zu begleiten, blieb die Agenda 2010 die letzte große Reform ihrer Art. Es war, als hätte man sich – frei nach dem Sozialpsychologen Kurt Lewin – nach »Unfreeze« und »Change« wieder dauerhaft im Zustand des »Freeze« eingerichtet.

Nach der Abwahl Gerhard Schröders verfolgte Angela Merkel in weiten Teilen ihrer 16-jährigen Kanzlerschaft eine Politik des Verwaltens und Bewahrens. Innovation und Reformbereitschaft wichen dem berühmten Weiter-so. Wachstumsförderlich waren in dieser Zeit nur wenige Maßnahmen: die Senkung des Beitrags zur Arbeitslosenversicherung im Jahr 2007, gegenfinanziert durch eine Erhöhung der

Mehrwertsteuer, sowie die Unternehmenssteuerreform 2008. Danach folgten Eingriffe wie der Mindestlohn, Rentengeschenke wie Mütterrente und Rente mit 63 sowie klimapolitische Initiativen wie das Erneuerbare-Energien-Gesetz. Während der Eurokrise ab 2009 war Deutschland kaum mit der eigenen Transformation befasst, sondern vor allem damit beschäftigt, anderen Mitgliedsstaaten Strukturreformen abzuverlangen.

Dass aus dem »kranken Mann Europas«, der 2002 in die Rezession rutschte und zwei Jahre lang mit negativem Wachstum kämpfte, nur wenige Jahre später wieder ein Exportweltmeister wurde, lag vor allem an zwei entscheidenden Faktoren. Diese überdeckten, dass Deutschlands Geschäftsmodell längst in die Jahre gekommen war, und ließen die strukturellen Schwächen über zwei Jahrzehnte wieder unsichtbar werden.

Der erste entscheidende Faktor war der Aufstieg zahlreicher Schwellenländer, allen voran China. Schon in den 1990er Jahren begann der wirtschaftliche Aufbruch Osteuropas nach dem Zerfall der Sowjetunion, gefolgt vom Boom der asiatischen Tigerstaaten und der rasant voranschreitenden Industrialisierung Chinas. Diese Entwicklung trieb die Nachfrage nach deutschen Exportgütern an: Maschinen für die neuen Fabriken, Autos für die aufkommende Mittelschicht. In diesen beiden Branchen hängen rund zwei Drittel der deutschen Wertschöpfung vom Ausland ab.[3] Ohne die Öffnung Osteuropas und Chinas Beitritt zur Welthandelsorganisation wäre der »kranke Mann« Deutschland wohl nicht so schnell aus dem Krankenbett gestiegen.[4]

Der zweite wesentliche Faktor war Deutschlands hartnäckig gewahrte preisliche Wettbewerbsfähigkeit. Das deutsche Exportwunder hat Ökonomen über Jahre hinweg gespalten, denn das Ausmaß der Außenhandelsüberschüsse ist für ein großes Land wie Deutschland ungewöhnlich.[5] Nach volkswirtschaftlicher Lehrbuchmeinung müssten automatische Anpassungsmechanismen wirken, etwa eine steigende Inflation oder ein aufwertender Wechselkurs. Wieso kam es dazu nicht, und was folgte daraus?

Dass Deutschland nicht länger als Hochpreisland galt, lag an mehreren Einflüssen. Erstens war da die Einführung des Euro im Jahr 1999. Sie beendete den Aufwertungsdruck auf die Deutsche Mark, der zuvor deutsche Exportgüter stetig verteuert hatte. Mit dem Euro wurde Deutschland Teil einer Währungsgemeinschaft mit Staaten, die oft weniger exportstark waren und von denen einige später in schwere Wirtschaftskrisen schlitterten.

Ein Vergleich mit der Schweiz, die dem Euro fernblieb, zeigt den Unterschied. Wie die D-Mark galt auch der Franken lange als besonders stabile und sichere Währung. Entsprechend verliefen ihre Wechselkurse über Jahrzehnte nahezu parallel (Abbildung 3). Doch seit der Einführung des Euro hat sich der Franken abgekoppelt. Preisbereinigt und handelsgewichtet, stieg sein Außenwert seit der Euro-Wechselkursfestsetzung im Dezember 1998 um über zwanzig Prozent. Der Euro dagegen legte nur vernachlässigbar an Außenwert zu.

Abb. 3: Gleichlauf und Divergenz der Wechselkurse für Deutschland und die Schweiz

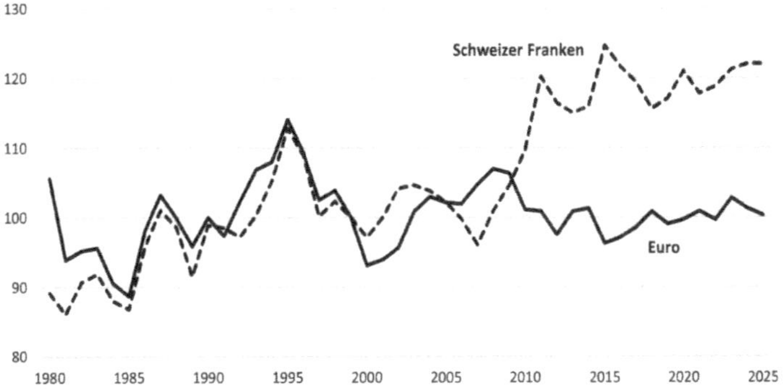


*Reale effektive Wechselkurse mit 65 Handelspartnern (51 Handelspartner für Januar 2024 bis Juli 2025). Daten zur Vergleichbarkeit indexiert (Jahr 1999 = 100). D-Mark bis Ende 1998. Quellen: Bruegel, eigene Berechnungen.*

Zweitens trugen die Integration Osteuropas mit seinen gut ausgebildeten Arbeitskräften und niedrigen Löhnen sowie weltweit sinkende Handelskosten zur Verlagerung von Produktionsprozessen ins Ausland bei. Diese Strategie sicherte deutschen Unternehmen erhebliche Kostenvorteile und stärkte so ihre Wettbewerbsfähigkeit. Klar war jedem Ökonomen bereits damals, dass dieser Effekt nicht auf ewig anhalten würde, denn mit dem Aufschließen Osteuropas an den wirtschaftlichen Wohlstand in Westeuropa ging der Preisvorteil allmählich verloren.

Ein dritter Grund ist die Lohnmoderation der frühen 2000er Jahre. Damals hatte die wirtschaftliche Schwächephase zu massiver Arbeitslosigkeit geführt, was den Druck auf die Löhne erhöhte. Bereits 1995 schlug der damalige IG-Metall-Vorsitzende Klaus Zwickel ein »Bündnis für Arbeit« vor.[6] Die SPD griff diesen Vorschlag im Bundestagswahlkampf 1998 auf und machte das Bündnis zum Bestandteil ihres Koalitionsvertrags mit den Grünen:

> *»Zur Bekämpfung der Arbeitslosigkeit wird die neue Bundesregierung alle gesellschaftlichen Kräfte mobilisieren. Wir wollen ein Bündnis für Arbeit und Ausbildung … Zu diesem Bündnis für Arbeit haben alle Beteiligten in fairem Geben und Nehmen ihren Beitrag zu leisten.«*[7]

Anfang 2000 erklärten Arbeitgeber und Gewerkschaften einmütig, dass Produktivitätsgewinne nicht für Lohnanstiege, sondern für die Schaffung neuer Arbeitsplätze eingesetzt werden sollten. Die Agenda-Reformen der Regierung Schröder trugen zusätzlich zur Flexibilisierung des Arbeitsmarkts bei, etwa durch die Ausweitung befristeter Arbeitsverträge und Zeitarbeit. Auch die Reform der Handwerksordnung 2004, die den Meisterbrief in vielen Berufen überflüssig machte, erleichterte den Zugang zum Arbeitsmarkt. Zugleich nahm die Bedeutung der Flächentarifverträge ab, unter anderem durch Öffnungsklauseln und den Strukturwandel in der Wirtschaft. Die Gewerkschaften verlegten ihren Schwerpunkt zunehmend auf den Erhalt von Arbeitsplätzen – also Verhinderung von Strukturwandel – und pflegten eine pragmatische Sozialpartnerschaft mit den Arbeitgebern.

Nach Jahren schwacher Lohnentwicklung sanken die preisbereinigten Löhne zwischen 2004 und 2007 und schwächten in der Folge die Binnennachfrage.[8] Die Lohnzurückhaltung verbesserte die Wettbewerbsfähigkeit Deutschlands gegenüber anderen Ländern im Euroraum. Diese Divergenz erhöhte später, nach Ausbruch der Wirtschaftskrisen in Griechenland, Spanien, Irland und Zypern, den Anpassungsbedarf dieser Länder. Seit der globalen Finanzkrise steigen die Löhne in Deutschland zwar wieder, doch bleiben die Lohnforderungen insgesamt moderat.

Wäre Deutschland überhaupt Exportweltmeister geworden, wenn der Euro wie der Schweizer Franken deutlich aufgewertet hätte? Oder wenn die Löhne hierzulande ähnlich stark gestiegen wären wie in anderen Teilen Europas? Wir wissen es nicht. Plausibel ist zu vermuten, dass eine ungünstigere Entwicklung die Reformlethargie und den strukturellen Stillstand wohl kaum zugelassen hätte. Deutschland wäre unter solchen Bedingungen deutlich früher ins Straucheln geraten.

Interessant ist überdies, dass die bemerkenswerte Lohnmoderation auch nach Überwindung des Kranken-Mann-Syndroms weitgehend hingenommen wurde. Weder setzten Gewerkschaften oder Beschäftigte höhere Lohnforderungen durch, noch nahm die Wechselneigung von Arbeitnehmern zu produktiveren Firmen spürbar zu. Das insgesamt niedrige Lohnniveau in Deutschland, das deutlich unter dem der Schweiz liegt, wird kaum thematisiert.

Das überrascht umso mehr im Vergleich zur Vehemenz, mit der vor gut zehn Jahren eine Debatte über Einkommensungleichheit entbrannte. Und das, obwohl sich die Schere in Deutschland seit 2005 kaum weiter geöffnet hat.[9] Während seither viel über Umverteilung diskutiert wird, werden andere wirtschaftliche Weichenstellungen kaum hinterfragt. So zum Beispiel die Verschiebung der

Steuerlast weg von Arbeitnehmern und Unternehmen und hin zum Konsum durch die Senkung des Einkommensteuertarifs im Zuge der Agenda 2010, die Unternehmenssteuerreform 2008 oder die Erhöhung der Mehrwertsteuer von 16 auf 19 Prozent im Jahr 2007. Diese langfristigen Weichenstellungen prägen das Bild der deutschen Volkswirtschaft bis heute: niedrige Löhne, geringer Konsum, hoher Außenhandelsüberschuss.

Fassen wir also zusammen. Nachdem Deutschland in den Jahren nach der Wiedervereinigung wirtschaftlich schwächelte, erstrahlte es in den 2010er Jahren im Glanze seines Glückes. Der Beitritt zum Euro nahm den Aufwertungsdruck, der die Konjunktur bremsen würde. Die Reformen der Agenda 2010 machten Deutschland höchst preiskompetitiv, gerade in dem Moment, als der Aufschwung wichtiger Exportländer, insbesondere Chinas, so richtig an Fahrt gewann.

Doch auf diesen Steroiden ruhte man sich aus. Staat und Unternehmen investierten zu wenig in die Zukunft, das Land lebte von der Substanz.[10] Wie ein Feld, das zwar noch abgeerntet, aber nicht mehr bestellt wird. Inzwischen hat sich die Welt weitergedreht. China ist nicht mehr der verlässliche Wachstumstreiber, sondern wird zunehmend selbst zur Konkurrenz. Ein zweites China – in Indien, Afrika oder anderswo – ist nicht in Sicht. Und die Einmaleffekte der verlängerten Werkbank in Osteuropa sind längst ausgelaufen. Der ökonomische Effekt von Balassa und Samuelson lässt sich nicht zurückdrehen.

Der Rückenwind hat sich gelegt, und das Geschäftsmodell Deutschland steht ohne klare Erneuerungsidee im Sturm.

## 1.2 Moralisch erhaben in den Niedergang

Um Weltmeister zu werden, braucht man eine hohe Leistungsfähigkeit, intensives Training, eine überlegene Strategie und eine Portion Glück. Wer den Exportweltmeister in erster Linie als Glückspilz betrachtet, sieht Deutschland in einem anderen Licht.

In einem Licht, in dem die deutsche Erhabenheit etwa in Zeiten der Eurokrise unangemessen, ja arrogant wirkt. Natürlich gab es Misswirtschaft und politische Fehlentscheidungen auch anderswo. Aber gerade Deutschland hat seit der Agenda 2010 keine nennenswerten Reformen unternommen, um sich zukunftsfähig aufzustellen. In Hinterzimmergesprächen wurde ich Zeuge von Tiraden deutscher Politiker und Ministerialbeamter über die Zustände in Griechenland und anderen EU-Krisenländern. Und in Brüssel spürte ich, wie deutsche Arroganz und mangelnde Empathie das Vertrauen belasteten. Diese Kälte schlug mir als Unbeteiligtem sogar auf dem internationalen Parkett in Washington entgegen. Manchmal, wenn Deutschland wieder einmal eine Maßnahme zur Stärkung der Euroarchitektur blockierte, fragte ich mich, wie lange es wohl noch dauert, bis Deutschland und nicht Italien von just dieser Maßnahme profitieren würde.

Missstände, die uns in Krisen wie Schuppen von den Augen fallen, entstehen nicht über Nacht. Auch in Deutschland gibt es sie. Doch oft braucht es erst ein handfestes Beben, bevor wir erkennen, dass der Kaiser ohne Kleider dasteht.

Lange erzählte sich Deutschland die Geschichte seiner wirtschaftlichen Stärke als Ergebnis kluger Politik und förderlicher Rahmenbedingungen. Doch wer diese Stärke eher als Produkt günstiger Umstände versteht, erkennt darin vor allem das Geschick eines Landes, das im Rückenwind der Globalisierung elegant mit dem Strom schwamm. Umso wichtiger wäre es, den externen Faktoren mehr Aufmerksamkeit zu schenken, etwa der hohen Auslandsnachfrage, geringen Handelsbarrieren und dem freien Kapitalverkehr. Welche Rolle diese globalen Einflüsse in der deutschen Selbsterzählung spielen, zeigen einige Eindrücke aus meiner Zeit im Sachverständigenrat Wirtschaft.

Im Sachverständigenrat versammeln sich die fünf Wirtschaftsweisen traditionell im Dezember zur letzten Sitzung des Jahres, um die Themen für das nächste Jahresgutachten festzulegen. In der Zeit, in der ich als Generalsekretär den Stab leiten durfte, folgte die Gliederung einem bewährten Muster: ein Überblickskapitel zur Wirtschaftspolitik, gefolgt von der Konjunkturprognose, dann die Fachkapitel zu Geldpolitik, Fiskalpolitik, Banken und Arbeitsmarkt und zusätzlich ein oder zwei Kapitel zu Sonderthemen. Angesichts der wachsenden Bedeutung Chinas für die Weltwirtschaft und Deutschlands Exportmodell entstand die Idee, ein Sonderkapitel zu China zu verfassen. Geplant war, vor Ort in Peking eigene Eindrücke zur wirtschaftlichen Verfassung zu sammeln.

Man sollte meinen, es sei selbstverständlich, dass sich ein wirtschaftspolitisches Beratungsgremium mit der langfristigen Wirtschaftsentwicklung wichtiger Handelspartner beschäftigt. Beim Internationalen Währungsfonds gehören Delegationsreisen in die Mitgliedsländer zum Alltag, so selbstverständlich wie Butter aufs Brot. Nicht so beim deutschen Sachverständigenrat. Laut dem Gesetz von 1963 (SachvRatG) hat er der Bundesregierung ein Gutachten zur gesamtwirtschaftlichen Lage *Deutschlands* vorzulegen.[11] Darf oder soll ein deutscher Sachverständigenrat also überhaupt ein Kapitel über China schreiben und dafür sogar nach Peking reisen?

Für den Sachverständigenrat war es ein Novum. Und zu meiner großen Freude willigten die Wirtschaftsweisen ein. Das Jahresgutachten 2016 wurde um ein Kapitel zum Handelspartner China erweitert. Leider blieb es bei dieser Ausnahme. Ein Jahr später kam die Idee auf, Afrika in den Blick zu nehmen, unseren Nachbarkontinent mit gewaltigem wirtschaftlichen Potenzial. Die Bundeskanzlerin hatte gerade den »Compact with Africa« auf dem G20-Gipfel in Hamburg initiiert und signalisierte großes Interesse an einer Ausarbeitung. Doch zu meinem Bedauern griff der Rat das Thema nicht auf.

So blieb das Chinakapitel eine Ausnahme. Im Frühjahr 2016 reiste unsere Zwei-Mann-Delegation nach Peking. Die Reise hinterließ bei uns tiefe Eindrücke. Neben dem Ritt durch staatliche Institutionen führten wir zahlreiche Gespräche mit Akteuren des Privatsektors. Besonders beeindruckend war der Besuch der monumentalen Firmenzentrale von JD.com, einem Onlinegiganten à la Amazon, der in Deutschland erst Aufmerksamkeit erlangte, als er 2025 die Übernahme von MediaMarktSaturn ankündigte.[12] Jenseits aller ökonomischen Kennzahlen offenbarte sich bei unseren Firmenbesuchen etwas, das keine Statistik je erfassen kann, nämlich der gewaltige Aufstiegswille, der Chinas wirtschaftliche Dynamik antreibt. Und dem Europa derzeit wenig entgegensetzt.

Zurück in Wiesbaden, tat sich der Sachverständigenrat mit der Verarbeitung der Eindrücke schwer. Die offensichtlichen Erfolge einer stark staatlich gelenkten Wirtschaft wirkten befremdlich im Licht der eigenen Grundannahmen. In der Endfassung des Kapitels wurde daher mit spürbarem Unbehagen der Hinweis ergänzt, dass China aufgrund fehlender Freiheiten wohl kaum die Exzellenz und Innovationskraft entwickeln könne, die nötig seien, um mit dem Westen dauerhaft gleichzuziehen. Wörtlich hieß es etwa:

> *»Nicht zuletzt in Anbetracht der Einschränkungen bürgerlicher Freiheiten ist fraglich, ob sich China mittelfristig als wettbewerbsfähiger Standort auf dem Weltmarkt behaupten kann.«*[13]

Wenn ich meinen Kollegen und Freunden aus Fernost solche Sätze vorlese, ernte ich meist irritiertes Kopfschütteln. Selbst in China und anderen Autokratien ist längst nicht alles zentral gesteuert. Wirtschaftliche Dynamik und Wettbewerb entstehen dort häufig in deutlich freieren Räumen als bei uns, nur eben unter anderen politischen Rahmenbedingungen. Und während wir im Westen auf Demokratie und individuelle Freiheit setzen, entfalten in vielen Ländern wirtschaftlicher Aufstieg und wachsender Wohlstand eine weit stärkere Strahlkraft. Diese Perspektive zur Kenntnis zu nehmen, würde uns gut stehen. Es würde uns zugleich das Augenrollen unserer internationalen Partner ersparen, die unsere westliche Selbstgewissheit oft als Arroganz empfinden.

## 1.3 Auf wirtschaftspolitischer Geisterfahrt

Was hat Deutschland aus seinem Glück gemacht? Hohe Auslandsnachfrage, ein schwacher Wechselkurs, Lohnzurückhaltung, Konsumschwäche – diese Konstellation geht mit hohen Ersparnissen einher. Ersparnisse sind das volkswirtschaftliche Gegenstück zu Investitionen. Mit diesen Ersparnissen hätte Deutschland also kräftig investieren können. Unternehmen hätten neue Technologien und Geschäftsmodelle entwickeln und Wohnraum schaffen können. Und der Staat hätte in den vergangenen zwei Jahrzehnten Schulen modernisieren, die marode Infrastruktur sanieren, digitale und energetische Netze ausbauen und die Verwaltung digitalisieren können. Doch die Zeit verstrich.

In den Jahren 2014 und 2015 entbrannte unter Ökonomen eine Debatte über die Frage, ob es in Deutschland eine »öffentliche Investitionslücke« gebe. Bundeswirtschaftsminister Sigmar Gabriel setzte daraufhin eine 21-köpfige Expertenkommission ein. In der sogenannten Fratzscher-Kommission, benannt nach ihrem Vorsitzenden Marcel Fratzscher vom Deutschen Institut für Wirtschaftsforschung, rangen Wissenschaftler, Unternehmens-, Verbands- und Gewerkschaftsvertreter um ein gemeinsames Verständnis. Wie definiert man überhaupt das »richtige« Investitionsniveau? Und ist der internationale Vergleich, etwa mit Frankreich, überhaupt sinnvoll, wenn dort Bereiche wie das Krankenhauswesen staatlich betrieben werden, in Deutschland aber nicht?

Die Initiative zeigt, dass ein Problembewusstsein durchaus vorhanden war. Es setzte sich aber nicht durch. Stattdessen dominierte in der öffentlichen Debatte das Narrativ der »schwarzen Null«, das politische Markenzeichen von Bundesfinanzminister Wolfgang Schäuble. Gemeint war mit der schwarzen Null die Vorstellung, den Staatshaushalt zu konsolidieren und die Schuldenquote zu senken. Wie sehr dieses Bild für solide Finanzen die Diskussion über Investitionen verdrängte, zeigt eine Analyse der Häufigkeit dieser Schlagworte in Medien und Suchanfragen (Abbildung 4).

Abb. 4: Narrative »schwarze Null« und »Investitionslücke«

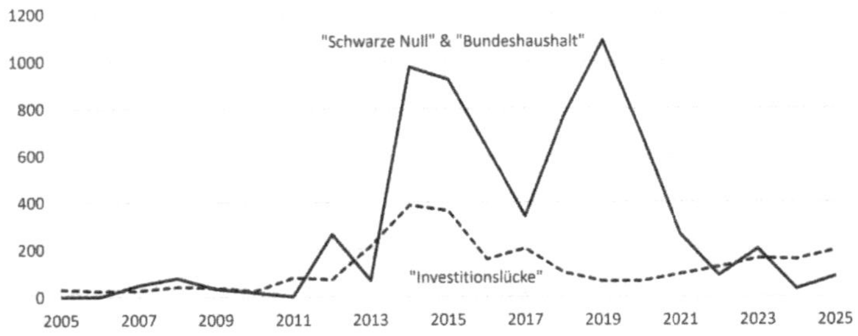


*Quellen: GENIOS, eigene Berechnung.*

Von 2014 bis 2019 schrieb der Bundeshaushalt eine schwarze Null. Die Schuldenquote sank von rund achtzig auf unter sechzig Prozent des Bruttoinlandsprodukts, wobei etwa die Hälfte dieses Puffers durch den «Wumms«, ein Konjunkturpaket zur Abfederung der Coronakrise, wieder verbraten wurde. Natürlich macht der Bundeshaushalt nur einen Bruchteil der gesamtwirtschaftlichen Investitionen aus, und empirisch gibt es keinen klaren Zusammenhang zwischen Fiskalregeln und öffentlichen Investitionen. Der Punkt ist ein anderer. In der politischen Debatte hat sich das Konsolidierungsnarrativ gegenüber dem Investitionsnarrativ durchgesetzt.

Wird viel gespart und wenig investiert, spiegelt sich das in einem hohen Außenhandelsüberschuss. Das ist die simple Mechanik der volkswirtschaftlichen Gesamtrechnung. Anstatt die Exporterlöse dafür einzusetzen, aus dem Ausland Konsum- und Investitionsgüter zu beziehen, häufte Deutschland hohe Auslandsguthaben an. Dieser Außenhandelsüberschuss wurde dabei fast wie ein Fetisch als Beleg für die deutsche Wettbewerbsfähigkeit verehrt.

Die Begeisterung hielt sich andernorts in Grenzen. Nicht nur bei den Handelspartnern, die als Gegenstück zu den deutschen Handelsüberschüssen hohe Defizite aufwiesen. Sondern auch unter den internationalen Makroökonomen, etwa beim Internationalen Währungsfonds. Dort kannte man das Muster allzu gut. Viele Wirtschaftskrisen begannen mit hohen Außenhandelsdefiziten und steigender Auslandsverschuldung, sei es in Mexiko (1994), Thailand (1996), der Türkei (2000) oder Ägypten (2022).

Zwar sind anhaltende Außenhandelsüberschüsse weniger besorgniserregend als Außenhandelsdefizite. Doch wenn ein großes Land über Jahre hinweg hohe Überschüsse erzielt, findet sich dafür irgendwo auf der Welt wahrscheinlich ein entsprechend hohes Defizit. Daher sprechen Volkswirte bei solch einseitigen Handelsströmen von einem makroökonomischen Ungleichgewicht. Eine verbreitete Hypothese lautet, Deutschland leide unter einer strukturellen Nachfrageschwäche, welche die Weltwirtschaft belaste.

Was unter internationalen Makroökonomen als gängige Diagnose galt, stieß in Deutschland auf wenig Resonanz. Dort galten Wettbewerbsfähigkeit und Exportüberschüsse nicht als Ungleichgewicht, sondern als Zeichen ökonomischer Tugend. Diese Selbstsicht erschwerte die Verständigung auf internationaler Bühne erheblich. Ich erinnere mich gut an meine Präsentation des Jahresgutachtens des Sachverständigenrats am renommierten Peterson Institute for International Economics (PIIE) in Washington. Es war wie ein Spießrutenlauf.

Als Donald Trump Anfang 2017 zum ersten Mal ins Weiße Haus einzog, nahm seine Administration gezielt jene Länder ins Visier, mit denen die USA ein hohes bilaterales Handelsdefizit hatten, darunter Deutschland. Trotz berechtigter Kritik an diesem Ansatz blieben die deutschen Gegenargumente schwach. Ein Beispiel dafür ist ein siebenseitiges Argumentationspapier, das die Bundesregierung der deutschen Delegation zur Frühjahrstagung von Internationalem Währungsfonds und Weltbank in den Koffer legte.[14] Typisch für die hiesige Diskurskultur wurden darin stichpunktartig Argumente aufgelistet, um die deutsche Wirtschaftspolitik und den Exportüberschuss zu verteidigen, offenbar in der Hoffnung, dass die bloße Menge an Argumenten, oft vage Allgemeinplätze, für Überzeugungskraft sorgen würde.

Charakteristisch ist dabei die zentrale Annahme politischer Ohnmacht, die sich auch durch dieses Papier zieht. Die Überzeugung, dass bestimmte gesamtwirtschaftliche Phänomene, wie etwa der Außenhandelsüberschuss, weitgehend dem Einflussbereich der Wirtschaftspolitik entzogen seien, ist bei uns tief verwurzelt. Das zeigt sich in Sätzen wie diesen:

> *»Die Handelsbilanz ist keine wirtschaftspolitische Variable. Das Ausmaß, in dem der deutsche Leistungsbilanzüberschuss durch politische Maßnahmen beeinflusst werden kann, ist begrenzt. Der deutsche Leistungsbilanzüberschuss ist das Ergebnis marktwirtschaftlicher Angebots- und Nachfrageentscheidungen von Unternehmen und privaten Verbrauchern auf dem Weltmarkt.«*[15]

Wenige Absätze zuvor wird den Amerikanern jedoch noch erklärt, wie sie ihr Handelsdefizit verringern können:

> *»Ein großer Teil der ausländischen Kapitalzuflüsse wurde – und wird noch immer – zur Finanzierung des US-Haushalts verwendet. Daher würde die von der neuen US-Regierung angekündigte Haushaltskonsolidierung das US-Leistungsbilanzdefizit verringern.«*[16]

Abgesehen von der inhaltlichen Widersprüchlichkeit – der deutsche Handelsbilanzüberschuss sei kein Ergebnis der Politik, das amerikanische Handelsbilanzdefizit dagegen schon –, offenbart diese Episode aus dem Maschinenraum zweierlei: Erstens fehlte die Einsicht, dass hier etwas grundlegend schiefläuft. Dass unser Land auf Verschleiß fährt, schien kaum jemand wahrhaben zu wollen. Zweitens hat sich in der Wirtschaftspolitik die Vorstellung verfestigt, dass sich zentrale volkswirtschaftliche Entwicklungen der politischen Gestaltung entziehen, in diesem Fall unsere Ex- und Importe, die jeweils gut ein Drittel unseres Bruttoinlandsprodukts ausmachen.

Doch natürlich spielen die wirtschaftspolitischen Rahmenbedingungen dafür eine Rolle! Dieses Wegducken vor den strukturellen Herausforderungen ist keine gute Ausgangslage, um unser Land auf Zukunftskurs zu bringen. Es erinnert an ein Kind, das die Augen schließt und hofft, selbst nicht gesehen zu werden.

## 1.4 Angekommen in der Sackgasse

Was geschieht eigentlich mit den Überschüssen, die der glückliche Exportweltmeister erwirtschaftet? Wohin fließt unser Außenhandelsüberschuss? Wenn das über Exporte verdiente Geld nicht im Inland konsumiert oder investiert wird, muss es im Ausland eine Bleibe finden.

An den internationalen Finanzplätzen von New York bis Hongkong spötteln Banker seit Langem über das sogenannte »German stupid money«. Besonders deutlich wurde das während der globalen Finanzkrise, als auch deutsche Banken in Schieflage gerieten. Einige dieser Banken scheiterten an der Aufgabe, die enormen Exportüberschüsse im Ausland anzulegen.

Ein berühmtes Beispiel findet sich im Bestseller »The Big Short« von Michael Lewis über die globale Finanzkrise 2007. Darin schildert er, wie Greg Lippmann, ein leitender Bankangestellter, im Anflug der Krise an der Wall Street verzweifelt versucht, Wertpapiere loszuwerden, die auf US-Subprime-Hypotheken basierten. Auf die Frage, wer solche hochriskanten Papiere denn noch kaufe, antwortet er trocken: »Düsseldorf.«[17] Gemeint war die IKB Bank, die stark in den Subprime-Markt investiert hatte und 2007 als eine der ersten deutschen Banken zusammenbrach.

Die Geschichte der IKB mag ein besonders markanter Tiefpunkt im Tal der Tränen gewesen sein. Doch auch in der Breite deutet vieles darauf hin, dass das Horten von Ersparnissen im Ausland keine gute Wahl war. Eine Forschergruppe um Moritz Schularick, Präsident des Instituts für Weltwirtschaft in Kiel, hat errechnet, dass die jährlichen

Renditen deutscher Auslandsinvestitionen im Durchschnitt um rund fünf Prozentpunkte hinter denen der USA und um knapp drei Prozentpunkte hinter denen anderer europäischer Länder zurückbleiben.[18] Laut der Studie lagen die Erträge aus Auslandsanlagen sogar deutlich unter jenen, die man mit Investitionen im Inland hätte erzielen könnte. Über die Jahre summiert sich das zu einem beachtlichen Rückstand. Hätten wir unsere Auslandsvermögen so erfolgreich angelegt wie etwa Norwegen oder Kanada, wäre Deutschland seit der globalen Finanzkrise pro Kopf um mehr als 40 000 Euro reicher. Das entspricht mehr als einem ganzen Jahr Wertschöpfung. Dass es nicht zu renditeträchtigen Inlandsinvestitionen kam, sondern zu schlecht angelegten Auslandsinvestitionen, deutet darauf hin, dass entweder die Investitionsmöglichkeiten in Deutschland unattraktiv waren oder die Investoren das Kapital nicht zu den wachstumsträchtigen Akteuren, etwa Start-ups, zu lenken vermochten.

Doch ein Kapitel, das nie geschrieben wurde, sorgt auch nicht für Aufregung. Verpasster Wohlstand löst keine Empörung aus. Aus Sicht der Politik lief die Wirtschaft schließlich gut genug. Über Jahre herrschte nahezu Vollbeschäftigung, die Steuereinnahmen sprudelten. Und externe Schocks wie die Euro-, Flüchtlings- oder Coronakrise boten ausreichend Ablenkung vom wachsenden Reformstau im Inland. Die Politik war dafür dankbar. Denn wer große Strukturreformen anstößt, riskiert nicht selten, sich politisch ins eigene Schwert zu stürzen.

So wurde der haushaltspolitische Spielraum zunehmend als politische Beruhigungspille genutzt. Immer mehr Geld der steuerzahlenden Konsumenten, Arbeitnehmer und Unternehmen floss in sozial- und umweltpolitische Projekte. Die Politik lullte die Wähler mit teuren Wohltaten ein, von denen sie abhängig wurde. Solange es genug zu verteilen gab, konnten die zugrunde liegenden Zielkonflikte ungelöst bleiben. Man öffnete einfach die Geldbörse.

Zum einen waren es sozialpolitische Maßnahmen, etwa nach der Bundestagswahl 2013. Damals setzte die CSU ihre Mütterrente durch. Die SPD wurde mit der abschlagsfreien Rente mit 63 für langjährig Versicherte ins Boot geholt. Folgende Koalitionen warben mit Baukindergeld, Haltelinien in der Rentenversicherung, Pflegestärkungsgesetzen, Wohngeldnovellen und Wohngeld Plus, Bürgergeld und einer Kindergrundsicherung.

Zum anderen waren es umweltpolitische Projekte. Die Klimapolitik erlebte einen rasanten Aufstieg auf der politischen Agenda. Aber sie wurde teuer. Studien beziffern den jährlichen Investitionsbedarf zur Erreichung der Klimaziele auf rund zwei Prozent des BIP.[19] Allein durch das Erneuerbare-Energien-Gesetz wurden seit 2000 über 200 Milliarden Euro umverteilt. Und auch die Subventionen wuchsen. Im Subventionsbericht der Bundesregierung finden sich unter den 20 größten Finanzhilfen zahlreiche klimapolitisch motivierte Posten.[20]

Die Transformation wird Deutschland unerbittlich vor neue Herausforderungen stellen. Diese einfach mit Geld zu überdecken, wird künftig nicht mehr ausreichen. Auf die Energiepreiskrise reagierte der Staat mit dem »Doppel-Wumms«, einem Hilfspaket von über 250 Milliarden Euro, beinahe so viel wie die Summe aller anderen EU-Staaten zusammen.[21] Doch »Wumms« ist keine Antwort auf die drängenden Probleme unserer Zeit.

Eltern, die auf einen Krippenplatz warten, Kinder, die auf die Sanierung ihrer Schule oder den Lehrer warten, Pendler, die auf den Zug oder die Wiedereröffnung einer Brücke warten, oder Angestellte, die auf das nächste Byte hoffen, das sich durch das Kupferkabel quetscht, sie alle fragen sich, welche Prioritäten unser Staat eigentlich setzt. Wie das Geld an anderer Stelle mit vollen Händen ausgegeben wird. Und wie es gleichzeitig sein kann, dass öffentliche Güter des Alltags nicht in ausreichender Menge und Qualität bereitgestellt werden. Sie sehen den Lohnsteuerabzug auf ihrem Gehaltszettel, die Mehrwertsteuer auf dem Kassenbon und lesen Schlagzeilen über die nächsten Schnappatmungen der Berliner Politik. Und vielleicht denken sie: Dann doch einmal eine Alternative wählen.

Abb. 5: Schwarze Null oder Nullpunkt?

*Mitarbeiter des Bundesfinanzministeriums zum Amtsabschied von Finanzminister Wolfgang Schäuble im Jahr 2017. Quelle: Bundesministerium der Finanzen.*

# 2

# Transformation gelingt nicht durch Zufall

*»Die Zukunft war früher auch besser.«*

Karl Valentin, Humorist

Solange sich Deutschland im warmen Bad des wirtschaftlichen Erfolgs aalte, das Selbstbild als Stabilitätsanker Europas pflegte und sich als Vorreiter des globalen Gemeinwohls wähnte, erschien das Nachdenken über alternative Zukunftsvisionen überflüssig. Die Politik verharrte im gepflegten Stillstand eines gut abgehangenen Weiter-so. Es genügte, Krisen reaktiv abzuarbeiten, solange der Kessel nicht überkochte.

Doch dieser Ansatz der Passivität versagt, wenn es um die großen Herausforderungen der Zukunft geht. Notwendige Reformen werden vertagt, der Blick auf neue Lösungen bleibt durch alte Denkmuster verstellt. Kurzfristige Erwägungen dominieren aus Bequemlichkeit oder politischem Kalkül. Der Veränderungsdruck wächst schleichend, bis er übermächtig wird. Und dann kippt die Passivität in überhasteten, kleinteiligen und kurzfristigen Aktionismus.

Im Folgenden wird dieses Muster an vier großen, allseits bekannten Herausforderungen zugespitzt aufgezeigt. Die Alterung der Gesellschaft bekämpfen wir weiter mit den Rezepten von gestern. Im

Klimaschutz klaffen langfristige Ziele und kurzfristiges, impulsives Handeln auseinander. Die Digitalisierung blockieren wir aus Zukunftsangst und lassen dabei immense Innovationspotenziale brachliegen. Und in der Geopolitik scheitern wir an der Widersprüchlichkeit gut gemeinter, aber zu kurz gedachter Maßnahmen.

Die folgende Darstellung ist pointiert, um zu sensibilisieren. Es geht dabei nicht um eine vollständige Analyse, sondern um exemplarische Schlaglichter auf unseren Umgang mit langfristigen Herausforderungen. Die Kapitel 5 bis 8 greifen diese Themen erneut auf. Mit visionären Gedanken werden sie zeigen, wie langfristiges Denken jenseits des politischen Tagesgeschäfts aussehen kann.

Los geht's!

## 2.1 Demografischer Wandel: Wenn die Waage ächzt

Unter allen langfristigen sozioökonomischen Entwicklungen ist die Demografie wohl diejenige, deren Entwicklung bis zum Jahr 2050 am verlässlichsten vorhersehbar ist. Für diesen Blick in die Zukunft braucht es weder dubiose Auguren noch gläserne Kugeln, denn das Statistische Bundesamt liefert die Zahlen schwarz auf weiß. Die aktuelle fünfzehnte Bevölkerungsvorausberechnung beschreibt verschiedene Szenarien bis ins Jahr 2070.[22]

Aus diesen Berechnungen wissen wir seit Jahrzehnten, dass Deutschland in eine stark alternde Gesellschaft hineinwächst. Die Geburtenrate liegt seit 1970 unter dem »bestandserhaltenden« Niveau von 2,1 Kindern, und die Lebenserwartung steigt. Ebenso lange ist bekannt, dass eine besonders geburtenstarke Kohorte, die sogenannten Babyboomer, im kommenden Jahrzehnt in Rente gehen wird. Und schon immer war klar, dass ein umlagefinanziertes Rentensystem im Gegensatz zu einem kapitalgedeckten Modell nur dann nachhaltig ist, wenn sich die Zahl der Rentenempfänger und die Zahl der Beitragszahler in etwa die Waage halten. Doch diese Waage kippt zunehmend. Im Jahr 1950 kamen noch sieben Menschen im erwerbsfähigen Alter auf einen über 65-Jährigen, im Jahr 2000 waren es nur noch vier. Für das Jahr 2050 wird erwartet, dass es lediglich zwei sein werden.

Dass die Rente trotz dieser absehbaren Entwicklung »sicher« sei, wagte der langjährige Arbeitsminister Norbert Blüm noch im Jahr 1986 zu versprechen. Seither ist das Rentenniveau, also die Rente eines »Durchschnittsrentners« mit 45 Beitragsjahren im Verhältnis zum durchschnittlichen Arbeitnehmereinkommen, von fast 60 Prozent Ende der 1970er Jahre auf 48 Prozent gesunken, also auf das Niveau der sogenannten Haltelinie (Abbildung 6). Der Beitragssatz liegt zwar nahezu unverändert bei 18,6 Prozent des durchschnittlichen Bruttolohns, doch die Zuschüsse aus Bundesmitteln sind von damals umgerechnet 15 Milliarden Euro oder 1,8 Prozent des Bruttoinlandsprodukts auf inzwischen über 100 Milliarden Euro oder drei Prozent des Bruttoinlandsprodukts gestiegen, um nicht beitragsgedeckte Leistungen zu bezahlen und die Waage wieder in Balance zu bringen. Mittlerweile fließt etwa jeder vierte Euro des Bundeshaushalts in die gesetzliche Rentenversicherung.

Abb. 6: Rentenfinanzen 1970–2020

*Quellen: Deutsche Rentenversicherung Bund, Destatis, eigene Darstellung.*

Die Bevölkerungsvorausrechnung erlaubt bereits heute eine Vorhersage, um wie viel mehr die Rentenwaage in den kommenden Jahrzehnten aus dem Gleichgewicht geraten dürfte. Dazu hat der Sachverständigenrat, dem auch der Rentenexperte Martin Werding angehört, im Jahresgutachten 2023/24 eine aktualisierte Simulation vorgelegt. Bleibt das heutige Sicherungsniveau bestehen, steigt der Rentenbeitrag von derzeit 18,6 Prozent auf über 24 Prozent im Jahr 2060 (Abbildung 7). Gleichzeitig wäre ein Aufwuchs an Mitteln aus dem Bundeshaushalt von aktuell 3,1 Prozent auf 3,9 Prozent des BIP notwendig.

Abb. 7: Simulation der Rentenfinanzen 2030-2080

*Quellen: Sachverständigenrat Wirtschaft Jahresgutachten 2023/24, Werding (2023), eigene Darstellung.*

Abbildungen 6 und 7 zeigen sehr klar den Niederschlag des demografischen Wandels auf die gesetzliche Rentenversicherung. Ähnlich schlägt sich die demografische Veränderung in anderen Versorgungssystemen nieder, sei es bei der Beamtenversorgung, in den Krankenkassen oder der Pflegeversicherung.

Bemerkenswert ist zudem ein weiterer Befund. In den fünfzig Jahren bis heute, also zwischen 1970 und 2020, ist das Rentenniveau stärker gesunken, als in der Simulation für die kommenden fünfzig Jahre zwischen 2030 und 2080 angenommen wird. Umgekehrt sind Beitragssatz und Bundeszuschuss in der Vergangenheit weniger stark gestiegen, als dies für die Zukunft prognostiziert wird. Mit anderen Worten bedeutet dies, dass die Simulation davon ausgeht, dass die finanzielle Last der demografischen Wende künftig stärker von der arbeitenden Generation getragen werden wird, als es in den vergangenen Jahrzehnten der Fall war. Das ist eine bemerkenswerte Wende.

Der Einfluss des demografischen Wandels auf die langfristige Tragfähigkeit der Rente ist dabei kein Erkenntnisproblem. Der Reformbedarf wird seit Jahren offen benannt. Wahrscheinlich ist jedem Erwerbstätigen klar, dass bei einem rentenversicherungspflichtigen Job die Beiträge künftig steigen könnten. Dem heutigen wie zukünftigen Rentner ist vermutlich nicht verborgen geblieben, dass ein weiteres Absinken des Rentenniveaus möglich ist. Allen Steuerzahlern ist wohl bewusst, dass die verbleibende Finanzierungslücke, um die Waage wieder ins Gleichgewicht zu bringen, der Fiskus stopfen wird. Und alle Wähler ahnen vermutlich, dass irgendwas geschehen sollte.

Bereits Ende der 1990er Jahre entstand ein hoher Finanzierungsdruck auf die gesetzliche Rentenversicherung. Er führte zu einem Anstieg des Beitragssatzes auf über zwanzig Prozent. Die Agenda 2010, die den Erhalt der Wettbewerbsfähigkeit und damit die Senkung der Lohnnebenkosten im Blick hatte, brachte weitreichende Reformen mit sich. Ein automatisches Korrektiv für den demografischen Wandel wurde damals zum zentralen Element der Lösungsstrategie, um die Rentenfinanzen auch langfristig stabil zu halten.

Nach der Einführung eines sogenannten demografischen Faktors im Jahr 1997, der 1998 wieder abgeschafft wurde, ergänzte die Regierung Schröder im Jahr 2004 die Formel zur jährlichen Rentenanpassung um den sogenannten Nachhaltigkeitsfaktor. Er sollte den Anstieg der Renten dämpfen, wenn sich das Verhältnis von Rentnern zu Beitragszahlern verschlechtert. Gleichzeitig wurde das Renteneintrittsalter schrittweise auf 67 Jahre angehoben. Mit den Riester-Rentenprodukten wurde außerdem die private Altersvorsorge gestärkt. Eine solche dritte Säule hilft, von der reinen Umlagefinanzierung zu einem teils kapitalgedeckten System zu kommen.

Diese Reformen konnten die Finanzierungsprobleme zwar nicht vollständig lösen, lieferten jedoch ansatzweise eine strukturelle Lösung für die demografische Herausforderung. Mit dem Nachhaltigkeitsfaktor wurde ein Rahmen geschaffen, der die Auswirkungen des demografischen Wandels zumindest teilweise abfedert. Auch wenn die Erhöhung des Renteneintrittsalters noch nicht automatisch an die steigende Lebenserwartung gekoppelt wurde, markierte sie dennoch einen bedeutsamen Schritt in diese Richtung. Die Reformen trugen nicht nur dazu bei, den Rentenbeitrag auf 18,6 Prozent zu senken, sondern entlasteten auch die politische Debatte, sodass sich die Aufmerksamkeit verstärkt anderen zukunftsträchtigen Themen widmen konnte.

Hätte man denken können. Leider kam es anders.

Nachfolgende Regierungen opferten Teile dieser politisch mühsam erkämpften, langfristig angelegten Reformen. Die Erosion der Nachhaltigkeit in der Rente geht dabei zumindest teilweise auf das Konto einer Verteilungsdebatte, die in den 2010er Jahren an Fahrt gewann und den renommierten französischen Wirtschaftswissenschaftler Thomas Piketty mit seinem Buch »Das Kapital im 21. Jahrhundert« 2014 zum Bestsellerautor machte. Ohne dass sich die messbaren statistischen Indikatoren in Deutschland wesentlich verändert hätten, rückte das Thema Verteilungsgerechtigkeit immer stärker ins Zentrum.

Das setzte natürlich die Politik unter Handlungsdruck. In Deutschland richtete sich die Verteilungsdebatte jedoch nicht auf die Steuerprogression, nicht auf die Schwierigkeit des Vermögensaufbaus und auch nicht auf die ungleichen Bildungschancen. Von all den wichtigen Themen, die sich mit diesem Narrativ hätten anpacken lassen, geriet ausgerechnet die Sozialversicherung – allen voran die Rentenversicherung – zum politischen Spielball. Dass die Gewerkschaften keinen Reformbedarf sahen und Teile der SPD mit den Rentenreformen der Agenda 2010 haderten, trug dazu bei. So machten sich Politstrategen auf die Suche nach Möglichkeiten, das Ungleichheitsnarrativ mit greifbaren Maßnahmen zu besetzen, und wurden beim Rentensystem leicht fündig.

Im Bundestagswahlkampf 2013 brachte die CSU die Mütterrente ins Spiel, gedacht als Symbol der Anerkennung älterer Frauen, von denen viele nur geringe Rentenansprüche haben. Kurz darauf folgte die abschlagsfreie Rente mit 63 für besonders langjährig Versicherte, eine Geste an Menschen mit niedrigen Einkommen und langer Erwerbsbiografie. Im Bundestagswahlkampf 2017 forderte die SPD ein Mindestrentenniveau, um im Alter »ein Leben in Würde« zu ermöglichen. Gleichzeitig sollte der Beitragssatz nicht über eine bestimmte Grenze steigen. Ohne den inhärenten Zielkonflikt zwischen Rentenhöhe und Beitragslast zu lösen, beschloss die Große Koalition 2018 die »doppelte Haltelinie« für Rentenniveau und Beitragssatz. Mit der Einführung der Grundrente im Jahr 2021 kam schließlich eine weitere Maßnahme hinzu, die langjährige Beitragszahler mit niedrigen Einkommen gezielt aufwerten und das Bild eines gerechten Rentensystems abrunden sollte.

Seit gut einem Jahrzehnt verfolgen wir eine Politik, die das Nachhaltigkeitsproblem der gesetzlichen Rentenversicherung nicht entschärft, sondern verschärft. Der Sachverständigenrat geißelte diesen Kurs bereits 2014 als »Rolle rückwärts« in der Rentenpolitik. Das fortwährende Vertagen notwendiger Reformen seit der Jahrtausendwende – einer Zeit, in der die »demografische Dividende« der geburtenstarken Jahrgänge im Erwerbsalter noch finanziellen Spielraum bot – hat inzwischen das sprichwörtliche Kind in den Brunnen fallen lassen.

Dieses Beispiel soll vor allem zeigen, wie sehr es an langfristiger Orientierung mangelt. Zugleich kann es nur an der Oberfläche eines technisch und politisch vertrackten Themas kratzen.

Bemerkenswert ist, dass die Dominanz des Umverteilungsnarrativs zusammen mit der angespannten Finanzierungslage inzwischen eine Debatte befeuert hat, die lange undenkbar war, nämlich die Aufweichung des Äquivalenzprinzips in der gesetzlichen Rentenversicherung. Dieses Prinzip sieht ein festes Verhältnis zwischen erworbenen Beitragspunkten und Rentenauszahlungen vor und schließt damit jede Umverteilung aus. Während der Sachverständigenrat bis 2020 strikt daran festhielt, schlug er in seinem Jahresgutachten 2023 erstmals eine Abkehr davon vor, hin zu einer umverteilenden Rente nach dem Vorbild der schweizerischen Alters- und Hinterlassenenversicherung. Mit dem sogenannten Boomer-Soli schlug das Deutsche Institut für Wirtschaftsforschung im Sommer 2025 in dieselbe Kerbe.

Zuvor war der Blick auf einen Lösungsraum verengt, der meist folgende Standardlösungen beinhaltet:

- eine Anhebung des Renteneintrittsalters, die die Balance der Waagschalen verbessern könnte. Immerhin ist das tatsächliche Renteneintrittsalter, das deutlich unterhalb der gesetzlichen Regelaltersgrenze liegt, seit Ende der 1990er Jahre um zwei Jahre gestiegen. Doch eine weitere Anhebung und fortan automatische Kopplung des Renteneintrittsalters an die fernere Lebenserwartung ist ein politisches Minenfeld. Wirtschaftsministerin Katherina Reiche wurde für ihren Vorstoß zur Kopplung aus den eigenen Reihen als »Fremdkörper in der Bundesregierung« beschimpft.[23]
- eine Verbesserung der Arbeitsanreize durch den Abbau von Grenzbelastungen. Hohe Steuer- und Abgabenlasten sowie hohe Transferentzugsraten mindern die Anreize, Arbeit aufzunehmen, Stunden aufzustocken oder in besser bezahlte Jobs zu wechseln. Zwar betrifft dieses Thema viele Aspekte des Steuer-

und Sozialversicherungssystems, doch spielen Rentenbeiträge dabei nur eine Nebenrolle. Häufig geht es stärker um Teilhabechancen, Qualifikation oder die Kosten der Sozialversicherung.

- eine erhöhte Erwerbsbeteiligung von Frauen, deren Eintritt in den Arbeitsmarkt die Belastung durch die in Rente gehende Babyboomergeneration abfedern könnte. Doch ist hier das Potenzial weitgehend ausgeschöpft. Die Erwerbsquote liegt bereits auf dem hohen skandinavischen Niveau. Lediglich eine Aufstockung der weitverbreiteten Teilzeit auf Vollzeit bietet noch deutlichen Spielraum.
- Mehr Migration, die die Zahl der Rentenbeitragszahler erhöhen würde. Dafür wäre jedoch eine dauerhaft hohe Nettomigration nötig, die wiederum eine noch höhere Bruttomigration erfordern würde. Zudem müsste sich das Qualifikationsniveau der Zuwandernden deutlich verbessern. Die Erfahrungen mit der Flüchtlingsmigration haben das Potenzial für eine offene Willkommenskultur spürbar gemindert. Wer hoch qualifiziert ist, überlegt es sich zweimal, ob er in ein Land ziehen will, in dem er Diffamierung fürchten muss.

Innerhalb dieses Lösungsraums ist es schwer, einen breiten Konsens für eine langfristige Reform der umlagefinanzierten Rente zu finden. Vor zwanzig Jahren wurden mit der Anhebung des Renteneintrittsalters und der Einführung des Nachhaltigkeitsfaktors zwei zentrale Weichen gestellt. Seither haben sich jedoch neue Trends ergeben: bessere Gesundheit im Alter, eine zunehmende Erosion des Normalarbeitsverhältnisses, mehr Teilzeitarbeit und Selbstbestimmung, veränderte Migrationsmuster und zuletzt ein tiefgreifender Wandel des Arbeitsbegriffs in Richtung »New Work«. Wenn Anfang 2026 die neue Rentenkommission einberufen wird, bleibt zu hoffen, dass die Teilnehmer den Blick weiten und solche zukünftigen Trends mitdenken.

Die bisherige Politik der Einführung von neuen, nicht gegenfinanzierten Leistungen, der Festschreibung von Leistungsniveaus und

Ausweitung der Ansprüche führt in einen Teufelskreis. Sie führt dazu, dass entweder steigende Beiträge die Attraktivität regulärer Beschäftigung weiter mindern oder der Bundeshaushalt überlastet wird – im schlimmsten Fall beides. Die Folge sind Reparaturmaßnahmen an anderer Stelle, um Arbeitsanreize wieder zu erhöhen und Haushaltslöcher zu stopfen. Die versäumte Rentenreform öffnet also eine Büchse der Pandora nach der anderen.

Die Suche nach Lösungen darf nicht in diesem Teufelskreis von Verteilungsdebatten stecken bleiben. Notwendig sind langfristige, integrierte Visionen für den demografischen Wandel. Visionen braucht das Land!

## 2.2 Klimawandel: Ziel gesetzt, Lösung verfehlt

Wie der demografische Wandel ist auch der Klimawandel eine absehbare Entwicklung, die lange bekannt ist. Im Gegensatz zur Alterung gibt es in der Klimadebatte jedoch eine klare Vision, die Klimaneutralität. Doch auf dem Weg dorthin drohen wir zu scheitern. Die Ursache liegt in unaufgelösten Zielkonflikten und einem kurzfristigen Handeln, das sich in einem Labyrinth von Einzelmaßnahmen verheddert und den Wald vor lauter Bäumen nicht mehr sieht.

Anders als beim demografischen Wandel endet die Klimafrage nicht an Landesgrenzen. Es ist dem Klima völlig gleichgültig, ob $CO_2$ in Deutschland oder anderswo in die Atmosphäre gelangt. Deshalb geht es nicht darum, hierzulande ein Kohlekraftwerk stillzulegen, ein Auto aus dem Verkehr zu ziehen, eine Ölheizung auszubauen oder auf ein Stück Fleisch zu verzichten. Ob Kohleausstiegskommission, EU-Verbrennerverbot oder EU-Ökorichtlinie, die kleinteilige Herangehensweise führt die Klimapolitik in ein Labyrinth aus Hindernissen und Widersprüchen. Bis die Wähler an der nächsten Abzweigung panisch nach dem Ausgang suchen.

Eine Unterteilung der weltweiten $CO_2$-Emissionen verdeutlicht die globale Dimension dieser Zielkonflikte. Die Brüsseler Denkfabrik Bruegel schlägt dafür eine Zerlegung des Gesamtausstoßes in drei Faktoren vor: Bevölkerungszahl, Wohlstandsniveau und $CO_2$-Intensität des Wohlstands.[24] Je mehr Menschen auf der Erde leben, je größer ihr Wohlstand ist und je schmutziger sie ihn erzeugen, desto mehr Emissionen blasen sie in die Luft.

Diese Zerlegung macht drei grundlegende Zielkonflikte sichtbar: erstens den zwischen billiger, konventioneller und teurer, grüner Technologie, zweitens den zwischen Vorfahrt für Wohlstand und Vorfahrt für Klimaschutz und drittens die bislang verdrängte Frage, wie gut es um den Klimaschutz bestellt ist, wenn die Weltbevölkerung im Jahr 2080 mit gut zehn Milliarden Menschen ihren prognostizierten Höhepunkt erreicht.

Abbildung 8 veranschaulicht diese Zusammenhänge. Die Gesamtmenge der $CO_2$-Emissionen entspricht der markierten Fläche. Auf der horizontalen Achse ist die Bevölkerungszahl abgetragen, auf der vertikalen die Pro-Kopf-Emissionen in Abhängigkeit vom Wohlstandsniveau. Der Einfachheit halber werden nur drei Wohlstandsniveaus dargestellt, das der Industrieländer, das der Schwellenländer (einschließlich China) und das der Entwicklungsländer.

Die Industrieländer stoßen pro Kopf am meisten aus, stellen aber global nur eine Minderheit. Das soll keine Entschuldigung sein. Es

Abb. 8: Zerlegung der globalen $CO_2$-Emissionen

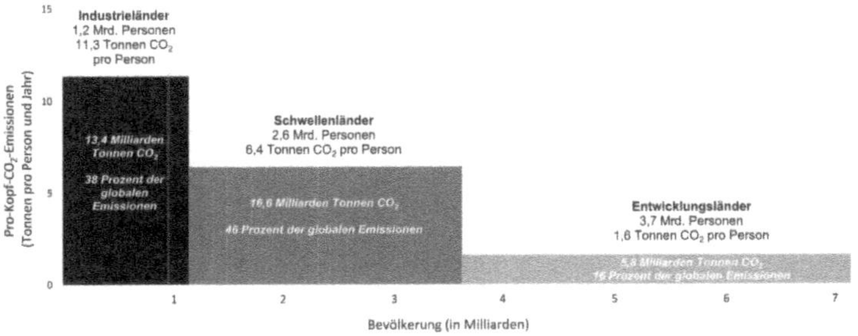


*Quellen: Wolff, Tagliapietra & Lenaerts (2021), Our World in Data, eigene Darstellung.*

zeigt jedoch, dass, selbst wenn wir klimaneutral werden, am Ende entscheidend ist, was in anderen Weltregionen geschieht. Und diese streben nach mehr Wohlstand. Erreichten die Schwellenländer das Wohlstandsniveau der Industrieländer mit heutiger Technologie, würden sich ihre Emissionen fast verdoppeln und damit genau die Einsparungen neutralisieren, die wir auf unserem mühsamen Weg zur Klimaneutralität erzielen wollen.

Und das ist noch optimistisch gerechnet. Weil unsere Technologien zwar sauberer, aber teurer sind, könnten Schwellenländer zunächst auf ältere und schmutzigere Technik setzen. China mag einen Anhaltspunkt liefern. Sein wirtschaftlicher Aufstieg hat Millionen Menschen aus der Armut geholt und die globale Ungleichheit verringert. Für den Klimaschutz jedoch war er verheerend. Während die jährlichen $CO_2$-Emissionen aus fossilen Brennstoffen und Industrie in der EU seit 1979 sinken, haben sie sich in China seitdem auf 11,9 Gigatonnen verachtfacht (Abbildung 9). Heute stößt China in nur einem halben Jahr also etwa so viel $CO_2$ aus, wie dem gesamten verbleibenden $CO_2$-Budget Deutschlands von 6,7 Gigatonnen entspricht.[25] Folgen Indien oder Afrika diesem Pfad, können wir die Pariser Klimaziele endgültig an den Nagel hängen.

Bei klimapolitischen Vorträgen bringe ich gerne diesen Aspekt in unsere wohlige Klimadebatte ein. Zum Beispiel beim Alps Forum

Abb. 9: $CO_2$-Emissionen nach Land

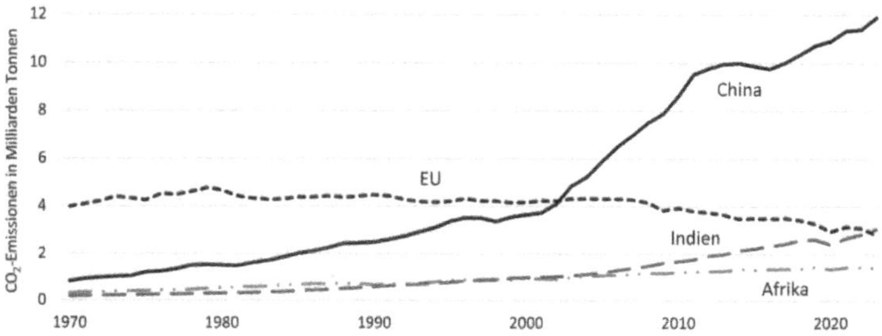


*Quelle: Our World in Data.*

im Maiensässhotel Guarda Val, einem Ensemble historischer Bauernhäuser im Schweizer Urlaubsort Lenzerheide. Draußen grasen die Kühe, drinnen diskutieren 50 Teilnehmer darüber, wie Nachhaltigkeit praktisch umgesetzt werden kann. Dort werfe ich den zuvor beschriebenen Zielkonflikt in die Runde und bitte um eine Abstimmung:

> *»Wenn Sie entscheiden könnten, würden Sie eher die globale Klimaneutralität oder den wirtschaftlichen Aufstieg der Entwicklungsländer wählen?«*

Drei Viertel stimmen für Klimaneutralität, ein Viertel für den Aufstieg der Entwicklungsländer.

Die Abstimmungsfrage ist natürlich ein reines Gedankenexperiment. Wir haben darüber nicht zu entscheiden. Wer den Aufstiegswillen der Menschen in Asien, Afrika und anderen ärmeren Regionen erlebt, ahnt, dass die Zukunft des Klimaschutzes vor allem in den Schwellen- und Entwicklungsländern entschieden wird. Dort geht es um die Frage, ob die neue Mittelschicht mit brauner oder grüner Technologie aufsteigt und ob der wachsende Stromhunger mit billigen Kohlekraftwerken oder mit kapitalintensiven Solaranlagen gestillt wird. Für das Klima können wir froh sein, dass China mithilfe unserer Technologien Solarzellen zu Spottpreisen herstellt. Nur so werden sie auch für ärmere Länder attraktiv, die ihre Stromerzeugung massiv ausweiten müssen.

Die hier skizzierte globale Dimension ist bewusst vereinfacht, findet aber dennoch kaum Eingang in unsere nationale Klimadebatte. Wenn in Talkshows wieder hitzig über Tempolimits oder Wärmepumpen gestritten wird, tröste ich mich manchmal mit dem Gedanken, dass dahinter vielleicht die tiefere Frage steckt: Wie wägen wir Klimaschutz gegen Freiheit und Wohlstand ab, und welche Botschaft sendet diese Abwägung in die Welt? Doch vermutlich trage ich bei Talkshows nur die rosarote Brille. In Wirklichkeit geht es dort nur um Tempolimit und Wärmepumpe an sich.

Nehmen wir die rosarote Brille ab und setzen die der Langfristigkeit auf. Welches Bild der deutschen Klimapolitik zeigt sich dann?

Der Blick durch die Brille der Langfristigkeit lässt zunächst erfreut feststellen, dass in der Klimadebatte bis ins Jahr 2045 geblickt wird. Nur leider eben nicht ganzheitlich, sondern mit einem Tunnelblick auf die nationalen $CO_2$-Emissionen. Diese Fixierung liegt wie ein lähmender Mehltau der Selbstkasteiung über der Debatte und zahlt höchstens auf das Selbstbild der moralischen Überlegenheit ein.

International nahm dieser Kurs der Selbstbezogenheit seinen Lauf, als das gemeinsame Pariser Klimaziel unter der Formel »differenzierte, aber gemeinsame Verantwortlichkeiten« in nationale Alleingänge zerfiel. Das alte Konzept nationaler Autarkie – eigentlich überwunden seit den wohlstandssteigernden Handelsnetzwerken der mesopotamischen und ägyptischen Hochkulturen – wurde zum Leitmotiv der Klimapolitik. Die EU einigte sich 2009 auf nationale Emissionsziele, die 2018 in der »Verordnung über Lastenverteilung« (Effort Sharing Regulation, ESR) festgeschrieben und 2023 verschärft wurden. Deutschland setzte diese Vorgaben 2019 im Bundesklimaschutzgesetz mit jährlichen Minderungszielen und sektorspezifischen Obergrenzen um. Nach einer erfolgreichen Klage vor dem Bundesverfassungsgericht präzisierte die Bundesregierung die Reduktionspfade und zog das Ziel der Klimaneutralität von 2050 auf 2045 vor.

Ein Vergleich mag helfen. Stellen Sie sich vor, Sie wollen für Ihren Familienurlaub eine bestimmte Summe sparen. Das könnten Sie erreichen, indem Sie im Supermarkt günstige Angebote nutzen, eine Anschaffung verschieben oder auf das Saisonticket Ihres Fußballvereins verzichten. Doch wie beim Klimaschutzgesetz beschließt nun der Familienrat eine Vereinbarung, die für jeden Ausgabenbereich eigene Vorgaben macht. Wenn das Saisonticket überraschend teurer wird, Sie aber bei der Anschaffung ein Schnäppchen machen konnten, sind Sie dennoch gebunden: Das Saisonticket ist nicht drin. Es ist, als hätten Sie im Geldbeutel rote Euros für Lebensmittel, grüne für Anschaffungen und vereinsfarbene für Fußball, und nichts lässt sich austauschen. Eine Sondersitzung des Familienrates wäre wohl fällig.

Ähnlich verhält es sich in der Klimapolitik. Dem Klima ist es egal, ob $CO_2$-Reduktionen in Deutschland oder anderswo stattfinden, ob sie im Energiesektor oder im Verkehr erfolgen und ob Emissionen vermieden oder durch $CO_2$-Speicherung wieder aus der Atmosphäre entfernt werden. So wie es kein »deutsches« $CO_2$ gibt, gibt es auch kein besonderes Auto-$CO_2$ oder Zement-$CO_2$.

Da es in manchen Sektoren leichter ist, $CO_2$ einzusparen, in anderen jedoch deutlich schwerer, belastet diese kleinteilige Zielsetzeritis vor allem Bereiche wie den Verkehr oder bestimmte Industrien, in denen $CO_2$-Vermeidung besonders kostspielig ist. Insgesamt kann das sogar zu einer Übererfüllung des Gesamtziels führen. Analog würden Sie im obigen Beispiel dennoch den Schnäppchenpreis für die Anschaffung wählen, auch wenn Sie bereits auf das Saisonticket verzichtet haben, und damit am Ende sogar mehr Geld sparen als ursprünglich geplant.

Dem bundespolitischen Familienrat ist diese Problematik zum Glück aufgefallen. Im Juni 2023 entschärfte die Bundesregierung die

Sektorziele. Doch wie konnte es zuvor dazu kommen, dass die langfristige Klimaschutzvision in kleinteilige Ziele zerfiel?

Eine mögliche Erklärung liegt in der politökonomischen Attraktivität von Einzelmaßnahmen. Ein marktwirtschaftlicher Ansatz mit einer sektorübergreifenden $CO_2$-Bepreisung würde den Marktkräften die Hauptrolle geben und die Politik zum Zuschauer degradieren. Kleinteilige Ziele dagegen bieten eine politische Bühne, wie im Fall des Klimaschutz-Sofortprogramms. Werden bestimmte Sektorziele nicht erreicht, gibt das dem tatkräftigen Minister die Handhabe, tief in den Subventionstopf oder in die Klaviatur der Regulierung zu greifen.

Doch das geht oft schief. Das Klimaschutz-Sofortprogramm 2022 beinhaltete unter anderem die Novellierung des Gebäudeenergiegesetzes.[26] Dieses als »Heizungsgesetz« zu Unruhm gelangte Regelwerk heizte vor allem die Gemüter der Wähler an und erwies dem Klima damit einen Bärendienst. Außerdem sah das Programm zusätzliche acht Milliarden Euro für Maßnahmen vor, die von Batteriefabriken bis zum Radwegenetz alles Mögliche förderten.[27] Da die Haushaltsmittel knapp sind, müssen solche Beträge anderen Posten abgerungen werden. Diese acht Milliarden Euro könnten auch in Bildung und Forschung fließen. Doch kluge Kinder und bahnbrechende Innovationen als Schlüssel zum Klimaschutz kommen im Labyrinth der Klimaziele nicht vor.

Gerade diese kleinteiligen Steuerungsmöglichkeiten kommen kurzfristig orientierten Interventionisten entgegen. Hier lässt sich wunderbar Politik machen und Aktionismus demonstrieren, indem man mal hier eine Maßnahme und mal dort eine andere ergreift. Gleichzeitig verdrängt das die Diskussion um das große Ganze und die langfristige Vision mit ihren unangenehmen Abwägungen. Dafür ist die nächste lebhafte Diskussion in der Talkshow sicher, wo man stundenlang einzelne Kleinmaßnahmen zerpflücken kann.

Für die Diskussion langfristiger, ganzheitlicher Maßnahmen – etwa des Reduktionspfads von Zertifikaten im Emissionshandel bis

2050 – bleibt kaum noch Raum oder Sendezeit. Dabei ist gerade die Auseinandersetzung mit der langen Frist entscheidend, um die Erwartungen der Akteure zu prägen. Nur wenn diese Vertrauen in den langfristigen Kurs der Klimapolitik haben, werden sie ihr Handeln daran ausrichten. Ob es um den Kauf eines Elektroautos oder um Milliardeninvestitionen in grüne Technologien geht, solche Entscheidungen hängen maßgeblich von der langfristigen Glaubwürdigkeit der Politik ab.

Wie steht es um die langfristige Glaubwürdigkeit? Das wollte ich mit meinen Teilnehmern beim Alps Forum ergründen und fragte sie, ob sie glaubten, dass die EU im Jahr 2050 keine Emissionszertifikate mehr ausgeben werde. So wäre es bei Erreichen der Klimaneutralität der Fall.[28] Nur ein Viertel antwortete mit Ja, die Hälfte mit Nein, der Rest war unentschieden.

Fehlt dieses Vertrauen, bleiben grüne Investitionen aus oder werden nur getätigt, wenn die Regierung den Subventionsteppich ausrollt. Interventionismus sät Unsicherheit, aus der Wirtschaftsakteure Subventionen ernten. Ob Heizungsgesetz mit Wärmepumpenförderung oder Erneuerbare-Energien-Gesetz mit subventioniertem Industriestrom, jede kleinteilige Maßnahme und jeder Subventionsbescheid kann mit einer Pressemitteilung und fünf Tweets öffentlichkeitswirksam inszeniert werden. Wer sich hingegen in den Diskurs über die langweilige Langfristigkeit oder den abstrakten Emissionshandel begibt, hat zur Tagespolitik wenig zu sagen und landet medial im Abseits.

Die Zustimmung zum Klimaschutz sinkt. Es ist Zeit für eine neue Klimapolitik. Visionen braucht das Land!

## 2.3 Digitaler Wandel: Wo die Angst dominiert, bleibt das Telefax

Den demografischen Wandel haben wir vertagt, beim Klimaschutz sind wir am Ziel vorbeigeschossen. Stolpern wir auch noch über die digitale Transformation, die als Innovationstreiber ganz neue Lösungen für die Herausforderungen unserer Zeit ermöglicht? Die Ausgangslage ist keine gute.

Sicher kennen Sie sie auch: die Funklöcher im Jahr 2026. Menschen, die ihr Mobiltelefon in die Höhe recken. Autofahrer, die an den seltsamsten Stellen anhalten, um wenigstens einen Balken Empfang zu erhaschen. Das kollektive Aufseufzen im Großraumwagen eines ICE, wenn wieder einmal die Verbindung abreißt. Zwar hat der Infrastrukturausbau inzwischen Fortschritte gemacht. Doch in der Praxis bleiben erhebliche Zweifel an der Netzqualität in Deutschland.

Vielleicht erinnern Sie sich auch an die Coronapandemie, als Gesundheitsämter ihre Infektionszahlen per Fax übermittelten. Als das

Personal überlasteter Krankenhäuser am Telefon versuchte herauszufinden, wo noch ein Intensivbett frei war. Als Schulen und Kitas geschlossen wurden, ohne klare Evidenz für ihre Rolle im Infektionsgeschehen.[29] Oder als der Staat Milliarden an Hilfsprogrammen auslobte, ohne wirklich zu wissen, was sie bewirken, und ohne dies später zu evaluieren.[30] Zwei Jahre später wiederholte sich dieses Muster bei der Gas- und Strompreisbremse.

Und haben Sie auch die Erfahrung gemacht, dass Sie ärztlichen Rat oftmals nur erhalten, wenn Sie physisch in der Sprechstunde erscheinen, für die Sie telefonisch zwischen 9 und 11:30 Uhr und 13 und 15 Uhr, außer an Mittwochnachmittagen und Freitagen, einen Termin vereinbaren müssen? Und dass der Arzt daraufhin erneut dieselben teuren Untersuchungen durchführt, weil ihm verlässliche Informationen über frühere Diagnosen fehlen? Und war Ihnen bewusst, dass Datenschutzsorgen die Verbreitung von Smartmetern, die einen wichtigen Beitrag zur Netzstabilität in der Energiewende leisten könnten, um mehr als ein Jahrzehnt zurückgeworfen haben?

Unzureichende Infrastruktur, mangelhafte Datenlage und eine tief sitzende Digitalisierungsangst – das ist die Ausgangslage für die digitale Transformation, den wohl wichtigsten Wohlstandstreiber unseres Jahrhunderts. Wieso tun wir uns mit ihr so schwer?

Strukturwandel ist ungemütlich. Er verunsichert, ruft Ängste hervor und trifft oft auf Ablehnung. Heute belächeln wir den sogenannten Red Flag Act aus dem Vereinigten Königreich von 1865, als die motorisierte Mobilität ihren Lauf nahm.[31] Das Gesetz schrieb vor, dass vor jeder dampfbetriebenen Kutsche ein Fußgänger mit roter Fahne vorauslaufen musste. Die Höchstgeschwindigkeit durfte vier Meilen pro Stunde nicht überschreiten, in Ortschaften zwei. Mindestens zwei Fahrzeugführer mussten an Bord sein. Diese Anekdote dient heute als Paradebeispiel für innovationsfeindliche Regulierung, sei es aus ehrlicher Sorge um die öffentliche Sicherheit oder aus durchsichtigen Motiven der Pferdelobby. Doch wer die Geschichte an dieser Stelle beendet, zieht nur die halbe Lehre. Denn die Geschichte zeigt nicht allein, wie leicht Regulierung Innovation ausbremsen kann. Sie zeigt vor allem, wie sich Innovation über kurz oder lang durchsetzt. Und wie sie dabei die Regulierung verändert. Der Red Flag Act wurde 1896 durch den Locomotives on Highways Act ersetzt, der die erlaubte Höchstgeschwindigkeit auf zwölf Meilen erhöhte.[32] 1903 folgte der Motor Car Act, der zum ersten Mal nicht mehr von Lokomotiven, sondern von motorisierten Fahrzeugen sprach.[33] Er führte eine Registrierungspflicht und das Erfordernis eines Führerscheins ein. 1905 gründete sich die Automobile Association, die in Selbstregulierung begann, Straßenschilder aufzustellen. Daraus entwickelten sich erste Verkehrsregeln, die 1931 auf 18 Seiten im ersten offiziellen »Highway Code« kodifiziert wurden.[34] Er ist noch heute in Kraft.

Was diese Geschichte erzählt, ist kein eindimensionales Scheitern von Regulierung, sondern ein Beispiel für eine schwere Geburt. Verfrüht versuchte man, Lokomotiven zu regulieren, die keine Schienen brauchten. Später erkannte man, dass das Auto etwas Neues war. Die anfängliche Geschwindigkeitsbegrenzung war ein regulatorischer Rohrkrepierer. Doch Führerschein, Haftungspflicht und Verkehrsregeln haben bis heute Bestand.

Heute ist es nicht anders. Uber oder Airbnb zu verbieten, ist eine naive Zwischenlösung. Sie schafft keine neue Ordnung, sondern vertagt sie. Statt Innovationen in Umgehungskonstruktionen – wie die Einstufung von Uber als Autovermietung – oder gar in den Schwarzmarkt zu drängen, sollte sich die Regulierung auf den Erhalt wichtiger Rechtsprinzipien, Schutzgüter und die Schaffung von Wettbewerbsbedingungen konzentrieren, damit sich marktwirtschaftliche Gleichgewichte einstellen können.

Das Jahr 2050 liegt so weit in der Zukunft wie das Jahr 2000 in der Vergangenheit. Im Jahr 2000 gab es kein iPhone, sondern Klapptelefone. Kein Uber, sondern Taxirufsäulen. Kein Deliveroo, sondern den Pizzalieferservice. Kein Amazon, sondern den Otto-Katalog. Kein YouTube, sondern VHS-Videos. Und natürlich kein ChatGPT.

Wer noch weiter zurückdenkt, ins Jahr 1975, erinnert sich an Wählscheibentelefone, Taxistände, Eckkneipen, Kaufhäuser und drei Fernsehkanäle in Schwarz-Weiß. Manche mögen sagen: Es ging auch so, vielleicht war es sogar besser.

Doch diese Perspektive ist trügerisch. Im Jahr 1975 lag das Bruttoinlandsprodukt bei weniger als der Hälfte des heutigen, die Lebenserwartung war zehn Jahre kürzer. Würden wir heute Einkommen per Zusatzsteuer halbieren oder medizinische Leistungen so einschränken, dass die Lebenserwartung um ein Jahrzehnt sinkt, würden wohl nur wenige Menschen zustimmen. Umso erstaunlicher ist der Bestsellererfolg des Schrumpfbuchs »Das Ende des Kapitalismus« von Ulrike Herrmann, das eine Rückkehr in diese Zeit verherrlicht.

Natürlich ist dies zugespitzt. Geht es uns nicht darum, »gute« Innovation zu fördern und »schlechte« zu verhindern? Also positive Veränderungen zu ermöglichen und negative abzuwehren? Ein größeres Angebot dank Onlineshopping, aber bitte ohne ein monopolistisches Amazon?

Damit sind wir zurück in der Politik. Was kann der Staat mit seinem Instrumentenkasten bewirken, und wie soll er ihn einsetzen? Hier unterscheiden sich die großen Wirtschaftsräume deutlich:

Die USA setzen auf Innovation. Eine starke Produzentenhaftung, die über Gerichte durchgesetzt werden muss, soll Verbraucher schützen. Das Schwert des Wettbewerbsrechts ist scharf, wird jedoch nur in eindeutigen Fällen eingesetzt. Monopolbildung wird in Kauf genommen, solange sie aus Innovation hervorgeht. Oft entstehen daraus globale Wettbewerber wie Google, Microsoft oder Meta.

China verfolgt politische Ziele. Die Politik nimmt direkten Einfluss auf Unternehmen und verfügt über umfassende, schnell umsetzbare Eingriffsmöglichkeiten. Wettbewerb wird gesichert, steht jedoch häufig im Schatten übergeordneter politischer Zielsetzungen. Beim Datenschutz dominiert staatliche Kontrolle, die zugleich Schutz gegenüber internationalen Wettbewerbern bedeutet. Innovation wird stark gefördert, etwa um die internationale Führungsrolle bei künstlicher Intelligenz zu erlangen. Mit TikTok, Temu und Alibaba treten zunehmend Internetkonzerne aus China auf, die weltweit agieren.

Europa setzt auf Verbraucherschutz und Wettbewerbsrecht. Die EU verfolgt den Ansatz einer starken und vorausschauenden Regulierung. Zentrales Element des Verbraucherschutzes ist der Datenschutz. Das Wettbewerbsrecht der EU ist ebenfalls stark, ursprünglich mit Fokus auf Verzerrungen durch staatliche Subventionen. Inzwischen wird es ergänzt durch spezielle Regelwerke für digitale Märkte (Digital Markets Act) und digitale Dienstleistungen (Digital Services Act). Die EU setzt dabei auf den sogenannten Brüssel-Effekt, der andere Regionen der Welt dazu anregen soll, ihrem regulatorischen Ansatz zu folgen.

Gerade wegen dieser unterschiedlichen Philosophien sollte uns bewusst sein: Wenn nicht wir innovieren, tun es andere. Die Strahlkraft europäischer Regulierung reicht meist nicht aus, um die globale Entwicklung zu prägen. Digitalisierung kennt keine Grenzen, sie entfaltet enorme Skaleneffekte. Der europäische Präventivansatz führt dazu, dass Unternehmen manchmal erst den langwierigen politischen Prozess abwarten, während die Technik längst weiterzieht. So wie der Red Flag Act einst an der Automobilentwicklung vorbeiregulierte, so reguliert auch die 2024 verabschiedete KI-Verordnung in Teilen an der Entwicklung der künstlichen Intelligenz vorbei.[35]

Für Konsumenten bedeutet das vielleicht nur eine Verzögerung des Fortschritts. Für Unternehmen dagegen ist es ein handfester Wettbewerbsnachteil. Innovation braucht Freiräume. Erst zu regulieren und dann zu innovieren, geht meist schief. Denn während die Politik noch entscheidet, haben internationale Wettbewerber längst Erfahrungen gesammelt und stechen ihre europäischen Mitbewerber aus. Wer heute autonom fahren will, steigt nicht in Berlin ein, sondern in San Francisco oder Schanghai.

Nicht nur die Regulierung stellt dem digitalen Wandel ein Bein, auch wir selbst tun es. Dazu eine Anekdote.

»Das ist doch absurd, da werden Daten einfach so veröffentlicht, das hätte der Staat verhindern müssen«, empörte sich 2010 Ludwig H.

aus Düsseldorf in der *Rheinischen Post.* Deutschland lief damals Sturm gegen Google Street View. Herr H. und drei Nachbarn legten Widerspruch ein, damit ihre Häuser nicht im Internet gezeigt werden. Das Frappierende: Der Zeitungsartikel erschien mit einem Foto, auf dem die vier Nachbarn stolz vor ihren Reihenhäusern posierten.[36]

Zum Start von Google Street View gingen damals fast eine Viertelmillion Einsprüche ein.[37] Ganze Gebäude, oft auch Mietshäuser, verschwanden hinter grauen Pixelwolken. In sozialen Medien wurde über »Blur-many« gespottet. Auf der europäischen Landkarte blieben Deutschland und Österreich weiße Flecken, obwohl schon damals jeder Dritte den Dienst nutzte.[38]

2023 rollten die Kameraautos erneut durch deutsche Städte. Wer sein Haus verpixelt sehen wollte, musste wieder widersprechen. Doch diesmal blieb die Aufregung aus. Eine Auswertung von Presseerwähnungen zeigt, dass das Interesse an Widerspruchsmöglichkeiten im Sommer 2023 nur noch ein blasser Abklang der Empörung von 2010 war, obwohl Datenschutz weiterhin eine große Rolle in den Medien spielte (Abbildung 10).

Die in dieser Anekdote beschriebene Kluft zwischen der Sorge um die eigene Privatsphäre und dem tatsächlichen Verhalten hat den Begriff Privatsphäre-Paradoxon geprägt. Auch die Zeitinkonsistenz

Abb. 10: Narrative Street View und Datenschutz

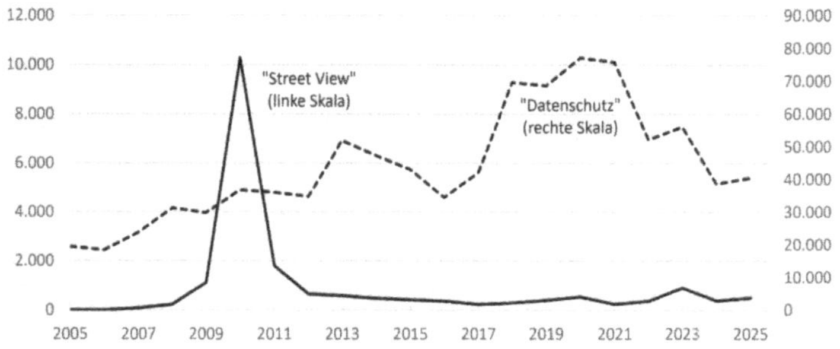


*Quellen: GENIOS, eigene Berechnung.*

ist typisch: 2010 große Aufregung, 2023 Desinteresse. Hätte der Gesetzgeber damals eine Lex Street View erlassen, wie durchaus in Erwägung gezogen, wäre die Abwägung zwischen dem privaten Schutzbedürfnis von Herrn H. und dem öffentlichen Interesse an einem digitalen Abbild des Straßenraums auf Jahrzehnte zementiert.

Die Sorge um die Privatsphäre steht beispielhaft für eine breitere Skepsis gegenüber dem digitalen Wandel. 2024 befragte Civey 5000 Menschen in Deutschland zum Nutzen künstlicher Intelligenz.[39] Fast zwei Drittel sagten, KI werde ihr Leben nicht verbessern. Über siebzig Prozent glaubten nicht, dass Schüler mit KI besser lernen. Und ähnlich viele erwarteten nicht von ihrem Arzt, dass er künftig KI bei Behandlungen einsetzt.

Umfragen wie diese zeigen eine Mischung aus Blockadeinstinkt, Fortschrittsmisstrauen und Unwissenheit über die Chancen des digitalen Wandels. Dieses Bündel diffuser Sorgen mündet in eine Digitalisierungsangst: die Angst vor Datenmissbrauch, Falschinformationen, Diskriminierung und monopolistischen Strukturen. Diese Gefahren existieren, verlangen jedoch nach Einordnung statt vorauseilender Regulierung ihrer Symptome. Kapitel 7 wird eine solche in Teilen vornehmen.

Was in der deutschen Debatte fast völlig fehlt, ist eine positive Zukunftserzählung über Digitalisierung. Es braucht eine Erzählung, vor der viele der gängigen Bedenken verblassen würden.

Natürlich gibt es eine Konzentration im Onlinehandel. Doch von den erzielten Skaleneffekten profitieren nicht nur die Unternehmen, sondern auch die Verbraucher. Wer nicht bei fünf verschiedenen Anbietern bestellen muss, spart Transaktions- und Versandkosten. Musste man früher noch mühsam Preise zwischen Karstadt und Kaufhof oder Aldi und Penny vergleichen, genügen heute ein paar Klicks auf unterschiedliche Webseiten.

Natürlich beschleunigen Instagram, WhatsApp, TikTok und andere Plattformen die Verbreitung von Falschinformationen und Hetze. Doch im Kern ist das nichts Neues. Auch früher gab es Gerüchte, mit denen man lernen musste umzugehen. Gleichzeitig dürfen wir die enormen Vorteile der Digitalisierung nicht übersehen. Wo einst Verleger und Intendanten als Gatekeeper herrschten, können Menschen heute aus dem Nichts zu Medienstars werden, etwa ein Busfahrer mit seiner »4-1-5«-Handchoreografie, die später sogar Robert Habeck imitierte.[40] Über soziale Medien finden zudem Menschen leichter zueinander, etwa Patienten mit seltenen Krankheiten, Eltern hochbegabter Kinder oder Liebespaare, die sich früher vielleicht nie begegnet wären.

Die Wahrnehmung der Digitalisierung ist in Deutschland zu oft negativ geprägt. Dabei ist Technologie vermutlich der größte Hebel, den wir haben, um Wandel zu gestalten. Höchste Zeit also, dass nicht Angst und Abwehr dominieren, sondern Zuversicht und Mut. Visionen braucht das Land!

## 2.4 Geoökonomischer Wandel: Herbivore im Haifischbecken

Das letzte Schlaglicht dieses Kapitels richtet sich auf unsere Beziehung mit Handelspartnern und die internationale Ordnung, die im Haifischbecken rivalisierender Mächte unterzugehen droht.

»Allein in der letzten Woche haben russische Börsenwerte um über dreißig Prozent nachgegeben. Das zeigt: Unsere Sanktionen wirken. Und wir behalten uns weitere Sanktionen vor, ohne irgendwelche Denkverbote«, verkündete Bundeskanzler Olaf Scholz am 27. Februar 2022 in seiner Zeitenwende-Rede wenige Tage nach Beginn des russischen Angriffskriegs.[41] Das Ziel, Russland mit Sanktionen ins Chaos zu stürzen, wurde jedoch verfehlt. Kein Zusammenbruch des Bankensystems, kein Kollaps der Wirtschaft. Der russische Aktienindex erreichte gut zwei Jahre später wieder sein Vorkriegsniveau.

Sanktionen gegen Russland schmerzen uns wirtschaftlich wie politisch wenig. Sie schmerzen aber auch Russland nicht sonderlich. Anders ist die Lage zumindest teilweise für russische Exporte nach Deutschland, insbesondere Gas. Und was macht Russland? Es dreht den Gashahn zu.

Als das Pipelinenetz kein billiges russisches Gas mehr lieferte, war es, als hätte man dem Glückspilz Deutschland einen Teil seines Myzels gekappt. Über Nacht wurde einer Strategie der Boden unter den Füßen weggezogen, die einerseits energieintensive Industrien erhalten, andererseits Kohle- und Kernkraftwerke abschalten wollte.

Es geht hier nicht darum, mit dem Wissen von heute vergangene Entscheidungen zu beurteilen, sondern darum, die Frage zu stellen, ob die Politik hinreichend konsequent durch die Brille der Langfristigkeit auf geoökonomische Entwicklungen blickt. Und ob der schöngeistige Pflanzenfresser bemerkt hat, dass er im Haifischbecken der Zeitenwende schwimmt.

Die Antwort lässt sich erahnen. Politische Kompromisse bringen Lösungen hervor, die am seidenen Faden hängen. Die Politik glaubt, dass sie es sich nicht leisten kann, mit doppeltem Boden zu fahren. Sie biegt das Metall lieber, bis kurz bevor es bricht. Und wenn es bricht, wird das entstehende Krisennarrativ allzu gerne instrumentalisiert. So wurde ein im März 2022 angekündigtes 200-Milliarden-Euro-Paket zum Klimaschutz auch als Schritt zu größerer

Unabhängigkeit von Öl- und Gasimporten verkauft, ungeachtet der Tatsache, dass diese Transformation neue Abhängigkeiten schafft.[42]

Wo fängt jedoch die unangemessene Abhängigkeit an? Vor der Krise mag die Darstellung dominieren, Gas mache nur rund ein Viertel des Primärenergieverbrauchs aus und russisches Gas darin wiederum nur einen Bruchteil (Abbildung 11). Nach der Krise brannte sich die Abhängigkeit mit der Zahl von 55 Prozent des Anteils russischer Gasimporte in die Gedächtnisse ein, nicht zuletzt weil unter anderem der Bundeskanzler sie benutzte. Die Zahl stammte aus Berechnungen des britischen Ölkonzerns BP, da vom Bundesamt für Wirtschaft und Ausfuhrkontrolle oder der Bundesnetzagentur keine amtlichen Zahlen existierten.[43]

Sollten wir auf neun Prozent oder auf 55 Prozent schauen? Aus der Vogelperspektive hat die Politik selten ein Adlerauge. Oft fehlen ihr die Daten. Oder sie kennt die Details nicht, zumindest solange diese nicht von Interessenvertretern an sie herangetragen werden, die dabei vor allem ihre Verbandsmitglieder im Blick haben, nicht das Gemein-

Abb. 11: Primärenergieverbrauch Deutschland (2021)

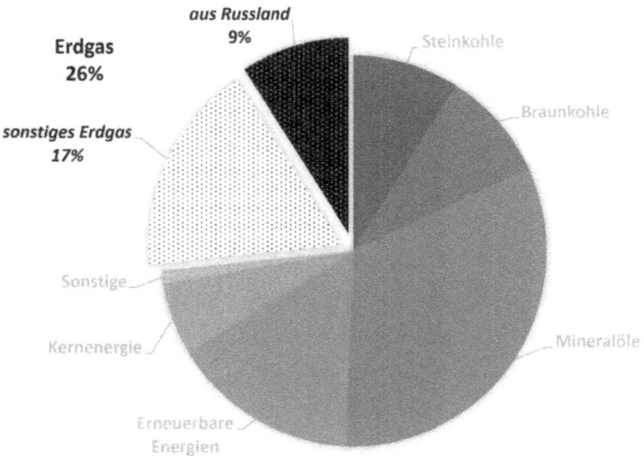


*Quellen: Sachverständigenrat Wirtschaft Jahresgutachten 2022/23, eigene Darstellung.*

wohl. Unternehmen kennen ihre Lieferketten zwar auch nicht immer vollständig, wissen aber meist besser als der Ministerialreferent in Berlin, wo kritische Abhängigkeiten liegen.

Eine Analyse der Europäischen Kommission für 5375 Produktkategorien identifizierte für Deutschland 278 kritische Importabhängigkeiten, darunter Flugzeugtriebwerke, Antibiotika und Datenverarbeitungsmaschinen.[44] Wollte der Staat jede einzelne dieser Abhängigkeiten regulatorisch angehen, bräuchte er eine ganze Behörde voller Fachbeamter, die sich in diese Produkte einarbeiten, Verfügungen entwerfen und durch Entscheidungsprozesse schleusen. Und dabei vermutlich früher oder später den Lobbyisten ins Netz gehen.

Wie schräg der politische Kurs in dieser Frage ist, macht das Beispiel der seltenen Erden deutlich.[45] Seltene Erden sind eine Gruppe von 17 chemischen Elementen, die für zahlreiche Schlüsseltechnologien unverzichtbar sind. Heute stammen rund 86 Prozent der weltweiten Fördermenge aus China, wo der Abbau und die Verarbeitung staatlich subventioniert werden und wo geringere Umwelt- und Sozialstandards gelten. Das schmutzige Geschäft, bei dem Unmengen von Geröll verarbeitet werden müssen, fand bisher bequem außerhalb unseres Sichtfeldes statt.

Erst die Zeitenwende katapultierte diese bislang unterschätzte Abhängigkeit auf die politische Agenda in Berlin. Dann sollte es schnell gehen. Es war vermutlich keine Zeit, auf ein Gutachten des unabhängigen wissenschaftlichen Beirats beim Wirtschaftsministerium zu warten. Ein solches Gutachten erschien erst Ende 2023 mit klugen, langfristigen Lösungsvorschlägen.[46] Doch bereits im November 2022 legte das Ministerium einen Entwurf des Eckpunktepapiers »Wege zu einer nachhaltigen und resilienten Rohstoffversorgung« vor. Dieses setzt auf drei Hebel, in dieser Reihenfolge genannt:

- **Kreislaufwirtschaft, Ressourceneffizienz und Recycling**: An erster Stelle fordert das Papier Einsparung und Wiederverwertung zusammen mit dem Hinweis, dass Recyclingrohstoffe meist energieeffizienter und klimafreundlicher sind.

- **ESG-Standards**: Zweitens wird die internationale Etablierung von Regeln für Umwelt, Soziales und Unternehmensführung (Environmental, Social and Corporate Governance, ESG) genannt, wie im deutschen Lieferkettensorgfaltspflichtengesetz.
- **Diversifizierung**: Erst an dritter Stelle geht es um Analysen und Transparenz zu Abhängigkeiten. Dazu gesellen sich Vorschläge für staatlich geförderte Rohstoffförderung und Lagerhaltung. Die Pflege internationaler Partnerschaften wird ganz am Schluss erwähnt.

Man sollte sich das auf der Zunge zergehen lassen. Einerseits wollen wir massiv auf grüne Technologien umsteigen, andererseits am liebsten mit recycelten Rohstoffen. Reichen diese nicht aus, sollten die Erzeuger ESG-konform sein, zugleich wollen wir unsere Versorgerlandschaft möglichst breit diversifizieren. Dass all dies schwer zusammenpasst, liegt auf der Hand. Immerhin erfuhr eine überarbeitete Version vom Januar 2023, die nun auf der Ministeriumswebseite steht, kosmetische Korrekturen. Die Diversifizierung rückte auf Platz zwei, und aus »ESG-Standards« wurde die »Sicherstellung eines fairen und nachhaltigen Marktrahmens«.[47]

Die ursprüngliche Version ist jedoch ein Schaufensterfall für eine Wirtschaftspolitik, die in drei Aspekten zu denken geben sollte.

Erstens offenbart das Papier eine gesinnungsethische Schlagseite, die vermutlich der damaligen politischen Einfärbung des Ministeriums entspringt. Doch für rohstoffarme Länder wie Deutschland entsteht Versorgungssicherheit durch internationale Vernetzung, nicht durch selektive Abschottung. Die Stärkung der multilateralen Institutionen, Handels- und Investitionsabkommen oder ein »Rohstoffklub« nach Hanse-Vorbild wären naheliegende Mittel. Stattdessen setzt das Papier auf Kooperationen nur mit »Wertepartnern«.

Zweitens signalisiert das Papier eine schleichende Entlassung der Privatwirtschaft aus der Verantwortung. Eine aktivere Rolle des Staates – wie im Papier angekündigt – verschiebt wahre oder zumindest wahrgenommene Zuständigkeiten von den Unternehmen hin zum Staat. Wären Sie CEO und hätten gerade Millionen in die präventive Lagerhaltung seltener Erden investiert, würden Sie aufhorchen, wenn der Staat verkündet, diese Lagerhaltung »zu befördern und, falls notwendig, staatlicherseits zu etablieren«. Und als Kapitalgeber in laufenden Rohstoffprojekten käme Ihnen die Ankündigung, »für Rohstoffprojekte im In- und Ausland einen Private/Public Fonds zu initiieren«, wie ein Dolchstoß in den Rücken vor. Ein jedes Papier sollte gleich zu Anfang die Rolle des Staates und die der nichtstaatlichen Akteure einordnen und klarmachen, dass der Staat Rahmengeber gegen Marktversagen und Letztsicherer in systemischen Krisen ist, nicht aber Allproblemlöser und Rundumsorglosversicherer.

Drittens fällt die fehlende langfristige Priorisierung sofort auf. Manche Regulierungswünsche, etwa zu ESG-Standards, sollten mit der notwendigen Investitionssicherheit abgewogen werden. Bergbauprojekte haben sehr lange Investitionshorizonte. Wer höchste Standards ankündigt, deren Abstimmung voraussichtlich noch Jahre dauern wird, sät Unsicherheit und mindert Investitionsanreize. Diversifizierung heißt oft, sich in Ländern mit niedrigeren Standards zu engagieren.

Wie leicht gute Absichten ins unbeabsichtigte Gegenteil kippen, zeigt die EU-Entwaldungsverordnung, die Ende 2025 in Kraft treten sollte. Sie untersagt den Import bestimmter Agrargüter von Flächen, die nach 2020 entwaldet wurden. Was das für Unternehmen bedeutet, hat der Podcast-Ökonom Daniel Stelter recherchiert.[48] Der Kakaogroßhändler Albrecht & Dill aus Hamburg plant etwa, fünf zusätzliche Mitarbeiter einstellen, um die Geodaten zu 40 000 Anbauflächen zu erfassen und die erforderlichen 5000 Sorgfaltserklärungen pro Jahr einzureichen. Insgesamt erwartet die deutsche Kaffeebranche einen Mehraufwand von 160 000 Stunden jährlich für die Dateneingabe.[49] Und die EU-Beamten freuen sich darauf, die resultierenden zwanzig Millionen Erklärungen jedes Jahr zu prüfen. Da beispielsweise in Äthiopien, wo kleinbäuerlich ohne Entwaldung produziert wird, noch keine Geodaten verfügbar sind, werden am Ende wohl die brasilianischen Großfarmen die Gewinner sein.

Gesinnungsethik mag moralisch überlegen wirken, doch am Ende zählt das Ergebnis. Weil Handel für uns essenziell ist und unseren Platz in der internationalen Ordnung definiert, sollten wir die Hintergründe und Lebenswirklichkeiten unserer Handelspartner zur Kenntnis nehmen. Alles andere verbrennt Brücken.

So und nicht anders verstehe ich »Wandel durch Handel«. Handel ist keinesfalls eine hinreichende Bedingung für Wandel. Zu Unrecht sehe ich das Prinzip durch den russischen Angriffskrieg auf die Ukraine in Verruf geraten.[50] Handel setzt immer die Einbindung in eine internationale, institutionelle Ordnung voraus, so wie sie die EU nach dem Fall des Eisernen Vorhangs bot. Die Osterweiterungen gaben Halt, banden die Länder des ehemaligen Ostblocks in Handel und Zusammenarbeit ein und bewahrten sie vor Orientierungslosigkeit und Chaos.

Pragmatisch und auf eine langfristige, integrative internationale Ordnung ausgerichtet, das sollte der Maßstab für unser Handeln im geoökonomischen Umbruch sein. Ein dafür naheliegendes Politikprojekt wäre, mehr Verantwortung in der EU zu übernehmen. Eine starke Europäische Union verschafft uns in Zeiten globaler Verschiebungen mehr Verhandlungsmacht.

Doch die EU-Entwicklung tritt auf der Stelle. Ihr ökonomisches Herzstück – der einheitliche Binnenmarkt, eine der größten wirtschaftspolitischen Errungenschaften Europas – ist nicht mehr auf Erfolgskurs. Der Abbau von Handelsbarrieren innerhalb der Union tritt auf der Stelle. Der handelshemmende Effekt innereuropäischer Grenzen entspricht immer noch einem Zoll von dreißig bis sechzig Prozent. Entsprechend wächst der Handel zwischen EU-Ländern kaum stärker als mit Drittländern. Der Handel zwischen Regionen eines Mitgliedslandes ist immer noch viermal so hoch wie zwischen Regionen unterschiedlicher EU-Länder. Im Dienstleistungshandel ist der EU-Effekt kaum sichtbar, und bei der Arbeitsmigration zwischen EU-Ländern sind die Kosten fast zehnmal so hoch wie zwischen US-Bundesstaaten.[51]

Ein guter Anfang wäre, das inzwischen geflügelte Wort »German Vote« ins Archiv der politischen Folklore zu verbannen. Gemeint ist die europapolitische Sprachlosigkeit Deutschlands. Denn EU-Fragen werden in Berlin traditionell erst in langwierigen Ressortabstimmungen geklärt. Solange diese laufen, dürfen deutsche Vertreter in Brüssel entweder gar nichts sagen oder müssen sich mit unverständlichen Formelkompromissen behelfen. Wenn der interne Koordinierungsprozess schließlich abgeschlossen ist, haben sich in der EU meist schon Mehrheiten gebildet. Berlin kommt zu spät, lässt Partner im Ungewissen und verpasst die Chance, eigene Akzente zu setzen.

Vor dem Brexit funktionierte dieser Modus, weil Deutschland die Rolle als Vermittler zwischen den Blöcken mehr oder weniger marktwirtschaftlicher Positionen zukam.[52] Ohne das Vereinigten Königreich in der EU verschob sich das politische Spektrum. Seither müsste sich Deutschland als Stimme der Marktwirtschaft frühzeitig klar positionieren. Dass diese strategische Neuordnung auch viele Jahre nach dem Brexit nicht vorgenommen wurde, ist bemerkenswert. Erst seit jüngster Zeit tut sich etwas. In der Großen Koalition werden nun EU-Themen in einer wöchentlichen Staatssekretärsrunde im Kanzleramt vorbereitet.[53] Doch eine europapolitische Vision ist daraus noch nicht entstanden.

Deutschland ist ein rohstoffarmes Land, das seinen Wohlstand aus einer besonderen Fähigkeit schöpft, importierte Rohstoffe und Vorprodukte zu verarbeiten und dabei zu veredeln. Obwohl bei uns keine Kaffeebohne wächst, ist Deutschland der weltgrößte Exporteur von Kaffeeprodukten.[54] Offene Märkte und freier Handel sind des deutschen Glückes Unterpfand.

Dieses Unterpfand erfordert eine starke, geschlossen auftretende EU. Handelsökonomen um Gabriel Felbermayr haben berechnet, dass ein Wegfall des internationalen Handels Deutschland rund zwanzig Prozent des Pro-Kopf-Einkommens kosten würde.[55] Für große Märkte wie China oder die USA läge der Verlust nur bei einem Drittel oder Viertel dieses Werts. Treten wir jedoch als EU auf – ein Handelsblock von ähnlicher Größe wie die USA oder China –, sinkt die Einbuße auf ein vergleichbares Niveau wie bei diesen Handelsmächten.

Für ein Land, das so sehr von offenen Märkten und freiem Handel abhängt, lohnt es sich auch im Konfliktfall, zweimal nachzudenken, bevor man die internationale Ordnung infrage stellt. Damit sind wir zurück beim Eingangsthema der Wirtschaftssanktionen. Sanktionen sind ein Schwert, das schnell stumpf wird. Wie rasch Umgehungstaktiken die Wirkung von Handelsembargos mindern, zeigt ein Blick auf den deutsch-kirgisischen Außenhandel, dem seit dem Russlandembargo aufgrund von Handelsumlenkung eine bemerkenswerte Belebung widerfährt (Abbildung 12). Handelsumlenkung ist ein gängiges Spiel, und die wankelmütige Handelspolitik der USA liefert derzeit beste Trainingsbedingungen für Meister dieser Disziplin.

Noch heikler wird es, wenn Sanktionen die Fundamente der eigenen Ordnung untergraben. 2012 wurde gegen Iran erstmals das private Bankenkommunikationsnetzwerk SWIFT zur Sanktionierung eingesetzt. Gegen Russland fror man 2022 erstmals internati-

Abb. 12: Deutsche Exporte nach Kirgistan

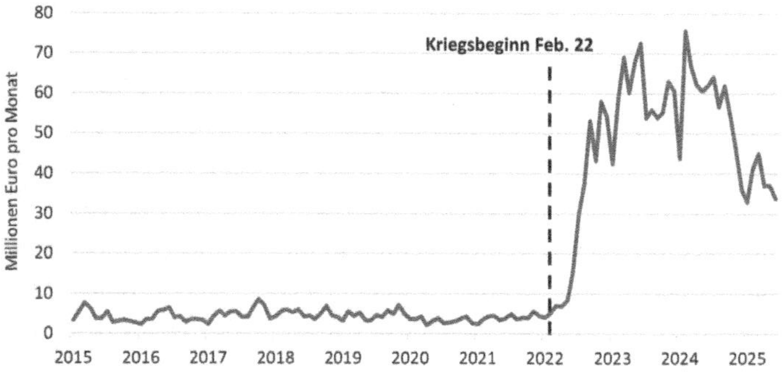


*Quelle: Destatis.*

onale Reserven ein und schöpfte deren Erträge ab. Aktuell gibt es eine Debatte dazu, die Reserven für den Wiederaufbau einzusetzen. Solche Schritte beschleunigen den Bedeutungsverlust der bestehenden Ordnung. China baut inzwischen sein eigenes Zahlungssystem, das Cross-Border Interbank Payment System (CIPS), aus und stärkt den Renminbi als internationale Währung. Auch andere Währungen, Krypto oder Gold könnten an Gewicht gewinnen mit der Folge, dass Dollar und Euro an Reservewährungsstatus verlieren und sich unsere Finanzierungsbedingungen verschlechtern.[56]

Damit schaden wir uns am Ende selbst, ganz wie mit regulatorischen Handelsbarrieren der Sorte Entwaldungsverordnung oder Lieferkettensorgfaltspflichtengesetz. Statt bestehende Beziehungen mit neuen Regeln zu torpedieren, sollten wir Freihandelsabkommen jetzt Schlag auf Schlag abschließen. Der Mercosur-Deal im Dezember 2024 war ein Schritt in die richtige Richtung. Politische Gelegenheitsfenster sind selten und kurz. Wer sie nutzen will, braucht Engagement, Fingerspitzengefühl und Geschwindigkeit. Für ein Abkommen mit Indien steht seit 2022 wieder ein solches Fenster offen. Die Schweiz hat es bereits genutzt, indem sie sich auf das Wesentliche und Machbare konzentrierte.[57] Die EU verhandelt indes noch.

Als sehr offene Volkswirtschaft sollten wir unsere Außenhandelspolitik auf Freihandel innerhalb einer möglichst breiten internationalen Rahmenordnung ausrichten. Diese lässt sich nur in groben Zügen mit dem dicken Stift malen, nicht mit dem Minenschreiber für jedes Detail. Umweltauflagen, Klimaschutz oder Arbeitsbedingungen genießen in vielen Ländern nicht denselben Stellenwert wie bei uns. Wer dennoch versucht, diese Standards zur Vorbedingung zu machen, riskiert den Verlust unserer Anschlussfähigkeit an die internationale Ordnung, die wir selbst mit aufgebaut haben, und treibt damit die Fragmentierung weiter voran. Dann dürfen wir uns nicht wundern, wenn Länder wie das durch die Entwaldungsrichtlinie brüskierte Äthiopien sich umschauen, welche Angebote China oder andere Mächte auf den Tisch legen.

# 3

# Stammtisch und Staatskunst

*»The mind is a machine for jumping to conclusions.«*

Daniel Kahneman, Wirtschaftsnobelpreisträger

Deutschland steht vor großen Herausforderungen. Die vier großen Transformationen – demografischer Wandel, Klimawandel, digitaler Wandel und geopolitische Verschiebungen – nagen an den Grundfesten unseres Wohlstands. Warum wir uns mit der Suche nach Lösungen so schwertun, ist das Thema dieses Kapitels. Denn während die Probleme komplexer werden, scheint die Lust auf einfache Antworten ungebrochen. Millionen Menschen sitzen nicht nur beim Fußball als selbsternannte Bundestrainer vor den Bildschirmen, sondern auch bei Fragen der Wirtschaftspolitik als Hobbykanzler.

In seinem Bestseller »Schnelles Denken, langsames Denken« zeigt der Nobelpreisträger Daniel Kahneman eindrucksvoll, wie unser Gehirn dazu neigt, vorschnelle Schlüsse zu ziehen. Diese schnellen Urteile werden der Komplexität langfristiger Politik nicht gerecht. Kahneman unterscheidet zwischen System 1 und System 2. System 1 steht für spontanes, intuitives Denken. Es läuft automatisch und schnell ab und erfordert keine Anstrengung. System 1 bevorzugt eingängige Narrative und Schlussfolgerungen. System 2 hingegen steht für komplexes Denken. Da es anstrengend ist, bleibt System 2 meist im Leerlauf und muss erst aktiviert werden. System 2 arbeitet langsamer. Kein Wunder also, dass es in der Stammtischrunde kein Gehör findet.

Wo, wenn nicht dort? Vielleicht beim Sachverständigenrat, meinem früheren Arbeitgeber. Seine umfangreichen Jahresgutachten stehen im Gegensatz zum Stammtisch. Doch diese wissenschaftliche Politikberatung, wie sie auch die Wirtschaftsinstitute DIW, ifo oder IfW Kiel betreiben, wird oft kritisiert: zu lang, zu unverständlich, zu weit weg vom politischen Alltag. Trotzdem sah ich die blauen Buchrücken unserer Gutachten regelmäßig in den Bücherregalen der Bundestagsbüros und Amtsstuben leuchten, als stille Mahnmale für fundierte Analyse.

Dem Sachverständigenrat geht es nicht darum, der Politik konkrete Handlungsanweisungen zu geben, sondern ihr Grundlagen und Konzepte zu vermitteln und sie über den Stand der Wissenschaft aufzuklären. Die politische Entscheidungsfindung nimmt der Sachverständigenrat der Politik nicht ab. In weiser Voraussicht hat der Gesetzgeber zu Ludwig Erhards Zeiten dem Sachverständigenrat bewusst nicht das Mandat gegeben, »Empfehlungen« auszusprechen. Diese Formulierung findet man daher nicht aus der Feder der Wirtschaftsweisen. Finden Sie eine solche, sende ich Ihnen eine Flasche Champagner.

Interessenverbände und Denkfabriken bewegen sich in einem weiten Band zwischen den Extremen von hochwissenschaftlichen Analysen und Stammtischparolen. Ihre Eingaben sind oft – nicht immer – durchdacht und meist politikrelevant verpackt. Interessenverbände, wie der Name schon sagt, betreiben Lobbyarbeit für konkrete Anliegen. Lobbyismus hat einen negativen Beigeschmack, so negativ, dass Initiativen wie Lobbycontrol ihn »kontrollieren« möchten. Mit der nötigen Transparenz kann ein halbwegs aufgeklärter Gegenüber diese Interessen erkennen und einordnen. Politiker, deren Aufgabe es ist, unterschiedliche Strömungen zu Mehrheiten zu vereinen, sollten diese Fähigkeit eigentlich besitzen.

Zivilgesellschaftliche Initiativen vertreten ebenso Interessen. Ein Beispiel ist die Klimaschutzinitiative GermanZero. Sie überreichte dem Bundestag mehrere Ordner mit konkreten Gesetzesvorschlägen zur Erreichung der Klimaziele. Konkreter und damit politikrelevanter geht es kaum! Doch auch hier geht es um Partikularinteressen, in diesem Fall um den Klimaschutz. Die notwendige Abwägung zwischen widerstreitenden Zielen bleibt einseitig.

Ein Vorschlag von GermanZero sieht vor, Vorschriften für barrierefreies Bauen zu lockern, um Städte stärker zu verdichten. So wäre zum Beispiel kein Fahrstuhl ins ausgebaute Dachgeschoss mehr notwendig. Damit wird Klimaschutz über Inklusion gestellt. Solche Zielkonflikte sollte die Politik mit kühlem Kopf und System 2 abwägen. Vorschläge von GermanZero verdienen dabei dieselbe Prüfung wie Subventionsbegehren der Wirtschaftsvereinigung Stahl.

Denkfabriken, darunter auch das von mir mitinitiierte Projekt Zukunft-Fabrik.2050, sind Ideenschmieden. Sie agieren als Impulsgeber und verfolgen dabei bestimmte Ziele. Vor zehn Jahren war der Begriff der Denkfabrik noch kaum bekannt, heute gibt es in Deutschland eine Vielzahl solcher Initiativen. Einige, wie die Deutsche Gesellschaft für Auswärtige Politik (DGAP), konzentrieren sich auf Spezialgebiete wie Außenpolitik. Andere, wie die acatech, arbeiten fachübergreifend. Auch die Zukunft-Fabrik.2050 versteht sich als transdisziplinäre Werkstatt, und zwar für langfristiges Denken. Alte Grundannahmen zu hinterfragen und Lösungen aus anderen Bereichen zu übernehmen, macht Transdisziplinarität wertvoll. Transferwissen kann neues Denken anregen. Meistens führt es jedoch nicht zum Ziel zu glauben, als Fachfremder die bessere Lösung zu haben. Das hieße, die Spezialisten für unfähig zu halten. Hier zeigt sich das Phänomen der Millionen von Bundestrainern. Auch bei der Zukunft-Fabrik.2050 müssen wir stets sorgfältig unterscheiden zwischen dem fruchtbaren Transfer von Erfahrungen aus anderen Bereichen und der einfachen Besserwisserei von Fachfremden.

Wer sich nicht auskennt, wird leicht vereinnahmt von Argumenten, die dem intuitiven Denken entspringen. Ein gutes Beispiel ist die Kontroverse um das Ehegattensplitting. Am Stammtisch oder beim Kaffeeklatsch setzt sich schnell die Meinung durch, dass die höhere Besteuerung des kleineren Einkommens – oft das der Ehefrau – in der Lohnsteuerklasse V diskriminierend sei und dass es dafür eine einfache Lösung gebe.

Mit etwas Hintergrundwissen und einer Portion System-2-Denken zeigt sich jedoch: Das vermeintlich Offensichtliche führt in ein komplexes Feld der Sozialpolitik, nämlich zur ehelichen Solidargemeinschaft. Dieses Prinzip begründet die gemeinsame Veranlagung. Ehepartner gelten als wirtschaftliche Einheit, nicht als zwei Einzelpersonen mit Steuervorteil. Dieses Prinzip durchzieht viele Mechanismen der Sozialpolitik, vom Bürgergeld bis zur Witwenrente. Wenn der Staat die Ehepartner steuerlich nicht gemeinsam betrachtet, warum sollte er dann eine Witwenrente zahlen?

Unser sozialpolitisches System basiert auf der Vorstellung, dass die Ehe eine lebenslange wirtschaftliche Gemeinschaft begründet. Das mag altmodisch wirken und ist diskussionswürdig. Aber wer allein das Ehegattensplitting herausgreift, übersieht die dahinterliegende Vision. Was wir häufiger diskutieren sollten, ist genau diese Vision und nicht nur ein Detail, das kurzfristig für kognitive Dissonanz sorgt.

Mein Plädoyer: mehr Metaebene, weniger Meinungskrawall. Versuchen Sie doch mal, beim nächsten Small Talk die Vision hinter der Empörung zu finden. Vielleicht entsteht daraus ein echter Diskurs. Denn echte Staatskunst beginnt dort, wo System 2 anspringt. Warum tun wir uns damit so schwer?

## 3.1 Auf dem Weg in die Knechtschaft

Ludwig Erhard liberalisierte 1948 die Preise und brachte die Marktwirtschaft zurück nach Deutschland. Es war der Beginn einer wirtschaftlichen Blütezeit. Wer heute die Marktwirtschaft propagiert, wird schnell zum manschettentragenden Porschefahrer stilisiert und als Anwalt der Reichen abgestempelt.

Betrachtet man die wirtschaftspolitischen Debatten der letzten Jahre, fällt eine klare Schlagseite zu mehr Markteingriffen auf. Welche Stimme traut sich noch, nach mehr Markt zu rufen und die Stärkung funktionierender Marktordnungen einzufordern? Der Nobelpreisträger Friedrich von Hayek hat diese Entwicklung in seinem Buch »Der Weg zur Knechtschaft« eindrücklich beschrieben. Das Werk feierte kürzlich sein 80. Jubiläum.

Hayek beschreibt, wie eine Intervention zur nächsten führt. Aktuelle Beispiele dafür gibt es genug. Von der Gaspreisbremse zur Übergewinnsteuer, vom Heizungsgesetz zur Wärmepumpensubvention, vom ermäßigten Umsatzsteuersatz auf Lebensmittel zu Ausnahmen für die Gastronomie. Was als gezielte Maßnahme beginnt, endet oft in einem undurchdringlichen Dickicht aus Subventionen, Verboten und Ausnahmen, also einem Regelwerk von himmelschreiender Ineffizienz als Ergebnis des Interventionsdominos. Den Prozess, in dem sich der Interventionismus in ein Dickicht aus immer weiter reichenden Eingriffen verstrickt, beschreibt Hayek als gefährlichen »Weg zur Knechtschaft«, der in letzter Konsequenz die individuelle Freiheit untergräbt.

Man braucht aber kein Hayek-Anhänger zu sein, um diese Prognose zu teilen. Der Starautor der dunklen Vorhersagen Yuval Noah Harari beschreibt ähnlich, wie die Verlockungen der staatlichen Steuerung – gerade in Zeiten der Transformation – im Totalitarismus enden.[58]

Wie weit sind wir auf dem Weg in die Knechtschaft bereits gegangen?

Wenn wir den Märkten misstrauen und Ludwig Erhards Erbe Schritt für Schritt demontieren, bringen wir die Grundlage unseres Wohlstands ins Wanken. Quoten und Lieferkettengesetze, Gaspreisbremse und Tankrabatt, Mietendeckel und Industriestrompreis: Was früher als letztes Mittel galt, scheint Routine zu werden. Der Eingriff in den Markt erfolgt immer dann, wenn das Ergebnis nicht gefällt. Auf die Schocks und Verwerfungen, die Transformationen nun einmal mit sich bringen, reagiert der Staat nicht mit Stärkung der Widerstandskraft, sondern mit Abfederung. Er legt uns ein weiches schwarz-rot-goldenes Kuschelkissen unter, statt uns zu ermöglichen, unsere eigene Absicherung zu erarbeiten. Ein Beispiel dafür liefert Deutschlands Reaktion auf die Energiepreissteigerungen 2021/22. Mit über 3000 Euro pro Kopf – mehr als sieben Prozent des BIP – schnürte die Regierung das größte Hilfspaket unter den großen EU-Ländern. Nur Luxemburg übertraf uns mit rund 3700 Euro pro Kopf.[59]

Was mich umtreibt, ist nicht die Fülle sozialpolitischer und progressiver Konzepte. Sondern dass es an marktwirtschaftlichen Alternativvorschlägen mangelt. Gerade jetzt wäre eine marktwirtschaftlich inspirierte Rahmenpolitik gefragt! Denn eine transformierte Welt braucht neue Spielregeln. Die Digitalpolitik schreit förmlich nach marktorientierter Ordnung, nicht nach Cookie-Bannern für den Datenschutzeinwilligungsdialog. Statt neue Themen wie New Work oder Silver Economy zu besetzen, liegt der Fokus zu oft auf der Verteidigung gegenüber progressiven Vorstößen.

Die Transformation fordert einen Rahmen für neue Märkte: für $CO_2$, für Daten, für digitale Geschäftsmodelle, für Innovationen, die wir heute noch nicht kennen. Lange taten sich die Verfechter von Ordnungspolitik und Marktwirtschaft schwer, die Notwendigkeit einer grundlegenden Transformation unserer Wirtschaftsordnung anzuerkennen. Lange dominierten sie die wirtschaftspolitischen Gremien und stützten sich auf ihre Deutungshoheit. Entsprechend wurden kaum neue wirtschaftspolitische Ideen entwickelt. Nicht einmal solche, die man fürs Erste nur in die Schublade gelegt hätte. Wer heute angesichts von Digitalisierung, Klimawandel und geoökonomischer Zeitenwende nach frischen Konzepten sucht, könnte in diese Schublade greifen. Doch sie ist leer.

Anders das linke Spektrum des wirtschaftspolitischen Ideenmarkts. Hier wurde im vergangenen Jahrzehnt kräftig in neue Narrative investiert. Oft stammen diese Ideen nicht aus verstaubten Lehrstühlen, sondern aus dynamischen Denkfabriken. Die Schatten des Sozialismus sind verblasst, alte Mahnungen vergessen. Im Dienst der Transformation werden Interventionen wie Preiskontrollen und Verstaatlichungen sprachlich neu lackiert und als moderne Steuerungsinstrumente präsentiert. Konzepte aus der dirigistischen Kriegswirtschaft erleben ein ideologisches Comeback und katapultieren neue Protagonisten wie Isabella Weber in wirtschaftspolitische Gremien. Die sogenannte Moderne Geldtheorie wird entwickelt und »entlarvt« – so die Worte des »Jung und Naiv«-YouTubers Maurice Höfgen – den Mythos der Geldknappheit.

Das resultierende Ideenfeuerwerk drängt die Verfechter marktwirtschaftlicher Konzepte in die Dauerdefensive. Auf ihrer Seite sind mutige Vordenker rar. Wer sich dennoch vorwagt, findet kaum Rückendeckung. Wer gegen den heiligen Gral der Zielneutralität in der Ordnungspolitik verstößt, riskiert den stillen Ausschluss durch die Garde ordnungspolitischer Torwächter. So bleiben auch aus den einschlägigen Instituten und Gremien unkonventionelle Impulse weitgehend aus. Die wirtschaftspolitischen Ideen, die ein Zukunftsbild mit marktwirtschaftlicher Handschrift prägen könnten, werden gar nicht erst geboren, geschweige denn in Stellung gebracht.

Kein Wunder, dass die wirtschaftspolitische Debatte von interventionistischen Ideen dominiert ist, die einen zentralistischen Politikstil erfordern, top-down und durchreguliert. Und Hayek? Er würde wohl sagen, dass wir mit (selbstverständlich gesetzlich geregelter) Höchstgeschwindigkeit selbstzufrieden Richtung Knechtschaft steuern.

## 3.2 Keine Demut vor Komplexität

Nicht nur ist das Vertrauen in Koordinationsmechanismen wie Märkte gesunken. Parallel dazu breitet sich eine vereinfachte Vorstellung politischer Steuerung aus, als ließen sich die Probleme per Gesetz und Verordnung lösen. Mit dem schwindenden Respekt vor der Komplexität von Wirtschaft und Gesellschaft bricht der Damm gegenüber dem Wunsch nach Eingriff und Kontrolle.

Wir alle wissen eigentlich, dass Politik ähnlich komplex ist wie viele Aspekte unseres Alltags, sei es die Kindererziehung, das Miteinander im Freundeskreis oder der Umgang mit Kollegen. Komplexität ist uns vertraut, und meist können wir mit ihr umgehen. Doch viele Menschen verfolgen Politik nur am Rande oder gar nicht. Komplexe Themen werden in 280-Zeichen-Tweets gepresst oder in kurzweiligen Talkshows im Schnelldurchlauf abgehakt. So wird die politische Debatte ihrer eigentlichen Komplexität nur selten gerecht. Wenn über Monate das Heizungsgesetz verhandelt wird, sollte die Debatte nicht nur um Ausnahmen und Härtefallregelungen kreisen, sondern um das größere Spannungsverhältnis zwischen Klimaschutz und anderen politischen Zielen, etwa der Freiheit privater Investitionsentscheidungen.

Wirtschaftspolitik ist komplex. David Colander, Professor für Volkswirtschaft am Middlebury College, und Roland Kupers, Associate Fellow an der Smith School of Enterprise and the Environment in Oxford, widmen dieser Perspektive ein ganzes Buch.[60] Sie betrachten Politik durch das Prisma der Komplexitätswissenschaft. Dabei zeigen sie, wie Nichtlinearitäten und chaotische Dynamiken es schwierig – oft sogar unmöglich – machen, die Reaktion eines dynamischen Systems zuverlässig vorherzusagen. So wie ein Vogelschwarm plötzlich aufschreckt und in alle Richtungen auseinanderstiebt, so unterschiedlich kann die Wirtschaft auf Schocks reagieren. Und doch entstehen daraus immer wieder Muster. Wie der Vogelschwarm, der sich schließlich in koordinierter Formation neu sortiert, so kommt es auch nach einem ökonomischen Schock entweder zu geordneter Anpassung oder zu Chaos. Politik kann hier bestenfalls beeinflussen, aber nie das Ergebnis bestimmen.

Ein weiteres Kennzeichen komplexer Systeme sind multiple Gleichgewichte. Das bedeutet, dass auf denselben Schock unterschiedliche Ergebnisse folgen können. In Zeiten tiefgreifender Transformation, in denen laufend Schocks auf die Wirtschaft einprasseln, kann das zu völlig divergierenden Entwicklungen führen. Und es wird noch komplexer. Die Wirkung solcher Schocks ist pfadabhängig. Der Weg in ein neues Gleichgewicht hängt entscheidend von der Vorgeschichte ab.

Ein klassisches Beispiel sind regionale Industriecluster. So hat sich München zu einem Biotech-Zentrum entwickelt, während das etwa in Hamburg nicht der Fall ist. Darin spiegeln sich multiple Gleichgewichte und Pfadabhängigkeiten. Kleine Anfänge, wie die Ansiedlung erster Start-ups und Forschungseinrichtungen in München, führten zu Verstärkungseffekten, Wissenstransfer und weiteren Firmenansiedlungen. Oder eben nicht. Man denke an den Versuch, Chipfabriken anzusiedeln, oder an die Solarbranche, die vor gut zwei Jahrzehnten mit Subventionen mühsam aufgebaut wurde. Nach Förderkürzungen gingen jedoch Vorreiter wie SolarWorld, das einst sogar Opel übernehmen wollte, oder Centrosolar hops.

Komplexe Systeme haben oft Kipppunkte, also plötzliche Übergänge in ein völlig anderes Gleichgewicht. Wir alle kennen das. Aus dem Schauen einer Folge wird das Bingewatching der ganzen Staffel. Ein obskures Meme auf Instagram geht viral. Man will nur Brötchen kaufen und verlässt den Supermarkt 50 Euro ärmer. Oder dieses Buch wird plötzlich vom Ladenhüter zum Kassenschlager.

Wird die Wirtschaft als komplexes System verstanden, folgt daraus ein grundlegend anderer Anspruch an die Wirtschaftspolitik. Zum einen erfordert es die Demut anzuerkennen, dass Politik zwar beeinflussen, aber nicht kontrollieren kann. Daraus erwächst die besondere Bedeutung von Politik der zweiten Ordnung, also der Politik über die Rahmenbedingungen politischen Handelns. Aus ihr entstehen die Spielregeln, die dem politischen und wirtschaftlichen Handeln die generelle Richtung geben, etwa in der Wettbewerbs- oder Haushaltspolitik, im Gegensatz zu Preiskontrollen oder Subventionstöpfen.

Zum anderen gebietet die Komplexitätsperspektive einen behutsamen Umgang mit ebendiesem Rahmen. So unvollkommen er auch sein mag, radikale Eingriffe »von oben«, wie sie etwa von Klimaaktivisten gefordert werden, bergen schwer kalkulierbare Risiken. Im Gegenteil: Politik sollte bestrebt sein, Resilienz zu stärken, Puffer aufzubauen und Eingriffe in das Rahmenwerk zunächst in Reallaboren oder Experimentierräumen zu erproben, bevor sie flächendeckend umgesetzt werden. Was in der Wirtschaft mit Prototypen und Pilotprojekten längst Alltag ist, bleibt in der Wirtschaftspolitik ein Fremdwort und dient als Indiz für die weitverbreitete Überheblichkeit in politischen Kreisen. Statt im Kleinen zu experimentieren und praktische Erkenntnisse zu gewinnen, wird der politische Prozess durch endlose Abstimmungsrunden mit Personen dominiert, die zwar Macht und Meinung, aber selten tiefere Einsicht besitzen.

John Maynard Keynes, oft als Gegenspieler Hayeks und als Vordenker staatlicher Interventionen dargestellt, respektierte genauso wie Hayek die Komplexität ökonomischer Systeme. In einem Briefwechsel aus dem Jahr 1944 antwortete er auf Hayeks »Weg in die Knechtschaft« mit bemerkenswerter Zustimmung:

> *»You will not expect me to accept quite all the economic dicta in it. But morally and philosophically I find myself in agreement with virtually the whole of it: and not only in agreement with it, but in deeply moved agreement.«*[61]

Die beiden Vordenker ihrer Zeit als unversöhnliche Gegenspieler zu zeichnen, übersieht diese Übereinstimmung. Der Meinungsunterschied lag vielmehr in der Frage, wann staatliches Eingreifen bei Krisen und Schocks gerechtfertigt ist. Keynes richtete seinen Blick stärker auf kurzfristige Folgen und Gleichgewichte. Schließlich, so sein berühmtes Bonmot, sind wir auf lange Sicht alle tot.

Die einst lebendige Komplexitätsperspektive wurde in den vergangenen Jahrzehnten zunehmend an den Rand gedrängt. Colander und Kupers machen dafür die zunehmende Mathematisierung der Volkswirtschaftslehre mitverantwortlich. Paradebeispiel dafür ist der Siegeszug der Allgemeinen Gleichgewichtsmodelle, die der französische Ökonom Léon Walras im 19. Jahrhundert entwickelte. Ihr großer Vorteil gegenüber einfachen Partialanalysen, die nur lineare Wenn-dann-Beziehungen abbilden, besteht darin, dass sie versuchen, die Wirtschaft in ihrer Gesamtheit zu erfassen.

Diese Modelle basieren jedoch auf teils sehr starken Annahmen. Nach der anfänglichen Dominanz einiger weniger Grundvarianten wurden sie im Laufe der Jahre weiterentwickelt, etwa durch die Einbeziehung überlappender Generationen oder die Berücksichtigung von Ungleichheit. Weltweit arbeiten Tausende Doktoranden und Professoren daran, diese Modelle zu verfeinern und weiterzuentwickeln. Ich denke an meine Zeit als Gastwissenschaftler am Economics Department der University of California in Santa Cruz zurück. Neben meinem kargen Büro sind mir die wöchentlichen Seminare in Erinnerung geblieben, in denen die Doktoranden ein Modell nach dem anderen präsentierten.

Die vereinfachenden Annahmen sind jedoch kein Makel, sondern ein Zweck. Modelle sollen bestimmte ökonomische Zusammenhänge klarstellen, nicht die Realität in all ihren Details abbilden. Die oft pauschale Kritik, etwa aus der pluralistischen Bewegung, greift daher zu kurz. Problematisch wird es, wenn Modellergebnisse für politische Schlussfolgerungen herhalten müssen, die über das hinausgehen, was sie realistischerweise leisten können.

Diese Gefahr besteht. Im März 2022 erlebten Zuschauer bei Anne Will einen seltenen Moment, in dem Kanzler Olaf Scholz aus der Haut fuhr. Angesprochen auf eine Studie von neun renommierten Ökonomen, die die wirtschaftlichen Folgen eines russischen Gaslieferstopps untersuchten, entfuhr es ihm: »Die sehen das aber falsch. Das ist ehrlicherweise unverantwortlich, irgendwelche mathematischen Modelle zu berechnen, die dann nicht wirklich funktionieren.«

Die Kritik spiegelt einen entrückten Anspruch an Forschungsergebnisse. In einer Debattenkultur, die Zuspitzung und Polarisierung eher fördert als dämpft, wird Wissenschaft oft voreilig oder einseitig gedeutet, teils sogar aus den eigenen Reihen. Die Coronapandemie bot dafür viele Beispiele. Studien wurden überinterpretiert, vorschnelle Schlüsse zu politischen Forderungen aufgebauscht. Auch manche Medien spielten dabei eine Rolle. Der Deutsche Presserat zählte 2020 doppelt so viele Beschwerden wie im Vorjahr.[62]

Ziel sollte es sein, die Komplexität wirtschaftspolitischer Zusammenhänge stärker in den öffentlichen Diskurs zu bringen. Eine Debatte, die sich auf wenige mathematische Modelle verengt, verfehlt dieses Ziel ebenso wie ordnungspolitische Prinzipienreiterei. Noch schlimmer wird es, wenn das Interesse an einer differenzierten Auseinandersetzung völlig fehlt. Wer die Komplexität nicht erklären kann, überlässt das Feld jenen, die einfache Antworten bieten, aber keine Lösungen. Wer die Komplexität nicht verteidigt, öffnet den Raum für Parolen von links und rechts außen.

## 3.3 Debattenkultur auf Abwegen

Gute Rhetoriker beherrschen die Kunst der zielgruppengerechten Kommunikation, also der Modulation der Botschaft je nach Publikum. Auf dem Marktplatz klingt es anders als im Fachgremium, im Gespräch mit Gewerkschaften anders als mit Unternehmern. Doch wer inhaltlich hier »hü« und dort »hott« sagt, untergräbt nicht nur die eigene Glaubwürdigkeit, sondern beschädigt das Vertrauen in die Debatte insgesamt.

Als ich der charmanten Christine Lagarde – ehemals meine Chefin beim IWF, heute EZB-Präsidentin – nach Jahren erneut über den Weg lief und sie sagte: »Sind wir uns schon begegnet?«, fand ich das ehrlicher als die überschwängliche Begrüßung eines Abgeordneten mit »Schön, Sie wiederzusehen«, obwohl wir uns noch nie gesehen hatten. Diese scheinbare Belanglosigkeit steht für eine tiefere Botschaft: Lasst uns bitte Debatten aufrichtig führen. Doch wer heute in die Politik geht, tut das nicht immer aus inhaltlicher Überzeugung, sondern oft aus Karriereambition ohne klare Berufsalternative. So wird Stromlinienförmigkeit und nicht klare Kante zur gefragten Tugend.

Kantigkeit ist nicht zu verwechseln mit jener Schrillheit, mit der heute gerne mediale Aufmerksamkeit erkauft wird. Als sich einige Frauen bei einer Veranstaltung mit Christian Lindner entblößten, um auf ihr Anliegen aufmerksam zu machen, geißelte sie der ehemalige Bundesfinanzminister mit dem Vorwurf, sie täten dies nur, um Bilder für die sozialen Medien zu generieren. Doch ist es nicht so, dass sich heute viele – zum Glück nur im übertragenen Sinn – das Hemd vom Leib reißen, solange es Klicks, Likes und ein paar Sekunden Sendezeit bringt?

Oft sehne ich mich zurück in die Zeit bei den Wirtschaftsweisen, als stundenlang über einzelne Absätze des Jahresgutachtens debattiert wurde. Die Kombination aus inhaltlicher Tiefe und offener Kontroverse, in der nicht Ideologien, sondern Fachargumente den Ton angaben, hat mich stets beeindruckt. Und wenn sich die Wirtschaftsweisen partout nicht einigen konnte, griff man zur Ultima Ratio, dem Minderheitsvotum, dem Pendant zur Gegendarstellung im Presserecht.

Das Schönste im Sachverständigenrat war zu meiner Zeit, dass selbst nach kompletter Entzweiung am Besprechungstisch sich die Ratsmitglieder nach Sitzungsende in die Augen sahen und zum kollegialen Ausklang beim Italiener trafen. Minderheitsvoten und Spaghetti, so geht Debatte!

Auch in der Verwaltung habe ich oft erlebt, wie sehr Mitarbeiter in den Grundsatz- und Fachabteilungen sowie in den Abgeordnetenbüros den Austausch auf fachlich hohem Niveau schätzen. Doch diese Debattenkultur bleibt meist auf den politischen Maschinenraum beschränkt. Im politischen Tagesgeschäft findet sie immer weniger Anerkennung und Zeit. Was folgt daraus? Wer komplexe Zusammenhänge versteht und gerne tief denkt, kehrt dem Politikbetrieb den Rücken. Zurück bleiben Schlagfertige statt Substanzielle, Zuspitzer statt Visionäre, Medienprofis statt Menschen mit Rückgrat und Kante.

Medienprofis wissen, dass im kurzlebigen Geschäft von Tagespresse, Fernsehen und sozialen Medien nur derjenige zählt, der schnell, pointiert und sendetauglich kommentiert. Politiker müssen sich diesem Spiel stellen. Aber auch viele geschätzte Fachkollegen aus der Wirtschaftswissenschaft spielen mit. Kein Wunder, denn mediale Sichtbarkeit ist einer der Faktoren in Ökonomenrankings. Für manche wird sie zur Droge. Da wird nachts noch am Tweet gefeilt, auf Zuruf nach Köln ins Fernsehstudio geflogen und im schlimmsten Fall eine Studie verfrüht in Umlauf gebracht. Dann dominiert die Schlagzeile, während die Originalquelle – sozusagen die Substanz hinter der Schaumkrone – nirgends auffindbar ist. »Durchstechen« ist wie ein Sport.

Kontroverse Debatten wären leichter zu führen, wenn Fachargumente klar von politischen Positionen getrennt würden. Doch wie in der Berichterstattung zunehmend die Grenze zwischen Nachricht und Kommentar verschwimmt, vermengen sich auch in politischen Debatten Sachanalyse und Meinungsäußerung. Besonders irritierend ist es, wenn in Talkshows der Politiker zum Experten mutiert, während der danebensitzende Wissenschaftler sich in der politischen Kompromissfindung versucht. Dabei ist es gerade in einer komplexen Welt entscheidend, das Fachargument präzise zu hören und zu verstehen. Die Aufgabe der Politik ist es anschließend, über Unsicherheiten und Zielkonflikte politisch zu entscheiden, Differenzen zu überbrücken und anschlussfähige Lösungen zu finden.

Die politische Abwägung kann nicht an Experten delegiert werden. Eine Expertenkommission einzusetzen, obwohl die Frage nicht fachlich, sondern politisch entschieden werden sollte, ist ein Akt politischer Feigheit. Die Autorität von Fachleuten in der öffentlichen Debatte zu instrumentalisieren, um Konflikte scheinbar neutral zu entschärfen, untergräbt langfristig das Vertrauen in die Wissenschaft und schadet beiden Seiten, der Politik und der Wissenschaft.

Ein Beispiel: 2019 bat die Bundesregierung den Sachverständigenrat um eine Expertise zur $CO_2$-Bepreisung. Der Rat folgte diesem Wunsch nicht im Sinne einer eindeutigen Festlegung, sondern legte zwei alternative Handlungsoptionen vor, den Emissionshandel und die $CO_2$-Steuer.[63] Das ist kein Makel, sondern Ausdruck wissenschaftlicher Redlichkeit. Denn letztendlich handelt es sich um eine politische Entscheidung.

Demut und Anerkennung von Komplexität als Grundzutat, eine Prise Prinzipienfestigkeit, ein Schuss Transdisziplinarität, aufgeschüttelt in einem transparenten Glas aufrichtiger, respektvoller Debatten und serviert auf einem soliden Block aus Fachwissen: Das ist der Diskurscocktail, den unsere Wirtschaftspolitik verdient.

## 3.4 Rettet die Krise!

Im Chinesischen setzt sich das Wort für Krise aus den Zeichen für Gefahr und Wendepunkt zusammen. »Never miss a good crisis« ist ein geflügeltes Wort, das ausdrückt: Krisen sind Türöffner für Wandel. Dass erst in der Krise die Reformbereitschaft steigt, nannte der Politikwissenschaftler Karl Deutsch »pathologisches Lernen«.

Krisen entfesseln eine politökonomische Dynamik, die selbst festgefahrene Blockaden auflösen kann. In systemischen Krisen, wenn Vertrauen und Märkte kollabieren, können Maßnahmen gerechtfertigt sein, die normalerweise ein Tabu wären. So dienen etwa Rettungsschirme der Stabilisierung, indem sie Kettenreaktionen verhindern, bei denen ganze Teile der Wirtschaft wie Dominosteine kippen könnten. Dem klassischen Werkzeugkasten ordnungspolitischer Instrumente entspringen diese Maßnahmen sicherlich nicht.

Dennoch können sie Lösungen darstellen, um nicht nur Krisenschocks zu dämpfen, sondern auch Nebenwirkungen großer Reformen abzumildern.

Ein Beispiel dafür sind die Lockdowns während der Coronapandemie, die viele Unternehmen an die Grenze ihrer finanziellen Belastbarkeit brachten. Um einen wirtschaftlichen Flächenbrand zu verhindern, legte die Politik umfangreiche Stützungsprogramme auf. Rund um diese Eingriffe entspann sich eine intensive Debatte, an der sich Ökonomen unterschiedlichster Denkschulen beteiligten. Die Coronakrise wurde so zu einem kollektiven Gedankenexperiment, für mich ein Lichtblick!

Kennen Sie das Erzählmuster der Heldenreise? Es liegt im Grunde jedem Disney-Film zugrunde: das Narrativ vom Aufbruch, von der Krise und von der Rückkehr mit neuer Erkenntnis. Und vielleicht ist es Ihnen schon aufgefallen, dass auch dieses Buch, mehr oder weniger heldenhaft, einem solchen Drehbuch folgt.

Dass dieses Narrativ funktioniert, wissen auch Politstrategen: Die Erzählung von der Krise erzeugt Handlungsdruck. Fridays for Future machte aus dem Klimawandel eine Klimakrise. Der Energiepreisanstieg im Herbst 2022 wurde zur Energiekrise. Migration wurde zur Flüchtlingskrise. Es gibt eine Wohnungsnot, einen Pflegenotstand und natürlich eine Bildungskrise.

Krisen erfordern zunächst rasches Handeln. So führen sie meist zu kurzfristigen Interventionen, selbst dort, wo man sie sonst kategorisch ablehnt. Gerade das spaltet häufig die Ökonomengilde. Die einen sehen staatliche Hilfen als notwendige Ausnahme, die anderen lehnen sie als Verrat an der reinen Lehre ab. Der öffentliche Blick richtet sich dann vor allem auf diesen Graben zwischen »echten« und »gefallenen« Prinzipientreuen und nicht auf das eigentliche Potenzial der Krise. Dabei liegt es auf der Hand, dass Krisen nicht nur Raum für Eingriffe eröffnen, sondern auch für Erneuerung. Sie könnten genutzt werden, um überkommene Strukturen zu überwinden und neue Rahmenbedingungen zu setzen. Doch stattdessen droht das Gegenteil. Die Interventionen zerstören bestehende Ordnungen, und Reformen hin zu neuen Ordnungen bleiben aus.

Daher braucht jede gute Heldenreise nicht nur eine Krise, sondern auch die Erkenntnis für den Neuanfang. Krisen führen nur dann zu echter Erneuerung, wenn sie genutzt werden, um Probleme an der Wurzel zu packen und tiefgreifende Reformen umzusetzen. Dafür braucht es Reformpläne, und zwar im Voraus. Sie müssen griffbereit in der Schublade liegen und nicht erst geschrieben werden, wenn die Krise bereits tobt und alle Akteure wie kopflose Hühner über den Hof jagen.

Der Internationale Währungsfonds wird meist dann gerufen, wenn die Krise bereits da ist. Doch er kommt nicht mit leeren Händen. Er hält Expertenteams für Fiskal- und Geldpolitik bereit, verfügt über Handbücher zur Bankenrestrukturierung und Forschung zur erfolgreichen Umsetzung von Reformen. Der IWF ist vorbereitet. In der Eurokrise erlebte ich das hautnah als Mitglied der IWF-Delegation in Irland, wie dieses Arsenal zum Einsatz kam.[64]

Doch was passiert, wenn keine fertigen Reformpläne in der Schublade liegen? Auch das habe ich beim IWF erlebt. In Dublin erhielt ich den Auftrag, eine Reform der Privatinsolvenz zu konzipieren, ganz ohne Blaupause. Nach dem Platzen der irischen Immobilienblase ließ sich der Berg fauler Kredite kaum abbauen. Denn das irische Insolvenzrecht war drakonisch, und Gläubiger konnten ihre Ansprüche kaum durchsetzen.

Eine gefährliche Pattsituation drohte mit überschuldeten Familien auf der einen und maroden Banken auf der anderen Seite. Gemeinsam mit dem Finanzministerium und der irischen Zentralbank entwickelten wir schließlich ein neues Verfahren, den Personal Insolvency Act. Weil es keine Blaupause gab, dauerte die Konzeptentwicklung über ein Jahr. Aber die Tiefe der Krise und der unerschütterliche Reformwille der irischen Regierung machten es möglich. Ein neuer Rahmen für die Privatinsolvenz war geboren! Doch dafür brauchten wir viel Zeit.

Die vielen Schocks, die uns die Transformation der kommenden Jahrzehnte bescheren wird, sind Chancen zur Gestaltung. Sie sind vielleicht sogar unser einziger Hebel für echte Veränderung. Damit diese Gelegenheiten nicht ungenutzt verstreichen, müssen wir schon heute über Visionen streiten und Blaupausen für Reformen entwerfen. Und wenn die Krise dann tatsächlich eintritt, sollten wir uns nicht zu sehr an kurzfristigen Interventionen abarbeiten, sondern beherzt zur Blaupause für langfristige Reformen greifen. Und wenn nötig, sollten wir uns die Zeit nehmen, ein durchdachtes Reformkonzept zu entwickeln. Rettet die Krise – nutzen wir sie!

## 3.5 Weniger Eingriff, mehr Rahmen

Politik inszeniert sich gerne kurzfristig als tatkräftig und legt ihr Gewicht auf Einzelmaßnahmen. Der dirigistische Politikansatz führt regelmäßig zu einem komplexen Regelungsgeflecht, das sowohl die Gesetzgeber als auch die -nehmer, also uns alle, überfordert. An grundlegende Strukturreformen wagt sich die Politik nur selten. Das führt dazu, dass Arbeitnehmer und Unternehmen im Ungewissen bleiben. Sie wissen zwar, dass Reformen notwendig sind, erkennen aber nicht, wohin die Reise geht.

Will Politik langfristig wirken, sollte sie auf stabile Rahmenbedingungen und glaubwürdige Selbstbindung setzen. Eine solche Politik ist weder eine verstaubte Nische der Ökonomie noch eine typisch deutsche Marotte. Sondern sie liegt irgendwo zwischen Freiburger Ordnungspolitik, der neuen Institutionenökonomik und den österreichischen und Chicagoer Schulen.

Interventionistische Ansätze wirken oft lebendiger. Sie vermitteln den Eindruck aktiver Gestaltung. Die Politik setzt sich konkrete Ziele, etwa Klimaneutralität bis 2045, und ergänzt diese durch kleinteilige Zwischen- und Unterziele wie Sektor- und Ausbauziele.[65] Der Instrumentenkasten reicht von Verboten, Grenzwerten und Quoten bis zu Förderprogrammen. Es wird zwischen förderungswürdigen und -unwürdigen Unternehmen unterschieden. Neben dem regulären Haushalt entstehen Sondervermögen und Fonds, etwa der Next Generation EU-Fonds oder der Klima- und Transformationsfonds, die von immer größeren Behördenapparaten verwaltet werden.

Dieser Politikansatz gibt den Menschen eng begrenzte Korridore in einem verschachtelten Gebäude vor, gesäumt von Subventionsverteilstationen, Hinweisschildern und Verbotstafeln. Doch dieses Gebäude gleicht einem Kartenhaus. Laut einer Umfrage fühlt sich fast jedes zweite Unternehmen nicht mehr in der Lage, alle bürokratischen Anforderungen zu erfüllen, und richtet sich nur noch nach jenen Regeln, die es für praktikabel hält.[66] Monatlich gehen rund 40 000 Widersprüche und Klagen gegen behördliche Entscheidungen im Bereich Sozialhilfe ein, von denen ein beachtlicher Teil als berechtigt anerkannt wird.[67]

Moderne Rahmenpolitik erkennt die Komplexität der Welt an, ohne Allwissenheit zu beanspruchen. Ihre Stärke liegt darin, Regeln und Institutionen zu schaffen, die einerseits Sicherheit bieten, andererseits aber auch Offenheit für Innovation ermöglichen. Sie lässt Handlungsspielräume und setzt Anreize, damit individuelles Handeln auf gemeinsame Ziele einzahlt.

Der Staat schafft so ein Spielfeld der Möglichkeiten und tritt als Schiedsrichter auf. Eine seiner zentralen Aufgaben ist es, fairen Wettbewerb sicherzustellen. Wettbewerb nutzt das verteilte Wissen der Gesellschaft und befördert die Suche nach besseren Lösungen. Statt zentralistischer Steuerung setzt Rahmenpolitik auf Zurückhaltung und gezielte Eingriffe. Eine solche Politik verhindert Interventionsspiralen, wirkt gegen Zentralisierungstendenzen und schützt vor staatlicher Überforderung.

Ein solches Staatsverständnis verlangt von uns Bürgern eine realistischere Erwartungshaltung. Der Staat kann nicht jedes Risiko absichern. Und wir sollten nicht vergessen, dass Politiker und Bürokraten weder über überlegenes Wissen verfügen noch per se die besseren Menschen sind. Deshalb braucht Politik Selbstbindung, etwa durch

Regeln wie die Finanzverfassung oder die Schuldenbremse, sowie unabhängige Institutionen, um Eigeninteressen und Einflussnahme zu begrenzen.

Diese Rahmensetzung verlangt langfristig gedachte Zielbilder – Visionen. Visionen braucht das Land!

# 4

# Ein Kompass für visionsorientierte, langfristige Politik

*»There are those that look at things the way they are,*
*and ask why?*
*I dream of things that never were, and ask why not?«*

George Bernard Shaw, Literaturnobelpreisträger

Ein Hang zu einfachen Lösungen, kurzfristige Eingriffe statt langfristiger Konzepte und ein Mangel an Demut vor Komplexität prägen unsere Wirtschaftspolitik. Statt Rahmen zu schaffen, in denen Neues von unten wachsen kann, greifen wir lieber direkt von oben ein. Auf diese Diagnose folgt nun der Versuch einer Lösungsskizze. Dieses Kapitel führt einen Kompass für langfristiges politisches Handeln ein. Die folgenden Kapitel wenden diesen Ansatz auf die vier großen Transformationen an und zeigen, wie eine langfristige Politik sie gestalten könnte. Abschließend geht es um die Frage, wie wir eine solche Politik möglich machen.

Im Zentrum steht dabei die Vision als zentrales Instrument. Was Helmut Schmidt als pathologischen Zustand verspottete, klingt für manche nach Planwirtschaft. Ein Zukunftsbild zu malen und daran Politik auszurichten, weckt schnell Assoziationen mit einem chinesischen Fünfjahresplan. Alleine schon der Ausdruck, die Zukunft zu »gestalten«, löst in manchen Milieus reflexhaftes Stirnrunzeln aus.

Doch Visionen zu formulieren, heißt nicht, Politik im Autopilotmodus auf ein Zentralszenario zu programmieren. Es geht nicht darum, dass die Politik im Alleingang eine Zukunft vorgibt und sie autokratisch durchsetzt. Es geht darum, im öffentlichen Diskurs um Rahmenbedingungen zu ringen, die uns bestmöglich befähigen, unsere Vision zu erreichen. Psychologen sprechen von der Kraft positiver Zukunftsbilder als sozialem Treibstoff für Fortschritt.[68] Eine Vision ist kein Heilsversprechen, sondern ein Orientierungsangebot. Angela Merkel sagte einmal: »Ich weiß manchmal nicht, ob Visionen das sind, was Politiker machen sollten. Politiker sollten nichts versprechen, was sie nicht halten können.«[69]

Gerade ordnungspolitisch geprägte Denker tun sich schwer mit Visionen. Zu schnell wirkt es, als maße man sich Allwissenheit oder gar einen deterministischen Zukunftsplan an, wenn man ein Bild von übermorgen entwirft. Die Zielneutralität gilt als Grundprinzip ordnungspolitischen Denkens. Doch sie steht im Spannungsverhältnis zu einem zweiten zentralen Prinzip, nämlich der Regelgebundenheit der marktwirtschaftlichen Ordnung. Genau hier kann das Denken in Visionen seinen Platz finden. Denn eine zukunftsorientierte Ordnungspolitik zielt nicht auf einen libertären Nachtwächterstaat, sondern auf die Gestaltung von Rahmenbedingungen, die Märkte überhaupt erst ermöglichen. Dafür braucht man eine langfristige Vorstellung von unserer Marktwirtschaft.

Visionen sollten auch keine Blaupause für die Steuerung jedes Details sein. Sie sollen eine Ordnung inspirieren, die Gestaltung zulässt. Nicht eine, die selbst alles gestaltet. Es geht um das Schaffen und Anpassen von Rahmenbedingungen, nicht bloß um das Abschaffen bestehender Strukturen oder das Abwehren fremder Ideen. Eine moderne, zukunftsorientierte Rahmenpolitik sollte sich zutrauen, selbst ein Bild zu entwerfen, zum Beispiel das eines prosperierenden, offenen Innovationsstandorts, und sich nicht darauf beschränken, das angebliche Bullerbü anderer zu zerreden.

Dieses Kapitel stellt vier handlungsleitende Orientierungspunkte vor.[70] Sie bilden einen Kompass für politische Gestaltung, um Wandel aktiv zu gestalten, statt im Tagesgeschäft zu versinken. Die Punkte sind teils Werkzeug, teils Haltung. In der Arbeit der Zukunft-Fabrik.2050 haben sie sich bewährt, um zukunftsorientierte Debatten zu führen und Handlungsmöglichkeiten abzuleiten.

Die vier Orientierungspunkte lauten:

1. Der Entwurf von langfristigen Zukunftspfaden hilft, sich auf verschiedene mögliche Entwicklungen vorzubereiten, ohne sich auf ein Zentralszenario zu versteifen.
2. Zukunftsbilder schaffen gemeinsame Orientierung und machen Politik anschaulich, greifbar und erklärbar.
3. Zielkonflikte bewusst auszuhandeln, sorgt für Klarheit und Integrität, statt Visionen in Beliebigkeit oder Widersprüchlichkeit versanden zu lassen.
4. Hybris zu vermeiden, erdet den politischen Gestaltungsdrang und schützt vor der Illusion vollständiger Steuerbarkeit.

Entfaltet sich eine politische Debatte entlang dieser Orientierungspunkte, ist bereits viel gewonnen. Doch das verlangt eine Diskussionskultur, in der eine solche Debatte überhaupt erst gegen das operative Dauerrauschen der Tagespolitik ankommt. Nur wenn wir entsprechende Diskussionsräume schaffen und pflegen, kann langfristiges Denken wieder Fuß fassen. Dann lernen wir auch, mit unterschiedlichen Zukunftsbildern und den dahinterstehenden Menschenbildern und Marktverständnissen souverän umzugehen. Eine reife Debattenkultur kann es verkraften, dass sowohl planwirtschaftliche wie libertäre Visionen im Diskurs auftauchen, solange sie durch diesen Kompass navigiert werden.

Lassen Sie uns in diese vier Punkte tiefer eintauchen.

## 4.1 Langfristige Zukunftspfade entwickeln

Dass Vorhersagen schwierig sind, gerade wenn sie die Zukunft betreffen, darüber hatte schon Mark Twain gespottet. Dennoch gibt es bewährte Ansätze, um plausible Szenarien für die ferne Zukunft zu entwerfen. Zwei Dinge sind dafür zentral: fundiertes Sachwissen über potenzielle Entwicklungen und methodische Kompetenz in der Analyse.

Zur Sachkenntnis zählt vor allem ein vertieftes Verständnis langfristiger Trends. Dieses Wissen lässt sich mithilfe strategischer Vorausschau systematisch aufbereiten. Ihr Ziel ist nicht die punktgenaue Vorhersage, sondern das Erarbeiten von Orientierungswissen. Die strategische Vorausschau steht der Trendforschung nahe, geht jedoch weiter in die Zukunft. Statt sich auf Marktforschung zu stützen, nutzt sie explorative Verfahren, um Möglichkeitsräume zu erschließen.

Dazu zählen unter anderem:[71]

- **Horizontbeobachtung:** Hierunter fasst man Recherchen zusammen, um frühzeitig Signale zukünftiger Entwicklungen zu erkennen. Neben Studien und Expertengesprächen werden dabei gezielt schwache Signale und ungewöhnliche Quellen ausgewertet. Entscheidend ist oft der Perspektivwechsel, etwa wenn ein Psychologe eine technologische Innovation beurteilt.

- **Delphi-Befragungen:** Die Delphi-Methode ist ein mehrstufiges Expertenverfahren, bei dem Einschätzungen zu Thesen und Entwicklungen iterativ rückgekoppelt werden. Dabei bewerten Fachleute Thesen und Fragen in Bezug auf ein Zukunftsthema in ihrem Fachbereich. Nach jeder Runde sehen die Teilnehmenden die anonymisierten Einschätzungen der anderen und können ihre Antworten überdenken und anpassen, was zu neuen Erkenntnissen und Einschätzungen führen kann.
- **Szenarienanalyse:** Ein Klassiker der strategischen Vorausschau. Ausgangspunkt ist die Identifikation zentraler Einflussfaktoren eines Themas. Darauf folgen Annahmen über deren Entwicklung sowie die Analyse ihrer Wechselwirkungen. Am Ende steht eine strukturierte Diskussion über alternative Zukunftspfade. Auch wenn wissenschaftliche Fundierung wichtig ist, bleibt die Methode offen für alle, die Zukunft mitdenken wollen.

Strategische Vorausschau ist längst kein Fremdwort mehr in der deutschen Politik. In der Bundesregierung gibt es mehrere Initiativen, die entsprechende Methoden anwenden. Ein Pionier war das Projekt »Digitale Arbeitsgesellschaft 2040« des Bundesministeriums für Arbeit und Soziales (BMAS). Die interne Denkfabrik »Digitale Arbeitswelten« arbeitete dort mit Methoden der strategischen Vorausschau, um mögliche Entwicklungen der Arbeitswelt im digitalen Zeitalter zu erkunden.[72] Zusammen mit externen Beratern hat das Forschungsministerium mithilfe der strategischen Vorausschau ebenfalls Zukünfte beschrieben.[73]

Zudem gibt es in den Bundesministerien jeweils ein Referat für strategische Vorausschau. Koordiniert werden sollen diese Aktivitäten vom Kanzleramt, denn Vorausschau muss ressortübergreifend gedacht werden. Doch lange Zeit fehlte es an Ressourcen, Strukturen und vor allem an Priorität. Vorausschau ist oft nur eine Aufgabe unter vielen, und der operative Druck des Tagesgeschäfts verdrängt schnell das langfristige Denken. Noch ungeklärter ist, wie aus den gewonnenen Erkenntnissen konkretes politisches Handeln wird.

Doch strategische Vorausschau scheitert nicht nur an der Prioritätensetzung, sie braucht auch einen Kulturwandel. Als die Zukunft-Fabrik.2050 in einem Bundesministerium einen Workshop zum geoökonomischen Wandel anregte, war das Interesse auf Arbeitsebene groß. Doch je weiter es in der Hierarchie nach oben ging, desto lauter wurden die Bedenken: Wie würde ein solches, ressortfremdes Thema in den »anderen Häusern« ankommen? Oder gar in der Öffentlichkeit? Letztendlich fand der Workshop nicht statt. Diese Anekdote steht exemplarisch für ein tieferliegendes Problem. Ein Gutachten des Fraunhofer-Instituts bringt es auf den Punkt: »Langfristig ist zur Verankerung von vorausschauendem Regierungshandeln ein Wandel der Arbeits- und Denkkultur der Verwaltung notwendig.«[74]

Viel wäre gewonnen, wenn in der Wirtschaftspolitik das Denken in Szenarien, die Fähigkeit zur ganzheitlichen Analyse und das Verständnis langfristiger Gleichgewichte mehr Raum erhielten. Denn im Umgang mit Unsicherheit ist das Szenariodenken ein hervorragendes Werkzeug. Wer etwa mit Hedgefonds über Prognosen spricht, merkt schnell, dass dort die klassische Punktprognose, mit der sich viele Entscheidungsträger zufriedengeben, nicht interessiert. Das eigentliche Geschäft lebt von der Frage nach Alternativen und Randwahrscheinlichkeiten. Hedgefonds fragen nicht: »Wie wird das Wetter?«, sondern: »Wie wahrscheinlich ist im Sommer ein Schneesturm mit Gewitter?« Genau diese Herangehensweise macht sie erfolgreich. Auch die Versicherungswirtschaft arbeitet mit solchen Methoden. Ihr Blick richtet sich naturgemäß auf negative Szenarien, aber das Prinzip bleibt gleich. Wer vorbereitet sein will, muss Vielfalt denken können.

In der Wirtschaftspolitik ist das Denken in Szenarien nicht sehr verbreitet. Ein Anfang ist die inzwischen häufig verwendete Darstellung makroökonomischer Prognosen. Nachdem erste Institutionen begonnen hatten, zentrale Inflationsprognosen mit Fehlerspannen zu versehen, führte die Bank of England 1993 erstmals sogenannte Fächerdiagramme ein. Diese visualisieren nicht nur die zentrale Projektion, sondern zeigen mit abnehmender Farbsättigung die wachsende Unsicherheit in die Zukunft hinein. Je weiter der Zeithorizont, desto breiter der Prognosefächer. Auch der Sachverständigenrat verwendet diese Darstellung.

Bei der Bewältigung von Wirtschaftskrisen besteht der Internationale Währungsfonds zum Beispiel auf der Erstellung von Notfallszenarien. Hierfür werden wirtschaftspolitische Maßnahmen erarbeitet, die nur bei Eintritt bestimmter Szenarien zur Anwendung kommen. Selbst ohne akute Krisen entwerfen Teams regelmäßig Negativszenarien. Und manchmal werden in »War Games« Reaktionsmöglichkeiten für hypothetische Finanzkrisen durchgespielt. Solche Übungen bedingen höchste Diskretion. Man stelle sich nur vor, die *Financial Times* titelte: »Vorbereitungen für die Finanzkrise«. Die Krise wäre schneller Realität, als die Kaffeekanne am Sitzungstisch durchgereicht ist.

Szenarien sollten stets ganzheitlich gedacht werden. Das bedeutet, die komplexen Wechselwirkungen innerhalb des gesamten Systems mitzudenken. Für kurzfristige Politik reicht es häufig, die Komplexität stark zu reduzieren und eindimensionale Zusammenhänge zwischen Maßnahme und Ziel in einem Teilsystem zu betrachten. Wenn Kohlekraftwerke abgeschaltet werden, sinken die $CO_2$-Emissionen. Mögliche Rückwirkungen oder langfristige Systemveränderungen bleiben dabei außen vor. Ganzheitliches Denken hingegen wirft Anschlussfragen auf. Was passiert mit Strompreisen, Versorgungssicherheit, Netzinfrastruktur, industrieller Produktion, internationalen Rohstoffmärkten und globalen Emissionen?

Hilfreich ist hier die Unterscheidung zwischen exogenen und endogenen Einflussfaktoren. Exogene Faktoren wirken von außen und sind kaum beeinflussbar. Endogene Faktoren hingegen sind gestaltbar und entsprechen den Stellschrauben der Politik. Kurzfristig lassen sich viele Rahmenbedingungen als konstant annehmen, um partielle Gleichgewichte zu analysieren. Doch langfristig ist diese Annahme oft nicht zu halten.

Deshalb lohnt es sich, die Grenzziehung zwischen exogen und endogen zu hinterfragen. Ein bekanntes Beispiel ist der Reboundeffekt. Effizienzgewinne führen langfristig zu Verhaltensanpassungen, die die ursprünglichen Einsparungen teilweise wieder aufheben. Autonomes Fahren etwa könnte den Verkehrsfluss und die Parkplatzsuche effizienter machen. Langfristig jedoch verändert sich das Mobilitätsverhalten, die Menschen steigen öfter ins Auto. Mein anekdotischer Eindruck ist in der Tat, dass, seit es Handys gibt, die Bereitschaft der Menschheit steigt, im Stau zu stehen.

Selbstverständlich bewegen sich nicht alle Systeme zuverlässig in Richtung Gleichgewicht. Auch zyklische Dynamiken, instabile Zustände oder chaotisches Verhalten müssen Teil der Analyse sein. Der ressortübergreifende Charakter solcher Analysen bringt einen hohen Abstimmungsaufwand mit sich. Doch gerade in Zeiten fundamentaler Unsicherheit sind Trendanalysen, langfristige Szenarien und deren systemische Rückwirkungen kein akademischer Luxus. Sie machen es möglich, nicht nur auf Überraschungen zu reagieren, sondern sie produktiv zu nutzen. Wer verschiedene Pfade in die Zukunft denkt, erkennt Risiken ebenso wie Chancen. Und entdeckt dabei die Hebel, mit denen sich durch kluge Rahmensetzung Zukunft mitgestalten lässt.

## 4.2 Zukunftsbilder malen

Die Ergebnisse von Trendanalysen und Szenarien sind oft sperrig. Ein wissenschaftlich durchdekliniertes Zukunftsszenario eignet sich nur selten als Grundlage für politische Debatten. Doch genau diese sind in einer Demokratie essenziell. Das Ringen um die beste langfristige Politik braucht Zukunftsbilder, also eine verständliche, adressatengerechte Übersetzung komplexer Szenarien in konkrete Vorstellungen von morgen. Dabei lohnt es sich, verschiedene Abstraktionsniveaus solcher Zukunftsbilder zu unterscheiden:

Utopien sind »Wünsch dir was«-Szenarien, also wünschenswerte Zustände, bei denen Zielkonflikte und Restriktionen weitgehend ausgeblendet werden. Lediglich einige Grundannahmen bleiben gesetzt, etwa Naturgesetze, technisch plausible Entwicklungen oder grundlegende Eigenschaften des Menschen. Utopien müssen nicht besonders konkret sein. Es genügt etwa zu sagen, dass im Jahr 2050 alle Mobilitätsbedürfnisse umweltschonend und kostengünstig erfüllt werden. Solche Bilder sind nützlich, um in einem partizipativen Prozess Zielvorstellungen zu klären, ohne von Beginn an durch Machbarkeitsfragen eingeengt zu sein. Bullerbü ist hier erlaubt.

Visionen hingegen berücksichtigen Restriktionen, Zielkonflikte und Opportunitätskosten. Sie erfordern Prioritätensetzung. Alternative Visionen spiegeln unterschiedliche Annahmen und Wertvorstellungen wider. Im Bereich Mobilität könnte eine Vision für 2050 lauten: Die meisten Personenkilometer werden auf der Schiene zurückgelegt, ergänzt durch autonome Elektroautos und urbane Flugtaxis. Visionen dürfen emotionalisieren, um mehr Menschen anzusprechen. Visionen helfen dabei, Zielkonflikte transparent zu machen, Güterabwägungen zu diskutieren und gesellschaftlich tragfähige Pfade zu identifizieren. Sie erfordern daher nicht nur Diskursfähigkeit, sondern auch Fachwissen. Entsprechend braucht langfristige Politik nicht nur charismatische Redner, sondern auch Fachleute an vorderster Front.

Meilensteine bilden das unterste Abstraktionsniveau. Sie stehen für konkrete Maßnahmen oder Veränderungen auf dem Weg zu einer Vision, sozusagen ihre Erfüllungsgehilfen. Meilensteine operationalisieren Visionen, indem sie greifbare Zwischenschritte definieren. Sie können auch in Konkurrenz zueinander stehen, denn unterschiedliche Wege können zum gleichen Ziel führen. Ein Beispiel wäre das Ziel, das Investitionsniveau im deutschen Schienenverkehr auf das der Schweiz anzuheben. In der politischen Praxis steht häufig der

Meilenstein im Mittelpunkt, während die übergeordnete Vision im Unklaren bleibt.

Ein gesunder demokratischer Diskurs kann unrealistische von realistischen Visionen wie die Spreu vom Weizen trennen. Ein bisschen Träumerei darf sein. Doch überzogene Visionen gehören enttarnt und aus dem Verkehr gezogen. »Wer Visionen hat, sollte zum Arzt gehen«, hat Altkanzler Helmut Schmidt 1980 gespottet, um für Realismus und Pragmatismus in der Politik zu werben. Zuspitzung gehört schließlich zur politischen Kommunikation wie das Mikrofon zum Rednerpult. Tragisch wäre jedoch der Umkehrschluss, dass Visionen aus Angst vor Angriffen gar nicht erst kommuniziert werden. Während Populisten von der AfD mit nostalgischen Bildern aus der Vergangenheit punkten, sollte die demokratische Mitte nicht auf Zukunftsbilder verzichten. In der Wissenschaft ist Zukunftskommunikation längst etabliert. In der transformationalen Führungstheorie gelten die gemeinsame Entwicklung und Kommunikation von Visionen als zentrales Führungsinstrument.[75]

Wer sich in die politische Debatte einmischt, sollte sich also die Frage nach seinen eigenen Zukunftsbildern gefallen lassen. Da es nicht um Prognosen geht, sollte niemand Angst haben falschzuliegen. Sollten wir etwa die Autoren des Bestsellers »Die Welt in 100 Jahren« aus dem Jahr 1910 posthum an den Pranger stellen, weil ihre Vision damals rassistische und kolonialistische Ideen umfasste, wobei Lufthäuser den Kolonialherren erlaubten, den tropischen »Unbequemlichkeiten« Afrikas zu entrinnen (Abbildung 13)? Sollte sich American-Weekly-Illustrator Fred McNabb schämen, weil sein damals futuristisch anmutendes »Haus der Zukunft« – samt Hubschrauber, Videotelefonie und Küchenroboter – ein heute veraltetes Rollenbild der Frau zeigt? Sollte Helmut Kohl es bereuen, dass er ein Bild »blühender Landschaften im Osten« malte? Nein, im Gegensatz zu den leeren Worthülsen und der kurzatmigen medialen Aufmerksamkeitshascherei entfalten Zukunftsbilder Klarheit, Zukunftsorientierung und Überzeugungskraft für Wandel.

Abbildung 13: »Die Kolonien in 100 Jahren«

Die reicheren Familien, über ganz Afrika hin, wohnten Tag und Nacht 1000 bis 2000 Meter hoch in verankerten Lufthäusern.

*Quelle: Illustration von Ernst Lübbert in »Die Welt in 100 Jahren« von 1910.*

Fragen Sie sich doch einmal selbst, was Ihr Zukunftsbild in einem bestimmten Politikbereich ist. In der Migrationspolitik, welche demografische Struktur soll im Jahr 2050 vorliegen? In der Klimapolitik, wie soll Klimaneutralität konkret aussehen? In der Innovationspolitik, wie stellen Sie sich eine digitalisierte und eine um künstliche

Intelligenz bereicherte Welt im Jahr 2050 vor? Wenn Sie die Außenhandelspolitik prägen könnten, auf welche Zukunft im Jahr 2050 würden Sie hinwirken? Und da wir statt von *der* Zukunft immer von *den* Zukünften sprechen sollten: Welche alternativen Zukunftsbilder können Sie sich vorstellen?

Sie merken schon, ganz so einfach ist das nicht. Ein Bundestagsabgeordneter fragte mich einmal augenzwinkernd, wie das eigentlich funktioniere mit dem Visionieren, ob wir da vorher bestimmte Pilze konsumieren würden. Kapitel 5 und folgende wagen es, Visionen zu formulieren, und zwar ohne Vorspeise aus halluzinogenen Pilzen.

## 4.3 Zielkonflikte aushandeln

Visionen eignen sich hervorragend für den politischen Diskurs. Ausgehend vom großen Zukunftsbild, lassen sie sich wie eine Zwiebel Schicht für Schicht aufblättern, von den grundlegenden Annahmen über exogene Trends über die Systemzusammenhänge und deren Treiber bis hin zu den konkreten Optionen zur Gestaltung des Rahmens. Dazu gehört auch, nicht nur eine Zukunft zu betrachten, sondern verschiedene mögliche Zukünfte, also einerseits unterschiedliche Zielvorstellungen, andererseits verschiedene Szenarien ihrer Realisierung. Wenn diese Varianten benannt sind, kann eine fundierte Auseinandersetzung über Zielkonflikte beginnen.

Heute werden Zielkonflikte in politischen Debatten oft ausgeblendet. Es fehlt nicht nur der Mut, sie klar zu benennen. Erst recht scheut man davor zurück, offen zu sagen, welches Ziel im Zweifel zurückgestellt werden müsste. Der auf den Medianwähler schielende Politiker wählt lieber einen vagen Mittelweg oder verspricht gleich die Eier legende Wollmilchsau. Das verwischt die Linien, lähmt die Klarheit und verdirbt den Diskurs.

Es beginnt mit einer sauberen Trennung zwischen Zielen und Maßnahmen. Diese Unterscheidung wird in vielen politischen Debatten sträflich vernachlässigt. Allzu oft verhakt sich die Diskussion in Grabenkämpfen um einzelne Maßnahmen, ohne zuvor zu klären, ob bei den übergeordneten Zielen vielleicht Einigkeit besteht. Damit gehen Chancen auf Kompromisse verloren und mit ihnen alternative Wege zum Ziel.

Das sogenannte Heizungsgesetz von 2023 zeigt, was passiert, wenn nicht das Ziel, sondern die Maßnahme im Mittelpunkt steht. Das Gesetz enthielt detaillierte Vorgaben, um den Einbau von Wärmepumpen im Gebäudesektor zu beschleunigen. Dabei ist fraglich, ob es dafür überhaupt gesetzlicher Vorschriften bedurft hätte, um die politisch gewünschte Wirkung in der langen Frist zu erzielen. Denn der geschätzte Erfüllungsaufwand des Gesetzes ist negativ. Mit anderen Worten: Der Einbau von Wärmepumpen spart, über ihre Lebensdauer gerechnet, Geld.[76] Nach marktwirtschaftlicher Logik hätte sich ihr Ausbau also ganz von selbst ergeben. Das Vertrauen in die Steuerungswirkung einer verlässlichen Rahmenordnung – in diesem Fall die $CO_2$-Bepreisung – hätte dieses Gesetz überflüssig gemacht. Doch es kam noch schlimmer. Der öffentliche Aufschrei über die hohen Umrüstungskosten zwang die Politik dazu, sich mit dem zuvor ausgeblendeten Zielkonflikt zwischen Klimaschutz und sozialer Gerechtigkeit auseinanderzusetzen. Die Lösung? Ein Fördertopf!

Das Versäumnis, Zielkonflikte sauber auszuhandeln, zieht sich durch viele Gesetzgebungsverfahren. Häufig bleiben Regulierungsziele und eine realistische Einschätzung der gesetzlichen Möglichkeiten eine nachgelagerte Überlegung. Ein Beispiel dafür ist das Erneuerbare-Energien-Gesetz (EEG). Sein Vorläufer, das Stromeinspeisungsgesetz (StrEG) von 1990, regelte auf nur zwei Seiten in fünf Paragrafen die Einspeisung und Mindestvergütung von Strom aus erneuerbaren Energien. Statt auf Technologieoffenheit zu setzen, bevorzugte der Gesetzgeber bestimmte Energieträger, stellte also die Maßnahme vor das Ziel. Dies öffnete die Tür für zahlreiche Sonderregelungen, um auf spezielle Konstellationen Rücksicht zu nehmen und ungelöste Verteilungsfragen abzufedern. Die resultierenden Fehlanreize machten wiederum neue Regelungen nötig, etwa zur Netzstabilität, da die Grundvergütung unabhängig von Nachfrage und Marktpreis gewährt wurde. Heute umfasst das EEG rund 170 Paragrafen auf 128 Seiten, ergänzt durch das Energiefinanzierungsgesetz (EnFG) mit weiteren 68 Paragrafen auf 44 Seiten.

Dass Zielkonflikte benannt und Prioritäten gesetzt werden können, zeigt die europäische Geldpolitik. Zwischen Inflation und Beschäftigung besteht ein klassischer Zielkonflikt. Höhere Zinsen dämpfen die Inflation, bremsen jedoch auch Investitionen und Beschäftigung. Niedrigere Zinsen fördern Wachstum und Arbeitsplätze, bergen aber die Gefahr steigender Preise. Dieser Zielkonflikt liegt jeder Zinspolitik zugrunde. In der Eurozone ist die Zielhierarchie explizit geregelt. Der Vertrag über die Arbeitsweise der Europäischen Union schreibt Preisstabilität als vorrangiges Ziel vor. Andere wirtschaftspolitische Ziele dürfen nur verfolgt werden, sofern sie dieses Primärziel nicht gefährden. Anders die amerikanische Federal Reserve: Ihr gesetzlicher Auftrag nennt Preisstabilität, maximale Beschäftigung und moderate langfristige Zinsen gleichrangig. Dies überlässt dem Federal Reserve Board mehr Spielraum in der Abwägung der Ziele, aber immerhin sind die Ziele benannt.

Langfristige Politik lebt von der klaren Benennung der Ziele und der Aushandlung der Zielkonflikte. Dazu gehört auch die Abwägung zwischen kurz- und langfristigen Interessen. Wie bereits beschrieben, dürfen sich verschiedene Zukunftsbilder widersprechen. Entscheidend ist nicht, diesen Widerspruch zu vermeiden, sondern die Zielkonflikte sichtbar zu machen, sie aus verschiedenen Perspektiven zu bewerten und politisch tragfähige Mehrheiten für den Umgang mit ihnen zu finden. Entsprechend sollte der politische Diskurs um ganzheitliche Zukunftsbilder ringen und nicht wie in der kurzfristigen Politik um Einzelmaßnahmen.

Wer Zukunft gestalten will, darf Zielkonflikte nicht unter den Teppich kehren, sondern sollte sie ans Licht holen. Nicht die Konfliktfreiheit macht Politik legitim, sondern die Fähigkeit, Spannungen offen zu verhandeln und tragfähige Wege zu entwickeln.

## 4.4 Hybris vermeiden

Jeder kennt das Schicksal von Ikarus. Zu hoch wollte er hinaus, bis die Sonne das Wachs seiner Flügel schmolz und er ins Meer stürzte. Der antike Mythos ist zum Sinnbild für Hybris geworden, also für die gefährliche Mischung aus Selbstüberschätzung und Ignoranz gegenüber den Grenzen des Machbaren. Auch in der Politik droht Hybris immer dann, wenn der Glaube an Steuerbarkeit größer ist als das Verständnis für Komplexität. Wer die Zukunft gestalten will, sollte deshalb nicht nur Mut, sondern auch Demut mitbringen.

Seit einigen Jahren fasziniert das Konzept der »Mission Economy« die Politik, das von der angesehenen Wirtschaftswissenschaftlerin Mariana Mazzucato vom University College London vertreten wird. Die Faszination für die von ihr gepredigte Missionsorientierung wird durch ihre Erzählung der US-amerikanischen Apollo-Missionen von 1960 bis 1972 genährt, deren Höhepunkt zweifelsohne die Mondlandung war. Fünfzig Jahre nach Armstrongs berühmtem Satz »That's one small step for a man, one giant leap for mankind« soll der »unternehmerische Staat« den Aufbruch in die Transformation mit einer vergleichbaren Missionsorientierung vorantreiben.

Der Staat soll demnach den missionsorientierten Ansatz eines Raumfahrtprogramms als systematischen Rahmen für Innovationspolitik und Verwaltung übernehmen. Der Staat soll dabei öffentliche wie private Anstrengungen bündeln, um die großen gesellschaftlichen Herausforderungen zu meistern. Das Apollo-Narrativ hat Mazzucato zur Ikone der progressiven Politikberatung gemacht. »Missionsorientierung« ist seither zu einem festen Begriff avanciert, etwa bei der OECD im Kontext einer »missionsorientierten« Industriepolitik.[77]

Die Umsetzung der Apollo-Missionen war zweifellos beeindruckend. Ob jedoch die damaligen Gesamtkosten von rund 25 Milliarden Dollar – inflationsbereinigt heute etwa 150 Milliarden Dollar oder knapp drei Prozent des damaligen US-Bruttosozialprodukts – in einem angemessenen Verhältnis zum berühmten »giant leap for mankind« standen, bleibt fraglich. Ebenso lässt sich schwer beurteilen, ob die sogenannten Spin-off-Technologien der Apollo-Missionen tatsächlich ohne das Mondabenteuer nie entstanden wären. Mazzucatos Behauptung, ohne Raumfahrt gäbe es heute keine gefriergetrocknete Nahrung oder deutlich unbequemere Schuhe ohne Nike-Air-Sohlen, ist jedenfalls ein gewagter Schuss ins All.[78]

Mazzucatos Ansatz führt die Politik in zwei Fallen. Erstens die Falle der Mitnahmeeffekte. Eine missionsorientierte Wirtschaftspolitik verspricht dem Privatsektor Vergünstigungen im Tausch gegen ein öffentliches Bekenntnis zum höheren Zweck (»purpose«). Doch sind Anreize nur dort vonnöten, wo Unternehmen nicht von sich aus in Einklang mit dem öffentlichen Interesse des Staates handeln. Solche Mitnahmeeffekte sind sehr schwer zu erkennen. Ein Lobbyverband würde nie müde werden, noch eine Förderung zu verlangen. Die Politik tappt bereitwillig in diese erste Falle, denn sie lässt sich gerne für eine Maßnahme feiern, die das »richtige« Ziel verfolgt. Ob die Maßnahme dafür nötig oder wirksam war, prüft bestenfalls der Rechnungshof in der nächsten Legislaturperiode.

Dazu kommt zweitens die Kleinteiligkeitsfalle. Auf sie weisen Mariana Mazzucato und der renommierte Harvard-Professor Dani Rodrik selbst hin.[79] In einem missionsorientierten Politikansatz setzt der Staat gezielte Anreize durch Zuschüsse, Kredite, Beteiligungen, öffentliche Aufträge, Steuererleichterungen, Schulungsprogramme, Infrastrukturinvestitionen, technologische Unterstützung oder regulatorische Ausnahmen.[80] Damit diese Instrumente zielgerichtet wirken, müssen sie an klare Bedingungen geknüpft sein, die sogenannte Konditionalität.

Dazu passt vielleicht eine Anekdote aus der Zeit der Eurokrise. Für den Internationalen Währungsfonds, dessen Krisenkredite nur gegen Einhaltung von Konditionalität ausgezahlt werden, gilt das Mantra der Einfachheit (»parsimony«). Es ist die Übertragung eines alten Prinzips des Philosophen Wilhelm von Ockham: »Pluralitas non est ponenda sine necessitate« – Vielfalt soll nicht ohne Notwendigkeit angenommen werden. Getreu diesem »Ockham'schen Rasiermesser« reduziert der IWF die Konditionalität auf das Wesentliche. Diese Maßnahmen sollen konkret und zielgerichtet auf das Kernanliegen des Reformprogramms einzahlen.

Was passiert, wenn man Ockham das Messer aus der Hand nimmt, zeigt ein Blick auf das Hilfsprogramm der Troika aus IWF, EU-Kommission und Europäischer Zentralbank in Irland während der Eurokrise. Dort einigte sich die Regierung mit der IWF-Delegation im Durchschnitt auf sechs Maßnahmen pro Halbjahr.[81] Die Europäische Kommission hingegen hatte andere Maßstäbe. Ihre Auflagen umfassten zahlreiche Detailziele bis hin zur Einführung einer Patientennummer im Gesundheitssystem. Im Frühjahr 2013 listete sie 57 Bedingungen für das Halbjahr auf.[82] Entsprechend landeten für jede Verhandlungsrunde über zwei Dutzend EU-Unterhändler in Dublin. Gemeinsam mit Vertretern anderer europäischer Institutionen wuchs die EU-Verhandlungsdelegation auf rund 100 Personen, sehr zur Freude der Dubliner Hoteliers. All diese Delegationsmitglieder suchten Gesprächspartner, beanspruchten Zeit im eng getakteten Besprechungsplan mit den Ministerien und banden die ohnehin knappe politische Kapazität der kleinen irischen Verwaltung. Statt der Bewältigung der Banken- und Immobilienkrise stand plötzlich das Kuriosum des Einbaus von Wasserzählern in allen Privathäusern im Fokus, an dem die Regierung beinahe zerbrach.

Ob es die 57 Auflagen eines europäischen Anpassungsprogramms sind, die 200-seitige Gebrauchsanweisung der europäischen Fiskalregeln, die komplizierte Nachhaltigkeitstaxonomie der EU – inzwischen ergänzt um eine Transitionstaxonomie – oder die überbordende Komplexität der Bankenregulierung, die eine Großbank wie die Credit Suisse weder vor dem Untergang bewahren noch ihre regelkonforme Abwicklung ermöglichen konnte, die Liste möglicher Beispiele für Kleinteiligkeitsfallen ist sehr lang. Es scheint, die Politik erliege nur allzu gern der Versuchung, sich im Detail zu verlieren.

Der grassierende Personalmangel in deutschen Behörden lässt Zweifel aufkommen, ob der missionsorientierte Ansatz für Deutschland geeignet ist. Die Politik sollte sich auf die großen Linien beschränken. Sie sollte einen Rahmen schaffen, der kluge Anreize setzt und so die vielen Einzelakteure unserer freien Gesellschaft beeinflusst.

Statt zu glauben, wir könnten Behörden in agile Agenturen mit Unternehmenskultur verwandeln, sollten wir die Unternehmerkultur dort florieren lassen, wo sie zu Hause ist: in Unternehmen. Dass sich ihr Handeln zu einem gewissen Maß mit dem öffentlichen Interesse, also dem »purpose«, deckt, sollten wir über allgemeine Rahmenbedingungen beeinflussen statt über kleinteilige Interventionen.

## 4.5 Orientierungspunkte

Mit Bewunderung und Ehrfurcht blicken manche nach China, das sich langfristige geo- und industriepolitische Ziele setzt und diese mit einem Masterplan zielgerichtet umsetzt. Dabei wird oft übersehen, dass diese Pläne oft nur abstrakte Ziele vorgeben, die von dezentral agierenden Akteuren mit unterschiedlichen Mitteln verfolgt werden. In China läuft längst nicht alles nach Plan.

Auch die EU und Deutschland formulieren bisweilen ambitionierte langfristige Ziele. Bei der Umsetzung dominiert jedoch die Kurzfristigkeit. Denn diese findet leichter Eingang in die mediale Kommunikation und bewegt die Wähler. Politische Stellschrauben zur Steuerung kurzfristiger Entwicklungen wirken handhabbarer als langfristig wirksame Weichenstellungen, die stärker externen Einflüssen und Unsicherheiten unterliegen. Hinzu kommen oft Unwissenheit und Fehlinformationen, die die Kurzfristorientierung verstärken.

Als Folge der Kurzfristorientierung werden langfristige Ziele nicht nur regelmäßig verfehlt, sondern die Politik hat vielerorts verlernt, Langfristigkeit überhaupt zu artikulieren. In einer saturierten Wohlstandsgesellschaft ist es schwerer, Mehrheiten für Veränderungen zu gewinnen, deren Nutzen erst in ferner Zukunft spürbar wird. Reformen gelten als Zumutung. Daher werden sie vielleicht rhetorisch umarmt, aber praktisch auf die lange Bank geschoben.

Besonders gravierend wird dieser Mangel an Weitblick in Zeiten der Transformation. Wenn gesellschaftlicher Fortschritt und technologische Entwicklungen neue Möglichkeitsräume öffnen, braucht es klare Zukunftsbilder, um Potenziale zu erkennen und gestaltend tätig zu werden. Doch ohne diese Visionen verpasst die Politik Chancen und greift reflexhaft zur Regulierungskeule.

Daher gilt es zunächst, unser Bewusstsein für den Unterschied zwischen kurz- und langfristiger Politik zu schärfen. Was ist langfristige Politik?

Langfristige Politik fußt auf klaren Vorstellungen davon, wie die Welt in Zukunft aussehen könnte. Sie verlangt ein tiefes Verständnis langfristiger Trends, technologischer Innovationen und der damit verbundenen Unsicherheiten und Wechselwirkungen. Weil sie sich nicht auf das wahrscheinlichste Zukunftsszenario beschränkt, denkt sie in Alternativen. Statt akuten Symptomen hinterherzubehandeln, bereitet sie die Gesellschaft auf verschiedene Entwicklungen vor. Das Denken in ganzheitlichen Visionen eröffnet neue Allianzen und kann selbst politische Verliererthemen in ein neues Licht rücken.

Zukunftsbilder machen komplexe Entwicklungen greifbar und bieten Identifikationspotenzial, gerade in Zeiten hoher Unsicherheit. Indem sie politische Ziele in eine anschauliche Erzählung einbetten, mobilisieren sie Menschen, erleichtern Kommunikation und schaffen eine gemeinsame Richtung. Visionen sind somit kein Beiwerk, sondern ein zentrales Steuerungsinstrument langfristiger Politik.

Langfristige Politik bedeutet, Zielkonflikte offen auszuhandeln. Sie zwingt zur Abwägung von Interessen, einerseits zwischen heute und morgen, andererseits zwischen unterschiedlichen Zukunftsvorstellungen. Solche Konflikte zu benennen, aus verschiedenen Perspektiven zu bewerten und politische Mehrheiten zu finden, ist die zentrale Aufgabe der Politik. Dabei sollte es nicht primär um Einzelmaßnahmen gehen, sondern um ganzheitliche Zukunftsbilder.

Wer Zukunft gestalten will, braucht nicht nur Mut, sondern auch Demut. Politik kann viel anstoßen, aber nicht alles kontrollieren. Gerade deshalb sollte sich Wirtschaftspolitik auf die großen Linien konzentrieren, statt sich in einem Dschungel von Einzelmaßnahmen zu verirren, in dem selbst der motivierteste Ministerialreferent irgendwann den Überblick verliert.

Abbildung 14 bietet einen Überblick über die vier Orientierungspunkte.

Wir brauchen keinen Fünfjahresplan, aber eine Vorstellung, wohin wir wollen. Wer heute keine Vision hat, wird morgen vom Wind der Ereignisse getrieben. Wer dagegen den Kompass einer visionsorientierten, langfristigen Politik einsetzt, kann Zukunft gestalten.

Abb. 14: Kompass für visionsorientierte, langfristige Politik

| Orientierungs-punkt | Leitfrage | Funktion im Politikprozess | Gefahr bei Missachtung |
|---|---|---|---|
| **Szenarien und Gleichgewichte** | »Wie könnte sich die Welt entwickeln?« | Vorausschau, Strategiefähigkeit | Kurzsichtigkeit, Reaktivität |
| **Zukunftsbilder malen** | »Wo wollen wir hin?« | Orientierung, Motivation Diskursfähigkeit | Ziellosigkeit, technokratisches Stückwerk |
| **Zielkonflikte aushandeln** | »Welche Spannungen gibt es?« | Kohärenz, Legitimität, Konfliktlösung | Polarisierung, Verwirrung |
| **Hybris vermeiden** | »Wo sind die Grenzen der Politik?« | Realismus, Fehlerresistenz, institutionelle Demut | Selbstüberschätzung, Komplexitätsblindheit |

*Quelle: eigene Darstellung.*

# 5

# Vision für eine Wissenswirtschaft

*»Die Zukunft hat viele Namen: Für Schwache ist sie das Unerreichbare, für die Furchtsamen das Unbekannte, für die Mutigen die Chance.«*

Victor-Marie Vicomte Hugo, Schriftsteller und Politiker

Mit oder ohne unser Zutun wird die Welt im Jahr 2050 anders aussehen als heute. Die folgenden Kapitel betrachten die Herausforderungen unserer Zeit aus der Perspektive von 2050 und entwickeln Lösungen in einem Lösungsraum, der sich von der Gegenwart unterscheidet. Eingebettet in ein positives Zukunftsnarrativ, erscheinen langfristige Reformen in einem neuen Licht. Dieses Licht einzuschalten, erfordert Mut, doch gerade dieser Mut eröffnet die Chance, die

Zukunft zu gestalten, statt Zukunft lediglich abzuwarten und Veränderung abzuwehren.

Die zugrunde liegende Vision für Deutschlands Geschäftsmodell ist die eines Innovationsführers. Dieses Kapitel zeigt, wie lange Erwerbsbiografien mehrere Karrieren in einem Tätigkeitsportfolio ermöglichen. Kapitel 6 entwirft Klimaschutz als Rahmenbedingung, damit sich grüne Technologien weltweit durchsetzen. Kapitel 7 skizziert, wie die Digitalisierung neue Märkte schafft und bestehende transformiert, was Produktivitätssprünge auslöst. Kapitel 8 schließlich entwickelt eine Vision der Resilienz, mit der Deutschland seine Rolle in der Weltwirtschaft neu bestimmt.

Keines der verwendeten Zukunftsszenarien und keine der skizzierten Visionen beanspruchen, die wahrscheinlichste oder beste zu sein. Der Anspruch ist, ein hinreichend realistisches Szenario und eine wünschenswerte Vision zu entwerfen. Dieses soll zu neuem langfristigen Denken anregen und eine Debatte über Zukunftsentwürfe entfachen.

Los geht's!

Bis 2050 wird einiges unvermeidlich geschehen. Eine neue Generation, die mit einem hohen Anspruch an Selbstbestimmtheit und Sinnorientierung in das Berufsleben gestartet ist, erreicht den Höhepunkt ihrer Karriere. Der demografische Wandel der 2020er Jahre hat sich vollzogen. Die Gesellschaft ist älter geworden, zugleich aber auch rüstiger. Zwischen heute und 2050 ist die Zahl der Arbeitskräfte um zehn bis fünfzehn Prozent geschrumpft, während die Rentnergeneration um ein Drittel angewachsen ist. Die zweite Generation der starken Zuwanderung der 2010er und 2020er Jahre hat das Bildungssystem bereits durchlaufen. Viele Menschen verstehen Europa stärker als ihre Heimat als noch 2026. Sprachbarrieren gelten als überwunden.

Der Trend weg von Produktions- und hin zu Dienstleistungsberufen hat sich fortgesetzt. Noch disruptiver wirkte jedoch, dass Digitalisierung und Automatisierung längst alle Bereiche der Wirtschaft durchdrungen haben. Sie haben Jobprofile ebenso grundlegend verändert wie die Qualifikationsanforderungen. Gleichzeitig sind die Erwerbsbiografien durch die gestiegene Lebenserwartung erheblich länger geworden. Immer mehr Menschen bleiben bis ins hohe Alter aktiv, viele davon auch im Arbeitsmarkt. Dort hat sich die Erosion des Normalarbeitsverhältnisses fortgesetzt. Neue Beschäftigungsformen haben sich etabliert, die dem Wunsch der Menschen nach mehr Selbstbestimmung entsprechen.

Dieses Szenario wird nicht in allen Details eintreten, doch es ist eines von vielen plausiblen Möglichkeiten. Zukunftsszenarien beruhen meist auf der Fortschreibung bekannter Trends, während gerade unbekannte Entwicklungen die Zukunft prägen. Selbst wenn Sie nun denken, dass Sie diese Entwicklungen schon alle kennen, lassen Sie uns mit dieser Brille der Langfristigkeit auf einige Aspekte des Arbeitslebens schauen, die den demografischen Wandel in einem anderen Licht darstellen werden.

## 5.1 Epos statt Trilogie

In der Volkswirtschaft gilt die Grundannahme, dass jede Person ein ihr eigenes Wertschöpfungspotenzial besitzt. Die volkswirtschaftlichen Konzepte des Produktionspotenzials und der Outputlücke spiegeln die Idee, dass Menschen produktiv sind, Wert schaffen und nach Arbeit streben. Diese Annahme ist empirisch kaum von der Hand zu weisen und eröffnet den Weg zu einem anderen Denken über Demografie. Ein Denken, das sich nicht – wie gängige Statistiken – auf die Kategorie »erwerbsfähiges Alter zwischen 16 und 65 Jahren« verengt.

Wir alle haben Freunde und Verwandte, die den Schritt in den Ruhestand vollzogen haben, schon gefragt: Und was hast du jetzt vor? Der Zahnarzt, der noch eine Schreinerlehre beginnt. Der Hobbymaler, der seine Leidenschaft ausbaut und eine Galerie eröffnet. Der Familientyp, der zweimal pro Woche Enkel betreut und einen älteren Angehörigen pflegt. Der Hobbygärtner im Schrebergarten, der

Heimwerker, der die eigenen Wände streicht, der Vereinsmeier im örtlichen Trachtenverein und selbst der Internetsurfer, der mit seinen Klicks unbewusst eine künstliche Intelligenz trainiert. All sie schaffen Wert, und das oft unabhängig von Regelaltersgrenzen für die Rente.

Wenig bekannt ist, dass dieser Wert sogar Eingang in das vom Statistischen Bundesamt berechnete Bruttosozialprodukt findet. Die Erhebung dieser sogenannten Heimarbeit ist natürlich schwierig. Sie basiert auf Umfragen zur Zeitverwendung. Die Zeitverwendungserhebung zeigt dabei, dass Personen über 18 Jahre sogar mehr Zeit für unbezahlte Arbeit aufwenden als für Erwerbsarbeit.[83]

Doch die sogenannte Heimarbeit ist weder reguliert noch besteuert. Die Gurke aus dem eigenen Garten unterliegt keiner Lebensmittelkontrolle, der Freizeitlandwirt zahlt keine Steuern oder Sozialbeiträge. In manchen Bereichen ist Heimarbeit aus Gründen des Gefahrenschutzes sogar verboten. Vielleicht erinnern Sie sich noch daran, dass es früher üblich war, das Auto im Hof mit Wasserschlauch und Schwamm zu waschen. Heute ist das aus Gründen des Gewässerschutzes untersagt. Ob Kinderbetreuung, Altenpflege, Essenslieferungen oder Hemdenservice, in vielen Bereichen haben sich Dienstleistungen professionalisiert und neue Produkte etabliert. So finden sie Eingang in die formale, regulierte und besteuerte Wirtschaft.

Früher betreute die Mutter ihre Kinder (und oft die der Nachbarin) zu Hause, während der Vater arbeiten ging. Die Wertschöpfung der Frau war nicht formell bezahlt, die des Mannes schon. Krankenversicherung und Rentenanspruch des Mannes deckten beide bei Krankheit und Alter ab. Heute ist die Erwerbsbeteiligung der Frauen in Deutschland fast so hoch wie die der Männer. Sie stieg von 58 Prozent im Jahr 2000 auf 74 Prozent im Jahr 2024.[84] Geht die Mutter nun arbeiten, zahlt sie Steuern und baut einen eigenen Rentenanspruch auf. Dasselbe gilt für den Kindergärtner, der die Kinder mehrerer erwerbstätiger Eltern betreut. Und es gilt längst nicht nur für die inzwischen stark professionalisierte Alten- und Krankenpflege, sondern auch für viele andere Bereiche unseres Lebens.

Diese Entwicklung hat viele Veränderungen mit sich gebracht. Die Emanzipation der Frau ist eine gesellschaftliche Errungenschaft. Offenkundig sind aber auch verwandte Trends, die in der Debatte selten erwähnt werden. Drei seien genannt. Erstens die Verstärkung der Bildungshomogamie, also die verstärkte Partnerwahl innerhalb derselben sozialen Schicht, die Ungleichheit und Aufstiegschancen beeinflusst.[85] Zweitens der Trend zur Verstädterung, weil Agglomerationen mehr Arbeitsmöglichkeiten für Doppelverdiener bieten, was die Nachfrage nach städtischem Wohnraum steigert und die Abwanderung aus ländlichen Regionen verstärkt.[86] Drittens das Armutsrisiko sowie die entsprechende Belastung der Sozialsysteme infolge gestiegener Scheidungsraten.[87]

Der monumentale Wandel durch die gestiegene Erwerbsquote von Frauen fand bereits Niederschlag in einem breiten Spektrum gesetzlicher und sozialpolitischer Regelungen. Es wäre ein Irrtum anzunehmen, wir könnten den demografischen Wandel nicht ebenso meistern.

Ein möglicher Schlüssel liegt darin, das Denken in den drei Lebensabschnitten – Ausbildung, Berufsleben, Rente – zu relativieren. Dafür gibt es viele Gründe.

Tätigkeitsprofile verändern sich so schnell, dass ein einziger Ausbildungsabschnitt und eine Berufswahl für das ganze Leben kaum noch ausreichen. Auch die klassische Anstellung auf Lebenszeit ist zunehmend eine Herausforderung, sowohl für Arbeitgeber, die die Produktivität ihrer Mitarbeiter über Jahrzehnte erhalten müssen, als auch für Arbeitnehmer, die sich nach Veränderung sehnen oder von ihr überfordert sind.

Auch die Menschen selbst verändern sich. Wer in jungen Jahren bildungsfern in das Berufsleben stolpert, entdeckt später vielleicht Freude am kognitiven Arbeiten. Ein hoch qualifizierter Büroarbeiter wiederum merkt nach Jahrzehnten, dass er lieber handwerklich arbeitet und Befriedigung darin findet, etwas Haptisches zu schaffen statt Excel-Tabellen. Ein Spurwechsel ist jedoch oft schwierig oder unmöglich, bedingt durch Rigiditäten des Systems und kulturelle Barrieren. Schon der Begriff »Quereinstieg« signalisiert, dass hier etwas Ungewöhnliches passiert. Das sollte nicht so bleiben.

Die Art und Weise, Wertschöpfung zu organisieren, erweitert sich ständig. Das aktuell sichtbarste Beispiel ist das Homeoffice, das den Arbeitsort vom Unternehmenssitz entkoppelt. Weitere Entwicklungen sind die Mechanisierung, die körperlich schwere Tätigkeiten erleichtert, die Atomisierung, die Aufgaben in kleinere Einheiten zerlegt und flexibler zuweist, und die Automatisierung, die repetitive Tätigkeiten reduziert.

Viele Menschen bleiben bis weit ins Rentenalter gesund und tatkräftig. Sie sehen die Rente nicht als Abstellgleis, sondern als gestaltbaren Lebensabschnitt, in dem sie sich jenen Dingen widmen, die in der »Rushhour« des Lebens mit gleichzeitigen beruflichen und familiären Belastungen zu kurz kamen. Zugleich entstehen immer mehr Möglichkeiten, solche Tätigkeiten auch wirtschaftlich zu nutzen. Der Hobbymaler braucht dafür keinen Galeristen mehr, sondern nur ein Nutzerkonto bei Etsy.

Studien zeigen, dass die Produktivität von Menschen ab einem Alter von 50 Jahren zwar stagniert, aber nicht signifikant sinkt.[88] Unternehmen mit älterer Belegschaft sind jedoch, empirisch gemessen, weniger produktiv. Dabei mag die mangelnde Vertrautheit älterer Arbeitnehmer mit neuen Technologien und Methoden eine Rolle spielen. Die Herausforderung besteht also darin, durch angepasste Einsatzbereiche und lebenslange Lernangebote die Produktivität aller Altersgruppen zu fördern. Dass ein höheres Alter eine produktive Teilhabe am Arbeitsmarkt unmöglich macht, ist ein Vorurteil. Selbst wenn die gesamtwirtschaftliche Produktivität pro Arbeitsstunde sinkt, etwa durch die stärkere Integration von Geringverdienern, bleibt es ein Erfolg, wenn mehr Menschen jedes Alters beschäftigt sind.

Eine Vision wäre es, das Leben nicht mehr als Trilogie aus Ausbildung, Erwerbsleben und Rente zu begreifen, sondern als Epos mit vielen Kapiteln. Entscheidend ist, diese Sichtweise zum Kern der Erzählung über den demografischen Wandel zu machen. Jede konkrete Maßnahme, die im Folgenden diskutiert wird, sollte stets vor dem Hintergrund dieser Vision bewertet werden. So kann selbst Bekanntes in einem neuen Licht erscheinen.

Was bedeutet diese Vision also konkret? Sie bedeutet zum Beispiel, Jugendliche früher ins Arbeitsleben einzubinden und Bildungswege, die schon heute Flexibilität erlauben, noch weiter zu öffnen. Weiterbildung sollte auch die Möglichkeit umfassen, sich in der Lebensmitte neu zu orientieren, bis hin zu einem zweiten Hochschulstudium.

Ein Leben als Epos bedeutet auch, dass Laufbahnen nicht geradlinig verlaufen. Die Karriereleiter geht nicht nur nach oben. Ein Karrierestillstand ist nicht alternativlos. Die Souveränität über den eigenen Lebenslauf ist die Maxime. Der Wechsel zwischen Anstellung, Selbstständigkeit und Verbeamtung wird selbstverständlich, Mischformen werden möglich. Auch Heimarbeit – etwa in der Familienphase – gehört dazu.

Damit diese epische Flexibilität nicht an starren Vorgaben scheitert, braucht es neue Formen der Absicherung. Eigenverantwortung für die finanzielle Sicherheit setzt finanzielle Bildung voraus, ebenso Möglichkeiten des Sparens und der Vermögensbildung. Hindernisse müssen ausgeräumt werden, seien es Wohnungsmärkte, die Umzüge verhindern, oder Arbeitszeitgesetze, die es nicht erlauben, erst die Kinder ins Bett zu bringen und dann noch einige Stunden zu arbeiten. Bessere Bedingungen für Gründer, Selbstständige und Nebenjobs helfen, neue Tätigkeitsprofile zu entwickeln und Schwarzarbeit zu formalisieren. Auch das stärkt die Beschäftigungsmöglichkeiten für Ältere.

Während am Anfang und am Ende des Lebens staatliche Absicherung greift, bleibt mehr Eigenverantwortung in der Lebensmitte, in der die meisten Menschen voll im Saft stehen. Ein Startgeld oder Schulgeld für Kinder passt ebenso in diese Vision wie eine Form der

Grundsicherung im hohen Alter. Zur Vermögensbildung gehören geeignete Sparinstrumente und bessere Möglichkeiten für den Erwerb von Wohneigentum. Denn Wohneigentum ist heute eine der wirksamsten Formen, um Sparquoten zu erhöhen und Altersarmut vorzubeugen.

## 5.2 Basisanspruch statt Eier legende Wollmilchsau

Was bedeutet all das für die gesetzliche Rentenversicherung, deren Probleme der Ausgangspunkt für die Notwendigkeit einer langfristigen Vision waren?

Die Glaubwürdigkeit der gesetzlichen Rente gilt heute als beschädigt.[89] Viele, gerade Alleinstehende, leben bereits mit der Erwartung, trotz Einzahlungen in die Rentenversicherung im Alter in die Grundsicherung zu fallen. Für sie sind Einzahlungen in die gesetzliche Rente verloren, weil sie auf die Grundsicherung angerechnet werden. Andere mit höheren Einkommen sehen die Rente eher als Basis zur Deckung der Lebenshaltungskosten denn als Spielgeld für die Selbstverwirklichung im Alter. Im Durchschnitt aller Seniorenhaushalte macht die gesetzliche Rente heute nur gut die Hälfte aller zufließenden Einkommen aus.[90]

Bereits seit den Riester-Rentenreformen Anfang der 2000er Jahre wurde das Leitbild der gesetzlichen Rente als »ausreichende Grundabsicherung« bemüht. Die Sicherung des Lebensstandards sollte dagegen auf allen drei Säulen beruhen, also neben der gesetzlichen auch auf der betrieblichen und privaten Vorsorge. Hinzu kommen die wachsende Bedeutung von Erbschaften und die ohnehin hohe Ungleichheit der Vermögen in Deutschland, die eine umfassendere Sichtweise erfordern.

Ganzheitlich zu denken, bedeutet, den Blick über die Rente hinaus auf das gesamte sozialpolitische Gefüge zu richten. In der Grundsicherung reichen die Ideen vom Existenzminimum und von Bezahlkarten bis hin zum bedingungslosen Grundeinkommen, das in jedem Alter unabhängig von der Lebenssituation die Grundbedürfnisse deckt. Hinzu kommt die Problematik der Pflege- und Gesundheitskosten, die gerade in den letzten Lebensjahren besonders hoch sind. Und schließlich hängt die Frage nach einer passenden Altersabsicherung für eine Wissensgesellschaft eng mit Bildungs- und Berufschancen, den Chancen am Arbeitsmarkt und dem Steuersystem zusammen. Zu einer Vision einer Wissensgesellschaft, in der unsere Biografien von unterschiedlichen Beschäftigungsformen geprägt sind, passt ein Instrument zur »ausreichenden Grundsicherung« nicht, wenn dieses nur einen Teil des Erwerbsspektrums absichert.

Diese Aspekte machen deutlich, dass sich die Lösung des demografischen Wandels nicht allein auf das Renteneintrittsalter verengen lässt. Erst recht nicht, wenn diese Maßnahme mit dem Bild vom Zwang zu längerem Malochen oder körperlicher Schinderei im höheren Alter verbunden ist. Dafür steht bis heute die Symbolfigur des Dachdeckers. Kurt Beck, SPD-Vorsitzender von 2006 bis 2008, prägte das Bild des gepeinigten Handwerkers mit den Worten: »Ich kann einen Dachdecker mit 67 nicht mehr auf dem Dach arbeiten lassen.«[91] Seitdem ist das Dachdeckernarrativ legendär. Noch im Sommer 2025 verwies der SPD-Vorsitzende Lars Klingbeil auf die Dachdecker, die »sich wirklich kaputt machen«.[92] Ist es wirklich unsere Vision für 2050, Deutschland zum Land der erlösten Dachdecker zu machen?

Mit einer positiven Vision von Arbeit – gerade auch im Alter – ließe sich eine Rentenreform ganz anders denken. Sie würde den Raum öffnen, die gesetzliche Rente noch stärker in Richtung eines Grundsicherungsinstruments zu entwickeln, ähnlich der Schweizer Alters- und Hinterlassenenvorsorge. Ein verpflichtendes Versicherungssystem ohne Lücken würde entstehen, das neben Selbstständigen und Beamten auch Erwerbslose einschließt. Zusammen mit den betrieblichen und privaten Säulen entstünde eine Absicherung, die im Sinne des epischen Lebens zu verschiedenen Zeitpunkten nutzbar ist, etwa auch während der Familiengründung. Entsprechend später setzte dann die Auszahlung im Alter ein, wobei auch hier Wahlmöglichkeiten bestünden.

Die gesetzliche Rentenversicherung sollte nicht länger das Zielbild einer Eier legenden Wollmilchsau für das Alter verfolgen, die zwischen Grundsicherung und 3.500 Euro monatlich alles abdecken soll, möglichst ab dem 63. Lebensjahr und bis zum Lebensende, auch für den Ehepartner. Ihre Rolle ließe sich reduzieren, flankiert durch Alternativen, für die der Staat Anreize geben kann. Dazu gehören das freiwillige Aufstocken im Rahmen der Rente, eine attraktive dritte Säule für die private Vorsorge sowie bessere Möglichkeiten zur Vermögensbildung und zum Erwerb von Wohneigentum, wie es viele andere Länder längst praktizieren.

## 5.3 Auf dem Weg zur »Silver Economy«

Eine Rentenreform funktioniert nur im Kontext einer größeren Vision. Diese sollte auch die Frage einbeziehen, ob und wie Menschen im Alter gerne und selbstbestimmt arbeiten können. Gerade die Einbettung in ein Paket komplementärer Maßnahmen ist elementar für große Strukturreformen.[93] Ohne eine solche Einbettung würde auch eine Rentenreform hin zur Vision scheitern, weil die Basis für die Arbeitsmarktstruktur der Zukunft noch nicht gelegt wurde. Genau an diesem Punkt öffnet sich der Weg zur Silver Economy, also einer Wirtschaft, die die Potenziale älterer Generationen berücksichtigt und nutzt.

Bevor wir aber von einer Silver Economy sprechen können, müssen wir uns mit den Relikten der bestehenden Arbeitsmarktordnung auseinandersetzen, die noch immer vom bismarckschen Sozialversicherungsdenken geprägt ist. Ihr zugrunde liegt das Bild einer Arbeitswelt, in der Fabrikarbeiter in Schichten am Band stehen. Dieses Bild ist längst überholt. Das wissen wir alle, und doch halten wir an den Instrumenten fest, die für genau dieses Bild entwickelt wurden. Um beim Vergleich mit dem Red Flag Act aus Kapitel 2 zu bleiben: Der Mann mit der roten Fahne läuft immer noch vor dem Auto her.

Ein klassisches Beispiel ist das Arbeitszeitgesetz. Dieses schreibt unter anderem eine Ruhezeit von mindestens elf Stunden zwischen Arbeitsende und Arbeitsbeginn vor (Abbildung 15). Was vielleicht früher auf die Stechuhren in Fabrikbetrieben gemünzt war, verschiebt heute zum Beispiel das abendliche Checken von Arbeitsmails in eine rechtliche Grauzone. Die amtierende Koalition möchte das Gesetz nun reformieren.

Selbst wenn dies nur ein kleiner Stellhebel ist, überrascht doch, wie selektiv die Debatten geführt werden. Manche Themenpaare werden eng verknüpft, etwa die gesetzliche Rente und die Beamtenpension. Immer wieder wird gefordert, Beamte in die gesetzliche Rente einzubeziehen, so als ließe sich ein Loch im Eimer dadurch stopfen, dass man das Wasser aus dem Krug daneben hineinschüttet. Denn die zusätzlich Einzahlenden werden im Rentenalter zu Anspruchsberechtigten. Andere Themen wie die überregulierte Arbeitszeitordnung, die Rigidität der Arbeitsmärkte oder die fehlenden Optionen für einen beruflichen Spurwechsel und damit die Frage, wie Menschen länger flexibel und mit Freude arbeiten können, werden dagegen kaum im Zusammenhang mit der Rentendiskussion betrachtet.

Abb. 15: Das Arbeitszeitgesetz im Wortlaut

**Arbeitszeitgesetz (ArbZG)**
**§ 5 Ruhezeit**

(1) Die Arbeitnehmer müssen nach Beendigung der täglichen Arbeitszeit eine ununterbrochene Ruhezeit von mindestens elf Stunden haben.

(2) Die Dauer der Ruhezeit des Absatzes 1 kann in Krankenhäusern und anderen Einrichtungen zur Behandlung, Pflege und Betreuung von Personen, in Gaststätten und anderen Einrichtungen zur Bewirtung und Beherbergung, in Verkehrsbetrieben, beim Rundfunk sowie in der Landwirtschaft und in der Tierhaltung um bis zu eine Stunde verkürzt werden, wenn jede Verkürzung der Ruhezeit innerhalb eines Kalendermonats oder innerhalb von vier Wochen durch Verlängerung einer anderen Ruhezeit auf mindestens zwölf Stunden ausgeglichen wird.

(3) Abweichend von Absatz 1 können in Krankenhäusern und anderen Einrichtungen zur Behandlung, Pflege und Betreuung von Personen Kürzungen der Ruhezeit durch Inanspruchnahmen während der Rufbereitschaft, die nicht mehr als die Hälfte der Ruhezeit betragen, zu anderen Zeiten ausgeglichen werden.

(4) (weggefallen)

*Quelle: Bundesministerium der Justiz und für Verbraucherschutz. https://www.gesetze-im-internet.de/arbzg/__5.html, aufgerufen am 21. September 2025.*

Dass für eine Silver Economy eine ganze Reihe weiterer Regelungen angepasst werden müssen, um insbesondere älteren Menschen eine selbstbestimmte und flexible Arbeitsaufnahme zu ermöglichen, hat die Bundesregierung inzwischen im Blick. Die angekündigte Aufhebung des Vorbeschäftigungsverbots geht in die Richtung der hier skizzierten Vision.[94] Die Hinzuverdienstgrenze, die bisher zur Rentenkürzung bei Arbeit über der Regelaltersgrenze führte, ist bereits gefallen.

Doch das ist nur ein Anfang. Die Vision erfordert einen umfassenderen Blick auf unsere Arbeits- und Sozialpolitik und inwieweit sie auf selbstbestimmtes Arbeiten gerade in höherem Alter einzahlt. Die geringfügige Beschäftigung leidet unter starren Grenzen für Arbeitsstunden und Einkommen bei Mini- und Midijobs. Das Verbot von Werkverträgen, Einschränkungen bei Leiharbeit oder sachgrundlosen Befristungen sowie die Gefahr, dass selbstständige Tätigkeiten als Scheinselbstständigkeit eingestuft werden, erschweren zusätzliche Beschäftigungsmöglichkeiten. In einem so stark regulierten Arbeitsmarkt wie dem unseren wird eine Silver Economy immer wieder an den von uns gesetzten Grenzen anecken.

## 5.4 Vom Strukturwandel zur neuen Gründerzeit

Die Vision einer Silver Economy lebt davon, dass Menschen auch im Alter flexibel und gerne arbeiten können. Doch diese Potenziale entfalten sich nur dann, wenn Unternehmen selbst innovativ und anpassungsfähig bleiben. Sie müssen attraktive Märkte besetzen und dafür die passenden Mitarbeiter gewinnen. Wer in boomenden Branchen unterwegs ist, weiß, wie sehr es im Karton rappeln kann und wie stark diese Dynamik auf die Belegschaft ausstrahlt.

Und so startet die Vision auch nicht bei einer gegen Strukturwandel immunen Wirtschaft, sondern bei einer resilienten und agilen Wirtschaft, die den Wandel als Chance begreift und Wachstumsmärkte besetzt. Ein Beispiel ist die Informations- und Telekommunikationstechnologie, wo die Beschäftigung in der vergangenen Dekade um rund fünfzig Prozent zunahm, während sie im verarbeitenden Gewerbe stagnierte.

Auf dem Weg zu einer solchen Vision sollten wir den bekannten Analysen zur Produktivitätssteigerung stärker Beachtung schenken. Produktivität ist die Mutter des Wohlstands. Dazu gehört, Adaptionsverzögerungen bei der Digitalisierung abzubauen, etwa durch bessere Weiterbildung und zügigere Reorganisation von Unternehmen.[95] Bildlich gesprochen, verwenden wir oft noch den Computer als Schreibmaschine mit Bildschirm. Manchmal halten wir es schon für Digitalisierung, wenn wir Daten in Excel eintippen und per Fax versenden, was in manchen Behörden leider kein Witz, sondern gelebte Praxis ist. Eine anpassungsfähige Wirtschaft bedeutet daher auch, die Hürden für Innovation und Reorganisation einzureißen, etwa die hohe Regulierungsdichte in Produkt- und Arbeitsmärkten oder in der Datenverarbeitung selbst.

Eine dynamische Wirtschaft lebt davon, dass neue Unternehmen entstehen und alte verschwinden. Nur so können Arbeit und Kapital zu ihrer produktivsten Verwendung finden. Gerade in Zeiten des Fachkräftemangel sollte Reallokation möglich sein. Es darf nicht passieren, dass unsere engagierten Arbeitskräfte in unproduktiven Firmen gebunden bleiben, gefangen durch starre Arbeitsmärkte, fehlende Chancen der Weiterentwicklung oder arbeitsplatzerhaltende Subventionen, während hochproduktive Start-ups händeringend Leute suchen. Ob nun staatliche Rettung einer Werft oder Milliarden für ein Chipwerk, ein Subventionsstaat übersieht oft die reallokative Kraft der unsichtbaren Hand des Marktes.

Um die Vision in den Diskurs zu tragen, sollten wir mehr über die Hoffnungsträger der Zukunft sprechen und weniger über die klagenden Industrien der Vergangenheit. Einfach ist das nicht. Wer einmal in wirtschaftspolitischer Verantwortung war, weiß, wie vehement Interessenverbände an den Türen der politischen Entscheidungsträger rütteln. Gut organisierte Lobbys setzen ihre Macht gnadenlos ein.

Doch es gibt keinen Verband der ungeborenen Geschäftsideen und keine Gewerkschaft der nicht entstandenen Jobs. Deshalb sollten wir die Rufe etablierter Interessen öfter verklingen lassen.

In einigen Bereichen stehen die Zeichen günstig für einen Aufbruch in die Zukunft. In vielen Familienunternehmen steht ein Generationswechsel bevor, der frische unternehmerische Dynamik entfachen kann. Ermutigend ist auch das stärkere politische Engagement von Unternehmern, die im Bundestag inzwischen kaum noch vertreten sind. Manche stellen sich wieder als Kandidaten für Ämter zur Verfügung, andere starten Kampagnen wie »Made in Germany – made by Vielfalt« oder organisieren sich in Initiativen wie »Unternehmer in Bewegung«, um die dringend nötige Aufbruchsstimmung zu schaffen.

Auch in der Grundlagenforschung ist Deutschland stark und oft führend bei Patentanmeldungen. Der Sprung von der Wissenschaft in die Wirtschaft bleibt zwar steinig, doch Initiativen wie »UnternehmerTUM« an der TU München zeigen, wie es gehen kann. Die vor über zwanzig Jahren gestartete Verwertungsoffensive der Universitäten trug dazu bei, dass Patente besser genutzt werden. Immer mehr Nachahmer greifen das Beispiel auf.

Wir brauchen eine neue Gründerzeit! Forschung aus den USA zeigt, dass Unternehmensgründungen mit einer höheren Reallokation produktiver Ressourcen einhergehen.[96] Strukturwandel sollte daher von den Chancen neuer Unternehmen aus gedacht werden, nicht von den Gefahren für bestehende. Eine Analyse des Sachverständigenrates zeigt, dass Betriebe, die jünger als fünf Jahre sind, nur zwölf Prozent aller Jobs stellen, aber zu einem Drittel der gesamten Arbeitsplatzreallokation in Deutschland beitragen.[97]

In den USA gründet rund jeder Fünfte ein Unternehmen.[98] Im europäischen Vergleich rangiert Deutschland mit einer Gründungsrate von acht Prozent auf dem 24. Platz von 27 Ländern.[99] Die Spitzenplätze belegen Litauen, Portugal und Estland. Die ZEW-Gründungsstatistik zeigt zudem, dass die Gründungsrate seit der Jahrtausendwende um mehr als ein Drittel gesunken ist. Dieser Rückgang betrifft nicht nur das klassische Gewerbe, sondern auch die wissensintensiven Wirtschaftszweige.[100]

Eine zukunftsorientierte Vision beginnt bei den Rahmenbedingungen für Unternehmensgründungen. Es geht darum, Gründungen zu erleichtern und jungen Unternehmen das Wachstum zu ermöglichen. Steve Jobs und Steve Wozniak gründeten Apple in einer Garage. Nach heutigen deutschen Regelungen wäre das kaum denkbar. Eine fensterlose Garage würde bereits an der Arbeitsstättenverordnung scheitern. Die langen Arbeitsnächte, wie sie in vielen Start-ups üblich sind, verstoßen gegen das Arbeitszeitgesetz. Mindesturlaub, Höchstarbeitszeiten, Ruhezeiten und Pausen müssen dokumentiert werden. Der Unternehmergeist bleibt da schnell auf der Strecke. Dabei liegen die Reformvorschläge für verbesserte Rahmenbedingungen für Gründer längst auf dem Tisch, etwa zu weniger Bürokratie, für eine bessere Finanzierung oder für einen einfacheren Zugang zu öffentlichen Aufträgen. Diese Vorschläge verdienen einen zentralen Platz auf einer langfristigen politischen Agenda.

Gründer müssen auch besser scheitern können. Dazu gehört ein Insolvenzrecht, das einen zügigen Neustart ermöglicht.[101] Denn nicht nur die Finanzierung von Wagnis und Wachstum ist schwierig. Auch die Abwicklung der Forderungen von Gläubigern, Finanzamt und Sozialversicherungsbehörden im Fall einer Insolvenz stellt eine Belastungsprobe dar. Viele Gründer möchten nach einem Scheitern gerne noch einmal neu starten. Doch sie können es nicht, weil sie noch jahrelang mit der Abwicklung ihres ersten unternehmerischen Versuchs beschäftigt sind.

Zur Vision gehört nicht nur die Reallokation hin zu neuen Firmen, sondern auch die Reallokation innerhalb bestehender Unternehmen. Dafür braucht es Rahmenbedingungen, die zur Struktur unserer Wirtschaft mit ihrem hohen Anteil kleiner und mittlerer Betriebe passen. Große Unternehmen können moderne Technologien mit hohen Fixkosten leichter einsetzen, weil sie Skaleneffekte nutzen. Kleinere Unternehmen haben diese Möglichkeiten oft nicht. Empirisch zeigt sich beispielsweise, dass Großunternehmen in Deutschland relativ zu ihrer Größe deutlich mehr in Forschung und Entwicklung investieren als kleine und mittlere Betriebe.[102] Weil kleinere Unternehmen geringere Skaleneffekte haben, sollten die Rahmenbedingungen so gestaltet sein, dass hohe Fixkosten Innovationen nicht verhindern. Gerade dort, wo der Staat selbst durch Regulierung zusätzliche Kosten verursacht, kann er Abhilfe schaffen, etwa durch schlanke Regulierung, Ausnahmen für den Mittelstand, Reallabore oder experimentelle »Sandkästen«, die zeitlich befristete Ausnahmen ermöglichen.

Ebenso wichtig ist es, Absatzmärkte zu vergrößern, sei es durch den Abbau nationaler Hürden wie Bürokratieerleichterungen und Lizenzpflichten, durch eine Vertiefung des EU-Binnenmarkts oder durch den Ausbau internationaler Handelsbeziehungen. Zusätzlich sollte der Staat starke Leistungsanreize sicherstellen. Über Sozial- und Arbeitsmarktpolitik kann er sie gezielt setzen. Für eine positive Vision sollte ein Narrativ der Chancen im Vordergrund stehen, nicht ein Narrativ der sozialen Einschnitte, das nur Ängste vor dem Wandel verstärkt.

Wenn Deutschland es schafft, wie zur Gründerzeit den Fortschritt zu umarmen und Aufbruchsstimmung zu entfachen, könnte es das gängige Bild widerlegen, dass alternde Gesellschaften zwangsläufig an Dynamik verlieren. Der Rückgang der Erwerbsbevölkerung und der daraus entstehende Fachkräftemangel führen sonst eher dazu, dass Arbeitskräfte gehortet werden, statt dass Menschen neue Wege gehen.[103] Dabei ist gerade dann, wenn die erste Karriere ihren Lauf genommen hat, etwas Vermögen aufgebaut ist und die Kinder größer geworden sind, die ideale Zeit gekommen, den nächsten Aufbruch zu wagen. Innovatoren, Reformer und Gründer braucht das Land!

## 5.5 Wohlstand durch Innovation

Wenn Produktivität die Mutter des Wohlstands ist, dann ist Innovation die Mutter der Produktivität.[104] Eine neue Gründerzeit würde Innovation befördern. Nobelpreisträger Daron Acemoğlu und andere haben gezeigt, dass junge Unternehmen innovativer sind als alteingesessene.[105] Mit neuen Produkten, Leistungen und Geschäftsmodellen schaffen sie Wettbewerb, der wiederum andere Unternehmen zu Innovationen anspornt. Dynamische Firmen, die sich immer wieder neu erfinden, flexible Märkte und komplementäre Infrastrukturen fördern die Diffusion von Innovationen, sodass ihr Potenzial in der Breite wirksam werden kann.

Auch die deutschen »Hidden Champions« sind Quellen der Innovation. Gerade weil sie in ihren Nischen bestehen müssen und daher geübt darin sind, innovativ zu sein, erzielen sie eine höhere Produktivität und höhere Gewinne.[106] Grundlage dafür sind qualifizierte Mitarbeiter, der Schutz geistigen Eigentums durch Patente und komplexe Designs sowie gutes Management mit mehr Eigenverantwortung für Beschäftigte und intensive Kooperation mit Partnern. Solches Management ist ein wichtiger Produktivitätsfaktor und verstärkt positive Ausstrahlungseffekte.[107]

Jobwechsel zwischen Unternehmen fördern zusätzlich die Wissensdiffusion.[108] Innovationsökosysteme und die Verbreitung von Wissen sind zentrale Treiber wirtschaftlicher Dynamik. All das passt in die Vision einer Wissensgesellschaft. Durch ihre Brille sollten wir auf die Rahmenbedingungen in Deutschland blicken und uns fragen, ob sie mit dieser Vision im Einklang stehen.

Hochinnovative Unternehmen schaffen hoch qualifizierte Jobs. Wissenswirtschaft bedeutet daher nicht nur Investitionen in Technologien, sondern ebenso in Humankapital. In den 1990er Jahren wanderten Arbeitskräfte noch in produktivere Bereiche ab. Seither verschob sich die Wirtschaft in Sektoren mit geringerem Produktivitätswachstum.[109] Das passte zwar zur stärkeren Integration Geringqualifizierter in den Arbeitsmarkt. Doch eine Wissensgesellschaft bedingt gut bezahlte Jobs für Hochqualifizierte. Das schafft entsprechende Anreize zur Qualifizierung, angefangen bei jungen Menschen über Berufstätige in der Lebensmitte bis hin zu potenziellen Bewerbern aus dem Ausland.

Besonders deutlich wird dies am Beispiel der Schweiz. Nicht trotz, sondern gerade wegen der hohen Löhne konzentriert sich dort die Wissenswirtschaft. Seit zwei Jahrzehnten belegt die Schweiz Platz 1 im Innovationsindikator von BDI und Roland Berger, während Deutschland auf Rang 12 liegt.[110] Ein Beispiel ist der Kristallglasspezialist Swarovski. Das Tiroler Unternehmen produziert weltweit, doch die zentrale Entwicklung und das Management sitzen in Männedorf bei Zürich. Der Standort am schönen Zürichsee zieht hochproduktive Arbeitskräfte an, begünstigt durch moderate Steuern und Abgaben, ein sicheres Umfeld, gute Schulen und eine pünktliche Bahn. Die Schweiz ist auch zum Standort für Entwicklungszentren von Microsoft und anderen Softwarefirmen geworden und beheimatet zugleich zahlreiche eigene Weltmarken wie ABB, Swatch, Logitech, Roche, Novartis, Schindler, Adecco oder Nestlé.

Doch heißt Wissensstandort, dass weniger Qualifizierte auf der Strecke bleiben? Nein, es sei denn, wir machen so weiter wie bisher. Wenn hier von Wissensgesellschaft die Rede ist, geht es um Wertschöpfungstreiber, wie sie die Auto- oder Stahlindustrie darstellten. Um diese Kerne herum entstehen stets weitere Arbeitsplätze, vom Bäcker über den Elektriker bis zum Gärtner. Wenn die Wertschöpfungstreiber schwächeln, beginnen Menschen, den Gürtel enger zu schnallen, und verzichten auch auf den Gang zum Bäcker, schieben Renovierungen auf oder lassen den Garten verwildern. Es verlieren alle.

Ein exzellentes Bildungssystem ist einer der Schlüssel zu dieser Vision. Wer langfristig denkt, weiß, dass die Chancen der nächsten Generation auch die eigene Zukunft verbessern. Mehr Durchlässigkeit zwischen gesellschaftlichen Milieus würde ermöglichen, dass unabhängig von der Herkunft mehr junge Menschen hoch qualifiziert werden. Auch ältere Beschäftigte gehören zur Wissensvision. Während Jüngere über »fluide« kognitive Fähigkeiten wie eine schnelle Auffassungsgabe verfügen, gewinnen mit dem Alter die »kristallinen« Fähigkeiten wie Überblick und Urteilsvermögen.[111] Wenn Bildungsangebote und Arbeitsplätze so gestaltet sind, dass beide Stärken genutzt werden, kommen wir der Vision näher. Ein Aufbruchsnarrativ sollte nicht bei Kürzungen von Sozialleistungen ansetzen, sondern bei der Wiederherstellung eines erstklassigen Bildungssystems für das Produktivitätspotenzial von übermorgen.

## 5.6 Gelesen, gelacht, gelocht?

Was wäre zu tun, und wie packen wir es an? Zunächst hilft es, wenn wir uns für Ideen öffnen und Tacheles reden. Allzu oft musste ich erleben, wie es hieß: »Gelesen, gelacht, gelocht.« Natürlich sollte die Politik nicht auf jeden Vorschlag aufspringen. Ihre Kunst besteht vielmehr darin, Informationen und Präferenzen zu bündeln. Oft pflanzt man in einem Gespräch nur einen kleinen Gedanken, der erst später aufgeht. Anerkennung bekommt der Ideengeber selten, zumal gute Ideen viele Väter haben. Das ist in Ordnung, solange die Offenheit und der ernsthafte Wille bestehen, sich mit neuen Ideen auseinanderzusetzen und die eine oder andere umzusetzen.

Auf dem Weg zur Vision der Wissenswirtschaft könnten wir die niedrig hängenden Früchte ernten, pragmatisch Gemeinsamkeiten suchen und Spielräume schaffen. Statt sofort die kontroversesten Veränderungen anzugehen, könnten wir zunächst die Grundlagen für wirtschaftliche Dynamik legen.

Und was heißt das für die Rente? Es scheint, als seien alle Vorschläge für eine Reform des umlagefinanzierten Systems längst durchgekaut. Für eine visionsorientierte Politik ist es entscheidend, vom Bild des gebrochenen Dachdeckers abzurücken und ein Bild für eine Silver Economy zu entwickeln. Auch das Bild des ständigen Generationskonflikts ist unproduktiv. Fruchtbarer wäre eine Perspektive, die Generationen und Familien als ineinander verwoben versteht. Ist diese positive Vision erst verankert, lassen sich auch die Zielkonflikte der heutigen Sozialpolitik mit einer langfristigen Reform, die alle betrifft und zu der jeder seinen Beitrag leistet, angehen.

# 6

# Vision für den Klimaschutz

*»I have a dream.«*

Martin Luther King, Bürgerrechtler

Martin Luther King träumte davon, dass Rassendiskriminierung überwunden sei. Mein Traum ist eine Welt, in der Klimaschutz insofern überwunden ist, als er in allen Entscheidungen selbstverständlich mitgedacht wird. Der Ökonom nennt das die Internalisierung externer Effekte. Klimaschutz würde sich dann so geräuschlos und selbstverständlich von selbst durchsetzen wie LED-Lampen.

In dieser Vision sind die wahren Kosten von Emissionen in jedem Preisschild enthalten. Der Preis liefert die Antwort auf Stammtischdebatten, ob nun der Sonntagsbraten oder der Urlaubsflug klimaschädlicher sei. Der Preis ersetzt das Bauchgefühl durch Bilanzlogik, ob nun ein sparsamer Verbrenner oder ein Elektroauto die bessere Wahl ist. Er macht aus klimaschonenden Investitionen wirtschaftlich rentable Entscheidungen. Der Preis entbehrt der Notwendigkeit von kleinteiligen Verboten, Sektorzielen und Taxonomieflickenteppichen. Wo immer Emissionen entstehen, sorgt der Preis dafür, dass ihre Kompensation finanziert wird. In meinem Traum haben wir – die Bürgerinnen und Bürger eines Landes, das gerne als Klimavorreiter dastehen möchte – nicht nur Klimaziele, sondern das Recht auf einen ehrlichen Preis für unsere Entscheidungen!

Ein noch schönerer Traum wäre es, wenn dieser Anspruch nicht an Ländergrenzen haltmacht. In dieser Vision sind Emissionen und andere Umweltschäden weltweit in die Preise integriert. Anstelle von Handelsbarrieren und Subventionswettläufen herrscht Freihandel auf Grundlage eines Preises, der Externalitäten abbildet. Weil die EU mit dem Europäischen Emissionshandel eine der besten Institutionen für diesen Mechanismus geschaffen hat, findet er weltweit Verbreitung. Dieses robuste institutionelle Rahmenwerk verschafft der Klimafinanzierung den Durchbruch.

Der Weg zu dieser Vision setzt Innovationskräfte frei. Klimaschutz wird nicht mehr technologiespezifisch gedacht. Wo Netzwerkeffekte verhindern, dass mehrere Lösungen nebeneinander bestehen können – etwa bei Wasserstoffpipelines oder Ladeinfrastruktur –, entstehen regionale Experimentierräume. Am Ende entscheidet nicht das Ministerium, sondern der Wettbewerb der Regionen über die bessere Lösung.

Das Ziel ist klar. Doch der Umgang mit Externalitäten macht den Weg dorthin kompliziert. Wie sollten wir mit der Brille der Langfristigkeit auf den Klimaschutz blicken?

## 6.1 Das Klimaschutzspiel

Langfristiges Denken setzt auf verlässliche Anreize. Die Spieltheorie liefert dafür Einsichten, die uns helfen, das Verhalten der Menschheit besser zu verstehen.[112]

Aus spieltheoretischer Sicht steht die Klimaschutzpolitik eines Landes vor einem sogenannten Gefangenendilemma. Das Gefangenendilemma ist ein auf die Aufklärung zurückgehendes Konzept der Entscheidungstheorie. Die heute geläufige Verbildlichung des Verhaltens zweier Verdächtiger geht auf den Princeton-Professor Albert Tucker zurück. Zwei Personen werden eines gemeinsam begangenen Delikts beschuldigt. Sie werden getrennt verhört, wobei die Verhörer ihnen folgende Information geben: Wenn beide den jeweils anderen belasten, erhalten sie beide jeweils zwei Jahre Haft. Wenn nur einer den anderen belastet, kommt dieser frei, während der andere drei Jahre ins Gefängnis muss. Wenn keiner den anderen belastet, reicht die Beweislage nur für eine Verurteilung zu jeweils einem Jahr. Ohne eine glaubhafte Kooperationsvereinbarung zwischen den Verdächtigen wird jeder versuchen, den eigenen Vorteil zu sichern, indem er den anderen belastet. So kommt es zur schlechtesten aller Kombinationen: Beide belasten sich gegenseitig, beide müssen länger ins Gefängnis.

Klimaschutz unterliegt zu einem guten Teil einem ähnlichen Dilemma. Maßnahmen zur Emissionsminderung sind für ein Land mit Kosten verbunden, während der Nutzen eines stabilisierten Klimas allen zugutekommt. Kein Land kann alleine das Klima retten. Nur durch kollektives Handeln vieler Länder lässt sich die Erderwärmung eindämmen. In der Sprache der Spieltheorie müssen die Staaten kooperative Spieler werden, statt der Versuchung zu erliegen, die Last anderen aufzubürden. Andernfalls tut am Ende niemand etwas, und das sogenannte Nash-Gleichgewicht tritt ein. Es ist benannt nach John Nash, einem Schüler Tuckers.

Abbildung 16 veranschaulicht dieses Problem anhand einer Welt mit zwei großen Regionen, A und B. Beide stehen vor der Entscheidung, ob sie beim Klimaschutz mitziehen oder sich heraushalten. In der Sprache der Spieltheorie heißt das: Sie können entweder kooperieren oder defektieren. Entscheidet sich eine Region für Kooperation, entstehen ihr Kosten von 7 Einheiten einer fiktiven Währung. Der Nutzen hängt davon ab, ob auch die andere Region kooperiert. Handelt nur eine Region, entsteht für beide ein Nutzen von 5. Handeln beide, steigt der Nutzen auf jeweils 10.

In der dargestellten Matrix ergeben sich daraus vier Szenarien. Wenn beide defektieren und keinen Klimaschutz betreiben, bleibt der Nutzen aus, und die globale Erwärmung nimmt ihren Lauf. Wenn eine Region kooperiert und die andere defektiert, entsteht für die kooperierende Region ein Verlust von 2. Denn sie trägt ja die Kosten, erhält aber nur den halben Nutzen. Die defektierende Region profitiert als Trittbrettfahrerin ohne eigene Anstrengung. Wenn beide kooperieren, tragen sie zwar die Kosten, erzielen aber gemeinsam einen überproportionalen Nutzen, was einen Nettonutzen von jeweils 3 Einheiten ergibt.

Im Nash-Gleichgewicht versuchen beide Regionen, ihre Kosten zu minimieren und vom Handeln der anderen zu profitieren. So entsteht ein Zustand ohne effektiven Klimaschutz. Sollte eine Region dennoch unilateral handeln, wird sie im Vergleich zur passiven Region schlechter dastehen. Diese Form des relativen Abstiegs werden die Wählerinnen und Wähler auf Dauer nicht akzeptieren. Sie werden Klimaschutzmaßnahmen ablehnen, wenn sie sich dadurch benachteiligt fühlen. Genau das macht Klimaschutz politisch fragil. Denn ob-

Abb. 16: Gefangenendilemma des Klimaschutzes

| | | Region B | |
|---|---|---|---|
| | | Defektieren | Kooperieren |
| Region A (Europa) | Defektieren | A: 0, B: 0 | A: 5, B: -2 |
| | Kooperieren | A: -2, B: 5 → | A: 3, B: 3 ? |

*Quelle: eigene Darstellung.*

wohl Kooperation die beste Lösung wäre, scheitert sie oft am fehlenden Vertrauen.

Wer Klimaschutz langfristig denken will, sollte sich also fragen: Wie lässt sich dieses Koordinationsproblem überwinden? Zwei Ansätze drängen sich auf.

## 6.2 Klimaklub und Grenzausgleich

Im Gefangenendilemma könnten die Verdächtigen eine glaubhafte Absprache treffen, sich im Verhör kooperativ zu verhalten. Übertragen auf den Klimaschutz, hat der Nobelpreisträger William Nordhaus das Konzept eines »Klimaklubs« entwickelt.[113] In diesem Klub vereinbaren die Mitglieder glaubwürdige Klimaschutzanstrengungen. Damit ein solcher Klub die Trittbrettfahrerproblematik überwindet, müsste er nicht nur eine ausreichend große Zahl von Ländern umfassen, sondern auch hinreichend starke Maßnahmen umsetzen, um tatsächlich Einfluss auf das globale Klima zu nehmen. Denn angesichts der überproportional steigenden Kosten einer ungebremsten Erwärmung wäre der Nutzen eines kleinen Klubs mit geringen Anstrengungen zu begrenzt.

Es gibt einige Initiativen, die das Ziel einer politischen Koordination verfolgen. Dazu zählen das »Network for Greening the Financial System (NGFS)« von Zentralbanken und Finanzaufsichtsbehörden oder die »Coalition of Finance Ministers for Climate Action«, an denen jeweils rund 90 Länder beteiligt sind.[114] Auf der Weltklimakonferenz COP28 in Dubai wurde im Jahr 2023 auf Initiative Deutschlands außerdem ein Klimaklub gegründet. Derzeit zählt er 45 Mitglieder, die sich alle zu konkreten Klimaschutzmaßnahmen verpflichten. Das größte Manko des Klubs ist, dass die großen Emittenten China und Indien bisher nicht dabei sind, und auch die USA werden aktuell nicht mehr auf der offiziellen Webseite des Klubs genannt.[115]

Die Frage ist also, wie sich die Attraktivität des Klimaklubs erhöhen ließe, um mehr Länder – insbesondere große Emittenten – zu beteiligen und zu ambitionierten Maßnahmen zu bewegen. Ein Hebel könnten sogenannte Klubgüter sein, etwa gemeinsame Fördertöpfe, Handelserleichterungen oder die Setzung und Überprüfung von Standards. So würde eine einheitliche Messung der $CO_2$-Intensität von Stahl die Unterscheidung zwischen grünem und grauem Stahl erleichtern und die Entwicklung entsprechender Märkte voranbringen.

Ein weiterer Hebel ist ein $CO_2$-Grenzausgleich, wie ihn die EU derzeit einführt, bei dem Importe aus Ländern mit niedrigeren Klimastandards mit einem Aufschlag belegt werden, damit heimische Unternehmen keinen Wettbewerbsnachteil erleiden. Aufgrund seiner extraterritorialen Wirkung kann er für Länder, die auf den Anstrengungen anderer Trittbrett fahren wollen, zum wirksamen Anreiz werden. Besonders dann ist ein solcher $CO_2$-Zoll notwendig, wenn im Klimaklub steigende $CO_2$-Preise dazu führen, dass emissionsintensive Industrien in weniger ambitionierte Regionen abwandern. Der $CO_2$-Grenzausgleich der EU ist dafür eine vorübergehend geeignete Lösung, auch wenn er faktisch eine Handelsbarriere darstellt. Er stellt Länder außerhalb des Klubs vor die Wahl: Entweder sie zahlen für ihre Exporte den $CO_2$-Zoll an die EU, oder sie führen selbst eine $CO_2$-Bepreisung ein und verbuchen die Einnahmen lieber im eigenen Haushalt.

Doch warum bei der Abschottung stehen bleiben, wenn man Kooperation fördern will? Wer Länder außerhalb des Klimaklubs wirklich gewinnen möchte, sollte ihnen nicht nur mit Grenzzöllen begegnen, sondern auch Angebote machen. Eine vielversprechende Option liegt näher, als man denkt: der europäische Emissionshandel.

## 6.3 EU-Emissionshandel als globaler Goldstandard

Wie wäre es, wenn wir stark wachsende Schwellenländer zum EU-Emissionshandel einladen? Während wir in Europa unsere Kohlekraftwerke vom Netz nehmen, entstehen nicht nur in China, sondern auch in Ländern wie Südafrika oder Nigeria neue Anlagen, die über Jahrzehnte hinweg enorme Mengen $CO_2$ ausstoßen werden. Das passt nicht zusammen, lässt sich aber lösen.[116]

Starke Institutionen sind seit jeher das Rückgrat internationaler Kooperation. Denken wir nur daran, dass auch nach dem Ende des Goldstandards viele Länder ihre Währungen an den Dollar oder den Euro gebunden oder diese sogar vollständig übernommen haben, wie Ecuador oder Montenegro. Die Geldpolitik dieser Länder mit ihren unabhängigen Zentralbanken gilt als institutionelle Stärke, die wirtschaftliche Stabilität ermöglicht. Weil viele Länder kein ausreichendes Vertrauen in die eigene Währungspolitik aufbauen konnten, orientieren sie sich an der eines anderen. So wurde die Geldpolitik der USA und, in geringerem Maße, auch die des Euroraums zu Exportschlagern.

Es ist also nicht abwegig, dass auch der EU-Emissionshandel zu einem solchen Exportschlager werden könnte. Ein solcher Erfolg wäre nicht nur ein Gewinn für das Klima, sondern auch ein außenpolitisches Pfund für die EU. Das gilt besonders mit Blick auf Afrika, einen Nachbarkontinent mit großen Potenzialen, dem Europa bisher wesentlich weniger geboten hat als etwa China mit seiner Belt and Road Initiative.

Warum könnte das funktionieren? In Europa sind viele der niedrig hängenden Früchte für $CO_2$-Einsparungen bereits gepflückt. Die einfacheren Möglichkeiten zur Emissionsminderung sind ausgeschöpft, der weitere Weg zur Klimaneutralität wird kostspieliger. Das zeigt sich im steigenden $CO_2$-Preis im Emissionshandel. Im globalen Süden ist das anders. Die $CO_2$-Vermeidungskosten sind deutlich geringer, während gleichzeitig die wachsende Wirtschaft ohnehin viele Investitionen benötigt. Immer mehr niedrig hängende Früchte sind dort an den Bäumen zu finden. Hinzu kommt noch, dass die Sonne hoch am Himmel steht und bessere Standortbedingungen für erneuerbare Energien bietet. Und doch besteht die Gefahr, dass das Wachstum in diesen Ländern nicht »grün« wird, weil Anreize und Kapital fehlen. Die bisherige Praxis, Entwicklungshilfe an Klimakriterien zu knüpfen, kann die Lücke kaum füllen.

Gemäß der Theorie der komparativen Vorteile von David Ricardo könnten große Effizienzgewinne entstehen, wenn wir dort Emissionen vermeiden, wo es am kostengünstigsten ist. Dafür braucht es eine robuste Institution wie das europäische Emissionshandelssystem (EU-ETS). Es ist das weltweit größte und ausgereifteste System seiner Art. Der EU-ETS ist ein Instrument, auf das Europa stolz sein kann. Warum exportieren wir es nicht?

Je mehr Länder sich dem EU-ETS anschließen, desto effektiver und effizienter lassen sich globale Klimaziele erreichen. Die Erweiterung eines bestehenden Systems um neue Teilnehmer ist dabei oft einfacher als die Verknüpfung verschiedener nationaler Systeme, die technisch und politisch knifflig ist. Und je unterschiedlicher die beteiligten Länder sind, desto größer sind laut Handelstheorie die Effizienzgewinne. Diese könnten über das ETS in Handelsgewinne umgewandelt und ärmeren Ländern überlassen werden, die sich teure grüne Technologien sonst nicht leisten können.

Konkret könnte die EU anderen Ländern wie Marokko, das sich klimapolitisch ambitioniert zeigt, den Beitritt zum EU-ETS ermöglichen. Diese Länder wären dann vom $CO_2$-Grenzausgleich der EU befreit, was den Handel erleichtert. Gleichzeitig würden Unternehmen in diesen Ländern eine kostenlose Zuteilung von Emissionszertifikaten erhalten. Wer $CO_2$-effizient produziert, kann überschüssige Zertifikate über den EU-ETS an europäische Unternehmen verkaufen. Dies würde die Anreize für Investitionen in kapitalintensive grüne Technologien in Marokko drastisch erhöhen. Denn ohne funktionierenden Strommarkt und langfristige Planungssicherheit ist es in Ländern wie Marokko sonst schwer, ein teures Solarkraftwerk zu amortisieren.

Es gibt Hoffnung für diese Vision. Im Frühjahr 2024 konnten wir im Rahmen der Zukunft-Fabrik.2050 Gespräche mit Experten und Regierungsvertretern zu diesem Vorschlag führen und ihn beim

Global Solutions Summit, einer Vorfeldveranstaltung der G7 und G20, vorstellen. Verwandte Konzepte werden derzeit in Brüssel diskutiert. Vielleicht entsteht daraus ein neues Momentum für die internationale Klimakooperation.

## 6.4 Innovation als Schlüssel zur Kooperation

Solar- und Batterietechnologie kostet heute nur noch einen Bruchteil dessen, was sie zur Jahrtausendwende gekostet hat.[117] Preise für Solarmodule sanken seitdem von rund fünf Dollar pro Watt auf unter 50 Dollarcent. Auch bei Batterien fielen die Kosten drastisch, von rund 2000 Dollar pro Kilowattstunde Kapazität auf heute weniger als 100 Dollar. Was bedeutet das für die internationale Kooperation?

Das Gefangenendilemma des Klimaschutzes könnte auch dadurch überwunden werden, dass Investitionen in Klimatechnologien die globalen Kosten für Klimaschutz senken. Abbildung 16 zeigte das bekannte Gefangenendilemma. Abbildung 17 stellt eine Variante dar, in der Region A in Forschung und Skalierung neuer Technologien investiert, was zusätzliche Kosten von 3 Einheiten verursacht. Diese Investition senkt jedoch langfristig die Klimaschutzkosten für beide Regionen, wenn die neuen, preiswerteren Technologien auch in Region B genutzt werden. In diesem Fall würden die Kosten beider Länder von 7 auf 4 Einheiten sinken.

Dadurch wird es auf einmal für Region B attraktiv, gemeinsam mit Region A Klimaschutz zu betreiben. Kooperation (in der Matrix rechts unten) lohnt sich nun mehr als das Trittbrettfahren (links unten), weil die Vorteile des gemeinsamen Handelns die gesunkenen Kosten überwiegen. Auch Region A steht im Kooperationsszenario besser da als im Ausgangszustand, selbst im Vergleich zum eigenen Vorteil beim Trittbrettfahren. Das Dilemma ist durchbrochen, und nachhaltige Kooperation stellt sich ein.

Diese Variante begründet eine Vorreiterrolle in der Umwelttechnologie und damit eine Politik starker Innovationsförderung. Falsch

Abb. 17: Gefangenendilemma mit Innovation

| | | Region B | |
|---|---|---|---|
| | | Defektieren | Kooperieren |
| Region A (Europa) | Defektieren | A: 0, B: 0 | A: 5, B: -2 |
| | Kooperieren plus Innovieren | A: -2, B: 5 → | A: 3, B: 6 |

*Quelle: eigene Darstellung.*

wäre es jedoch, auf hohe Gewinne durch Monopolstellungen solcher Innovationen zu hoffen. Pioniergewinne laufen dem Ziel der globalen Kooperation zuwider, denn eine globale Senkung der Klimaschutzkosten setzt die schnelle weltweite Verbreitung der Technologien voraus. Dafür müsste zum Beispiel der Patentschutz eingeschränkt werden, so wie es in der Coronapandemie für Impfstoffe diskutiert wurde. Eine denkbare Idee wäre also, innerhalb des Klimaklubs Patente für grüne Technologien lizenzfrei zugänglich zu machen.

Innovationsförderung darf nicht mit Subventionen verwechselt werden, die wie die E-Auto-Prämie lediglich den Einsatz bestehender Technologien anreizen. Solche Förderungen verzerren die Preissignale, schwächen den Wettbewerbsdruck und mindern den Anreiz, nach besseren Lösungen zu suchen. In der EU fließt heute nur rund ein Fünftel der Mittel in die Grundlagenforschung, während der weitaus größere Teil in die Verbreitung bereits bekannter Technologien geht.[118] Auch das Erneuerbare-Energien-Gesetz, das über zweihundert Milliarden Euro in die Verbreitung erneuerbarer Energien gelenkt hat, diente vor allem der Förderung bestehender Technik und nur am Rande der Innovation. Die Ampelregierung initiierte Klimaschutzverträge zur weiteren Verbreitung klimafreundlicher Technologien.[119] Als Apple das erste iPhone auf den Markt brachte, verbreitete es sich in Rekordzeit, ganz ohne Smartphone-Schutzvertrag. Subventionen für unausgereifte oder nicht marktfähige Technologien sind dagegen so, als hätte man Apple damals unterstützt, ein iPhone ohne Touchscreen auf den Markt zu bringen.

Auf dem Weg zu dieser Vision könnten bis 2050 viele weitere Technologien, die wir vielleicht heute noch gar nicht kennen, dem Beispiel von Solar- und Batterietechnik folgen. Technologische Disruption eröffnet zugleich die Möglichkeit, alte Geschäftsmodelle in zirkuläre zu überführen. Wo man heute noch einen Staubsauger kauft, ihn in den Schrank stellt, gelegentlich benutzt und schließlich wegwirft, könnten Staubsauger im Jahr 2050 Teil der Kreislaufwirtschaft sein. Sie werden geleast, regelmäßig gewartet, unter Nachbarn geteilt und modular modernisiert. Solche Weiterentwicklungen können sich gerade in ärmeren, dynamisch wachsenden Ländern rasch verbreiten und dort helfen, Entwicklungsschritte zu überspringen und direkt in grüne Technologien einzusteigen.

Die Möglichkeiten sind unbegrenzt. Wir müssen sie nur ergründen.

## 6.5 Weiterdenken ohne Schranken

Der Klimawandel wird immer spürbarer. Dadurch wächst weltweit das Bewusstsein für seine Folgen und die Frage, wie man mit ihnen umgehen soll. Klimaanpassung wird künftig eine wesentlich größere Rolle spielen als heute. Da wir uns mit einem effektiven Klimaschutz, gelinde ausgedrückt, schwertun, würde es sich nicht eher lohnen, in Klimaanpassung statt Klimaschutz zu investieren? Also Dämme zu erhöhen, Wasserspeicher und Bewässerungsanlagen in der Landwirtschaft auszubauen, klimaresistente Pflanzen und Bäume einzusetzen, Gebäude zu klimatisieren und Zivilschutzpläne zu entwickeln? Schätzungen zufolge können Investitionen in die Klimaanpassung die volkswirtschaftlichen Kosten der Erderwärmung mehr als halbieren.[120]

Für viele eingeschworene Klimaschützer ist Klimaanpassung jedoch ein rotes Tuch. Da sie in der Regel einen lokalen Nutzen stiftet – etwa weil höhere Deiche die Dörfer dahinter direkt schützen –, schwächt sie den Anreiz für globalen Klimaschutz, dessen Wirkung sich nur teilweise lokal entfaltet. Im Modell des Gefangenendilemmas aus Abbildung 16 gedacht, mindert Anpassung den Nutzen von Klimaschutzanstrengungen. Es wird also noch schwieriger, eine Situation herzustellen, in der sich die Kooperation für beide Regionen lohnt. Mit anderen Worten: Sinkt der Nutzen des Klimaschutzes durch Anpassungsmaßnahmen, verschärft sich das Gefangenendilemma.

So nüchtern dieses Argument klingt, für ärmere Länder mit sehr begrenzten Mitteln ist die Abwägung zwischen Klimaschutz und Anpassung zentral. Für beides fehlt das Geld. Ein Fonds für Anpassungskosten, wie er auf der COP28 in Dubai beschlossen wurde, wird vermutlich nur wenig auf den Klimaschutz einzahlen. Eindrucksvoll machte dies der Außenminister des pazifischen Inselstaats Tuvalu deutlich, als er seine Rede zur Weltklimakonferenz per Videolink hielt, während er bis über die Knie im Pazifik stand.[121] Tuvalu kämpft mit Landaufschüttungen und Küstenbau gegen das Versinken im Meer. Als letztes Mittel hat es bereits Umsiedlungspläne nach Australien oder Neuseeland geschmiedet. Für Klimaschutz wird das Land vermutlich keine Ressourcen aufbringen.

Das Argument gilt natürlich auch in die andere Richtung. In Ländern, in denen Klimaschutz lokal einen großen Nutzen bringt, ist das Gefangenendilemma womöglich weniger stark ausgeprägt. Gemeint ist der sogenannte Zusatznutzen von Klimaschutz, im Englischen als »Co-Benefit« bezeichnet. So verbessert etwa die Stilllegung eines Kohlekraftwerks die Gesundheit der Menschen in seiner Umgebung. Doch obwohl solche lokalen Externalitäten nach Berechnungen des IWF ähnlich hoch sein können wie die globalen Klimaschäden, ist Klimaschutz bisher kein Selbstläufer.[122]

Bis 2050 wird der Klimawandel viele Länder vor neue und große Herausforderungen stellen. So unangenehm dieser Ausblick ist, so gehört es zu langfristiger Politik, hier vorauszudenken. Nach Berechnungen der Vereinten Nationen wird die Weltbevölkerung erst um 2080 ihren Höchststand erreichen.[123] Dann werden statt heute acht Milliarden rund zehn Milliarden Menschen auf der Erde leben. Etwa ein Drittel des global prognostizierten Anstiegs der $CO_2$-Emissionen zwischen 2019 und 2030 ist allein auf Bevölkerungswachstum zurückzuführen.[124] Doch viele der Länder mit den höchsten Geburtenraten sind zugleich arm und vom Klimawandel besonders betroffen. Bis 2050 werden immer mehr von ihnen mit der Anpassung überfordert sein und im Chaos oder gar im Krieg versinken. Das wird die Weltgemeinschaft stark herausfordern. Für konstruktive Lösungen braucht es Offenheit und Weitsicht statt Denkschranken.

## 6.6 Ein anderes Narrativ für den Klimaschutz

Während ihrer Anfänge in den 1970er Jahren stand Umweltpolitik im Kontext des »Heimatschutzes«, eines urkonservativen Themas. Doch die Konservativen griffen es nicht auf. Stattdessen gelang es der Friedensbewegung, den Umweltschutz zu besetzen. Vom Kampf gegen das Waldsterben bis hin zum heutigen Einsatz für das Klima sind diese Anliegen seither eng mit linken Leitmotiven wie Frieden und Gerechtigkeit verbunden. Die Schwierigkeit, den Umweltschutz aus dieser politischen Ecke herauszulösen, hat der Journalist Axel Bojanowski in seinem Buch eindrücklich beschrieben.[125] Bürgerliche Parteien fremdeln bis heute mit dem Thema und versäumen es, ihre Lösungen, etwa den Emissionshandel als Leitinstrument, klar zu positionieren.

Tatsächlich sind die globalen Voraussetzungen für erfolgreichen Klimaschutz besser, als wir es vielleicht wahrnehmen. Viele Unternehmen in den USA begreifen Klimaschutz trotz gegenteiliger Aussagen der Administration längst als Innovationsfeld und damit als ökonomische Chance. China verfolgt ambitionierte geostrategische Ziele, zu denen auch die Verringerung seiner Abhängigkeit von Energieimporten gehört. Im Gegensatz zur wirtschaftlichen oder geostrategischen Legitimation für Klimaschutz beruhte die europäische Klimapolitik bislang vor allem auf demokratischer Legitimation, denn eine Mehrheit der Wähler möchte das Klima schützen.

Doch die Akzeptanz bröckelt. Im ARD-Deutschlandtrend fiel der Klimawandel, der noch im April 2023 an erster Stelle stand, hinter die Themen Wirtschaft, Migration und Frieden zurück.[126] Bürgerliche Parteien sehen den Emissionshandel zwar als effektivstes Instrument, doch ist offensichtlich, dass hohe Emissionspreise nicht überall auf Zustimmung stoßen. Laut einer Studie der Friedrich-Ebert-Stiftung findet der Ansatz, klimafreundliches Verhalten zu belohnen, mehr Unterstützung als die Verteuerung klimaschädlichen Verhaltens durch einen $CO_2$-Preis. Sogar Verbote stoßen auf größere Zustimmung als Preissignale.[127]

Auch der Ansatz, Klimaschutz über das Narrativ der Alternativlosigkeit und des drohenden Zeitdrucks aufgrund von Kipppunkten zu legitimieren, verliert an Strahlkraft. Nach einer anfänglichen Welle, die Klimaaktivisten bis in höchste politische Ämter spülte, hat die Ernüchterung über die Ergebnisse moralisch aufgeladener und dirigistischer Klimapolitik eingesetzt. Ebenso klar zeigt sich inzwischen die breite Ablehnung gegenüber Klimaradikalen und ihren (Zer-) Störaktionen.

Meine Hoffnung ist, dass wir nach dem Abklingen des Notstandsnarrativs und angesichts der Nebenwirkungen des Klimaaktivismus zu einer mit kühlem Kopf geführten, konstruktiven Debatte über globale Klimapolitik gelangen. Zielkonflikte müssen offen benannt und verhandelt werden. Politische Kräfte, die sich allein auf Klimaschutz als zentrales Anliegen fokussieren, können dies nicht leisten. Es ist die Chance, Klimaschutz neu im Themenkanon bürgerlicher Parteien zu verankern. Dafür braucht es ein visionäres Narrativ.

Deutschland kann das Klima nicht im Alleingang retten.[128] Weder sind wir groß genug, um global entscheidend ins Gewicht zu fallen, noch taugen wir als Vorbild, wenn unsere Transformation mit Wohlstandsverlusten und sozialer Spaltung einhergeht. Unser Beitrag sollte sich an unseren komparativen Stärken orientieren, nämlich Innovation, Exportkraft und internationale Diplomatie. Daraus ergibt sich ein klarer Weg. Klimapolitik sollte sich auf Forschung und Entwicklung konzentrieren. Offene Märkte und Wettbewerb sollten dank eines hinreichend hohen $CO_2$-Preises dafür sorgen, dass sich neue Technologien entwickeln und verbreiten.

Europa spricht vom Emissionshandel als Leitinstrument. Das sollte eigentlich heißen, dass alle Maßnahmen daran gemessen werden sollten, ob sie den Weg zu einem umfassenden und global anschlussfähigen Emissionshandelssystem erleichtern oder behindern. Tun sie Letzteres, sollten sie unterbleiben. Leitinstrument bedeutet, dass sämtliche Emissionen erfasst und bepreist werden, unabhängig davon, ob sie bei der Herstellung einer Tonne Stahl oder eines Kilos Fleisch entstehen. Im Jahr 2050 wird dies technisch problemlos möglich sein. Lieferketten werden transparenter, und jeder Bürger wird am Preis erkennen können, welchen Beitrag er zum Klimaschutz leistet.

Heute liegt das Problem meist in der Wahrnehmung. Viele sehen $CO_2$-Bepreisung als Steuer. Dabei könnte der Emissionshandel auch als Klimabudget verstanden werden. Dieses würde jedem Bürger ausgezahlt, der es für Konsum oder zum Sparen nutzen könnte. Wären alle Emissionen in Deutschland mit einem Marktpreis von 100 Euro pro Tonne belegt, ergäbe sich ein jährliches Klimageld von etwa 800 Euro pro Kopf, das ausgezahlt würde.[129] Wer weniger $CO_2$-intensiv lebt als der Durchschnitt, ginge mit einem Plus aus dem Jahr.

Mit einem solchen Emissionshandelssystem würden die Emissionen im Inland gedeckelt. Zusätzliche Regulierungen wie ein Verbrennerverbot hätten dann keinen Effekt auf die Gesamtemissionen, sondern nur auf deren Verteilung innerhalb des Deckels. Auch zusätzliche Subventionen würden lediglich zu Verschiebungen führen und obendrein Exporte verbilligen, wovon andere Länder profitieren. Australien etwa freut sich über billige Elektroautos aus China, die dort durch massive Subventionen gefördert wurden. Sowohl für als auch gegen Förderung lassen sich gute Argumente finden, aber die Erreichung nationaler Klimaziele gehört nicht dazu.

Ein verbindlicher Mengendeckel für Treibhausemissionen würde die Politik von der kognitiven Dissonanz befreien, in der sie heute gefangen ist. Er garantiert effektiven Klimaschutz, ohne dass ständig neue Einzelmaßnahmen erfunden werden müssen, nur um Tatkraft zu demonstrieren. Stattdessen würde sich die Klimapolitik auf die internationale Bühne verlagern, um Teilnehmer für den Klimaklub zu gewinnen. Vor allem aber kann Europa anderen Ländern die Teilnahme am Emissionshandel anbieten. Ein globaler $CO_2$-Preis entstünde, der niedriger läge, als Europa ihn allein auf dem Weg zur Klimaneutralität erreichen könnte. Gleichzeitig würde der Klimaklub die wirtschaftliche Zusammenarbeit Europas mit anderen Ländern stärken.

Das inhärente Koordinationsproblem erfordert keine altruistischen Klimaschutzchampions, sondern Innovation und internationale Kooperation. Europa ist dank seines Innovationspotenzials und seiner diplomatischen Erfahrung gut positioniert, eine global gedachte Klimapolitik voranzubringen. Dabei geht es nicht darum, im Inland Bürger und Unternehmen zu gängeln, sondern mit Weitsicht das Gefangenendilemma im globalen Spiel zu überwinden.

# 7.

# Vision Innovationsnation Deutschland

*»The best way to predict the future is to invent it.«*

Alan Kay, IT-Pionier[130]

Deutschland ist längst keine reine Industrienation mehr. Zwei Drittel der Bruttowertschöpfung entstehen im Dienstleistungssektor. Trotzdem prägt noch immer das Bild vom glänzenden Industrieprodukt »Made in Germany« unsere Selbstwahrnehmung. Man denkt an einen schnittigen Mercedes, nicht an die Konzepte und Ideen, die ihm zugrunde liegen. Dass die Wertschöpfung nicht allein in den zusammengeschweißten Bauteilen liegt, sondern vor allem in der Marke, der Ingenieurskunst und den begleitenden Services, ist oft schwer greifbar.

Im Jahr 2050 wird die Welt erneut ein völlig anderes Gesicht haben. Manche mögen sich wünschen, dass die Zeit stehen bleibt. Doch Berlin wird kein Havanna werden. Zukunftstechnologien werden auch hierzulande Einzug halten, ob es uns gefällt oder nicht. Und ob wir mitmachen oder nicht.

Das war schon in der Vergangenheit so. Das Mobiltelefon setzte sich trotz aller Aufregung um Elektrosmog durch. Allen ethischen Bedenken der Gentechnik zum Trotz griffen die Menschen in der Coronapandemie nach mRNA-Impfstoffen. Die Sorge um die Wahrung der Anonymität wich den Vorteilen von Onlinebanking und bargeldlosem Zahlen. Und GPS, einst als Überwachungsinstrument gefürchtet, ist heute ein selbstverständlicher Begleiter, dessen Standortdaten wir sogar freiwillig teilen, um gemeinsam Staus zu vermeiden und den schnellsten Weg zu finden.

Bis zum Jahr 2050 werden Innovationsdichte und Akzeptanz noch einmal deutlich zunehmen. Technologien verbessern sich, Nutzer passen ihr Verhalten an, und Widerstände schwinden. Gewiss entstehen auch neue, heute noch unvorstellbare Innovationen und ebenso bislang nicht vorhersehbare Probleme. Doch auch diese werden wir bewältigen, so wie wir immer schon Lösungen gefunden haben.

Künstliche Intelligenz wird bis 2050 ein unverzichtbarer Teil des Alltags sein. Zusammen mit Quantencomputern hilft sie, Krankheiten früh zu erkennen und personalisierte Behandlungen zu ermöglichen. Sie macht Bildung individueller und fördert Talente gezielter. Roboter und Avatare übernehmen Aufgaben dort, wo heute Fachkräfte fehlen. Erweiterte Realitäten begleiten uns im Alltag, so wie sie schon jetzt Spezialisten beim Training unterstützen. Autonome und geteilte Fahrzeuge prägen die Mobilität, während grüner Wasserstoff Industrie und Verkehr antreibt.

Welche dieser Technologien sich bis 2050 tatsächlich durchsetzen, ist zweitrangig. Entscheidend ist die Fähigkeit, sich in eine Welt hineinzuversetzen, die von heute kaum vorstellbaren Innovationen geprägt ist. Häuser entstehen im 3D-Druck, die Hyperloop bringt uns in weniger als einer Stunde von Berlin nach München, Nanoroboter operieren in unseren Körpern, die Wirtschaft folgt konsequent der Logik des Kreislaufs, und selbst der Toaster denkt mit.

Also, wohin darf die Reise gehen? Lassen Sie uns aufbrechen!

## 7.1 Strukturwandel als Chance

Die Vision für Deutschland, die diesem Kapitel zugrunde liegt, ist die einer Innovationsnation. Hier sollen Erfindungen entstehen, die der Welt dienen und uns zugleich ein fortschrittliches und wohlhabendes Leben ermöglichen. Es soll Freiräume geben, in denen neugierige und motivierte Menschen wirken können, und eine Kultur, in der Offenheit für Neues und anderes selbstverständlich zu Hause ist.

Für diese Vision müssen wir Veränderung zulassen und sie sogar fördern. In den Debatten über unseren Standort wird seit geraumer Zeit ein Schaubild vom Rückgang der Industrieproduktion herumgereicht (Abbildung 18). Doch wenn Neues wachsen soll, muss Altes weichen. Gewiss war es unklug, mit unserer Umwelt- und Energiepolitik Teile der Industrie ins Ausland zu treiben wie lästige Untermieter. Panik ist jedoch kein guter Ratgeber. Weniger bekannt als die Produktionsstatistik ist die Entwicklung der Bruttowertschöpfung, also des geschaffenen volkswirtschaftlichen Mehrwerts. Sie verlief weniger dramatisch, weil Unternehmen zwar weniger produzierten, dabei aber ihre Wertschöpfung steigerten.

Strukturwandel verändert zwar Unternehmen und Arbeitsplätze, steigert aber den Wohlstand. Ein Beispiel ist die Automobilindustrie. Laut VDA sank die Inlandsproduktion von 5,5 Millionen Fahrzeugen Mitte der 2000er Jahre auf 3,5 Millionen.[131] Gleichzeitig stieg die Produktion im Ausland von vier auf zehn Millionen. Mit anderen Worten

Abb. 18: Preisbereinigte Konjunkturindikatoren des verarbeitenden Gewerbes

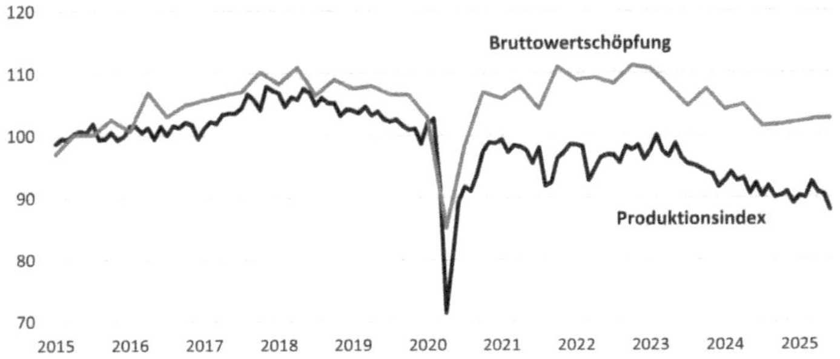


*Quellen: Destatis, eigene Berechnungen. 2015 = 100.*

nahm die inländische Produktion um ein Drittel ab, während die Gesamtproduktion um vierzig Prozent wuchs. Trotz oder vielleicht sogar wegen dieser Verlagerung lag die inländische reale Bruttowertschöpfung im Jahr 2021 um siebzig Prozent höher als 2005.

Wohlstand entsteht in dieser Vision dadurch, dass Deutschland ein Standort für hochproduktive Innovationsarbeit wird, wie bereits in Kapitel 5 beschrieben. Das bedeutet Investitionen in Forschung und Entwicklung. Es bedeutet gut bezahlte Jobs, auch wenn sie vielleicht bei deutschen Töchtern internationaler Unternehmen wie Microsoft entstehen und nicht bei einer hier gegründeten Firma. Es bedeutet Einnahmen aus Lizenzen für Technologien, die hier entwickelt werden, auch wenn ihre Massenproduktion anderswo stattfindet. Es bedeutet, Entwicklungen zuzulassen, die wir als Gesellschaft vielleicht nicht sofort anwenden wollen. Und es bedeutet, sich auf Entdeckungsprozesse einzulassen, die unerwartet Neues hervorbringen, und Veränderung aktiv zu gestalten. Veränderung heißt, dass viele neue Unternehmen entstehen, während Traditionsunternehmen sich wandeln oder verschwinden. Was wir einzig bewahren sollten, sind stabile Rahmenbedingungen für ein Ökosystem nie erschlaffender Innovation, das wie eine ständige Quelle unseren Fortschritt speist.

Deutschland landet in internationalen Vergleichen der Standortfaktoren oft nur im Mittelfeld. Das ist ein Warnsignal, denn als kleinerer Standort im Vergleich zu den USA oder China müssen wir bessere Bedingungen schaffen, nicht bloß durchschnittliche. Unsere Ambition sollte es sein, dort zu rangieren, wo Singapur, die Schweiz oder die nordischen und baltischen Staaten regelmäßig stehen.

Produkt- und Arbeitsmarktreformen erhöhen langfristig Produktivität und Wohlstand. Empirisch betrachtet, führen Produktmarktreformen zu einem Anstieg von Produktion, Beschäftigung und Investitionen.[132] Ein Beispiel aus der jüngeren Vergangenheit ist die Öffnung des Fernbusmarkts im Jahr 2013. Seither sorgt Flixbus für mehr Alternativen für Fernreisende. Die Effekte von Arbeitsmarktreformen sind weniger eindeutig im Hinblick auf die Wirtschaftsaktivität, dafür aber förderlich für die Fähigkeit einer Volkswirtschaft, flexibel Veränderung zu leben.[133]

Doch nicht nur die Öffnung bestehender Märkte schafft Innovation, auch die gezielte Rahmensetzung für neue Märkte spielt eine wichtige Rolle. So profitierte das Carsharing von städtischer Förderung, Parkbevorrechtigungen und dem Carsharing-Gesetz von 2017. Das Digitale-Versorgung-Gesetz von 2019 ebnete den Weg für Anbieter digitaler Gesundheitsdienste wie TeleClinic oder Zava. Auch Finanzdienstleister wie N26 oder wefox entstanden, weil Banken- und Versicherungsregulierung gezielt angepasst wurden.

Ähnliche Beispiele finden sich im Geschäftskundenbereich, wo Innovation für Endkunden weniger sichtbar ist. So sind etwa das Patentrecht und die Produkthaftung bei additiven Verfahren wie dem 3D-Druck von Flugzeugteilen unscheinbare, aber entscheidende Stellschrauben für Produktivität. Ein weiteres Beispiel ist das Open Banking. Viele haben vermutlich noch nie von der Zweiten EU-Zahlungsdiensterichtlinie von 2018 gehört, und doch betrifft sie uns alle, etwa durch die Pflicht zur starken Kundenauthentifizierung mit zwei Sicherheitsfaktoren. Weniger bekannt ist, dass die Richtlinie Banken verpflichtet, standardisierte Schnittstellen für Drittanbieter bereitzustellen. Dadurch können neue Finanzdienstleister innovative Produkte anflanschen, von Kontoinformationsdiensten über Finanzverwaltungstools bis hin zu Multibanking-Apps. In den USA hingegen fehlt bis heute eine einheitliche gesetzliche Regelung, sowohl für Schnittstellenstandards als auch für den Datenschutz. FinTechs müssen dort individuell Kooperationen mit Banken aushandeln. In Europa deutet hingegen vieles darauf hin, dass der einheitliche Standard, auf den sich die Branche dank der Initiative »The Berlin Group« – einer Gruppe von 40 europäischen Finanzdienstleistern und Verbänden – geeinigt hat, die Markteintrittsbarrieren gesenkt und Innovation befördert hat.

Solche Themen gehen an der breiten Öffentlichkeit meist vorbei. Kaum ein Breitenmedium schreibt über Produkthaftung im 3D-Druck oder über Schnittstellen im Banking. Vielleicht ist das sogar ein Vorteil, weil gerade in den Nischen abseits der Schlagzeilen gute und langfristige Wirtschaftspolitik entstehen kann.

Die Aufgabe des Staates ist es, Hürden für Innovation abzubauen, Märkte zu schaffen und durch Standardsetzung Wettbewerb zu ermöglichen, wo Selbstregulierung nicht ausreicht. Gleichzeitig sollten Freiräume so gestaltet sein, dass sich Innovation entfalten kann, ohne dass ständig nachgesteuert werden muss.

Wenn daraus eine Dynamik entsteht, die neue Unternehmen, Arbeitsplätze und Nutzen für Verbraucher hervorbringt, dann ist die vom Ökonomen Joseph Schumpeter geprägte »schöpferische Zerstörung« keine Abbruchbirne der Wirtschaft, sondern ein Motor der Erneuerung. Statt zuerst an die Gefahren von Veränderung zu denken, sollten wir ihre Chancen erkennen. Wer die Atmosphäre der Start-up-Szene kennt, weiß die dortige Aufbruchsstimmung zu schätzen. Diesen Mut sollten wir nicht durch Knüppel zwischen den Beinen bremsen, sondern belohnen und ihm den Boden bereiten. Im Folgenden beschreibe ich einen möglichen Weg.

## 7.2 Experimentierrepublik Deutschland

Kennen Sie den Ellenrieder Ellenator? In Süddeutschland sieht man ihn gelegentlich auf den Straßen. Es handelt sich um die Erfindung des Kfz-Meisters Wenzeslaus Ellenrieder aus Dösingen im Allgäu. Er baut Fiat-500-Modelle zu Dreirädern um, indem er die Hinterachse ausbaut und durch ein mittig eingesetztes Doppelrad ersetzt. In der *Süddeutschen Zeitung* erzählt Ellenrieder, wie seine Innovation entstand. Nach Feierabend, bei einer Halben Bier, betrachtet er die Hinterachse eines Autos auf der Hebebühne. Und plötzlich kommt ihm die Idee. »Was so ein Bier alles ausmacht«, wird er zitiert.[134]

Dieser Umbau ist ein Hingucker. Aber wieso entstand er? Bestimmt nicht, weil er das Auto sicherer macht.

Die Erklärung liegt in der Regulierung. Zusammen mit einer Drosselung der Motorleistung – jedoch nicht der Höchstgeschwindigkeit – fällt der Ellenator in die EG-Fahrzeugklasse L5e. Diese Klasse erlaubt Jugendlichen ab 16 Jahren das Fahren solcher Fahrzeuge. Während vierrädrige Leichtkraftwagen in dieser Altersklasse auf 45 km/h beschränkt sind, gilt diese Regelung für Dreiräder nicht. Ein Rad weniger, und schon fährt der Ellenator mit seinen 90 km/h auf die Autobahn. Und das sogar mit bis zu drei Mitfahrern, denn anders als in verwandten Fahrzeugklassen gibt es in L5e kein Höchstgewicht.

Neben L5e existiert auch die Fahrzeugklasse L7e. In diese fällt der Microlino, ein elektrischer Zweisitzer mit Fronteinstieg und 90 km/h Höchstgeschwindigkeit, angelehnt an die BMW Isetta. Entwickelt wurde er von der Firma Micro, die sonst für Kindertretroller bekannt ist. Leicht und platzsparend, soll er urbane Mobilität nachhaltiger machen, denn er lässt sich sogar quer parken. Doch eine Umweltprämie erhält er nicht. Bis 2023 gab es 9000 Euro Förderung für E-Autos, allerdings nur für Fahrzeuge ab einem bestimmten Gewicht. Für Leichtelektromobile wie den Microlino galt dies nicht. Gefördert wurden bis Ende 2023 rund 2,1 Millionen E-Autos mit einem Volumen von etwa zehn Milliarden Euro, darunter kein einziger Microlino.[135]

Abb. 19: Ellenator und Microlino

*Ellenator: Rad ab, Geschwindigkeit rauf*
*Quelle: Ellenator GmbH*

*Microlino: Sorry, Du wiegst nicht genug*[136]
*Quelle: Microlino Schweiz.*

Dafür drohen seinen Fahrern Knöllchen, da Querparken in der Straßenverkehrsordnung weder eindeutig erlaubt noch verboten ist und damit im Ermessen der lokalen Behörden liegt.

Was sollen diese Geschichten zeigen? Staatliche Rahmenbedingungen beeinflussen Innovation. Sie fördern Entwicklungen, wo regulatorische Lücken genutzt werden können, wie beim Ellenator. Und sie behindern Innovationen, wenn diese nicht in die kleinteiligen Raster von Förderprogrammen oder Straßenregeln passen, wie beim Microlino.

Dort, wo der Staat diskretionär eingreift, entstehen Abgrenzungsprobleme und Reibungsverluste. Neben den beabsichtigten Wirkungen der Regulierung treten unerwünschte oder unbeabsichtigte Nebeneffekte auf, die oft ökonomisch ineffizient sind und Innovation verzerren.

Ein besonders kurioses Beispiel für staatliche Anreize liefert das Steuerrecht. Joel Slemrod von der University of Michigan und Wojciech Kopczuk von der University of British Columbia fanden für die USA heraus, dass die Sterberate kurz vor einer Senkung der Erbschaftssteuer sinkt, um danach überdurchschnittlich anzusteigen. Mit anderen Worten: Menschen schaffen es in statistisch signifikantem Ausmaß, später ins Gras zu beißen, wenn ihre Nachkommen dadurch Steuern sparen. Diese Erkenntnis brachte den beiden Forschern den satirischen Ig-Nobelpreis ein.[137]

Solche ökonomisch als »Excess Burden« bezeichneten Effekte stellen nicht nur einen allgemeinen Wohlfahrtsverlust dar. Besonders teuer werden sie im Bereich der Innovation. Denn niemand kann messen, welche Ideen gar nicht erst entstanden sind, welche Erfindungen ausgeblieben sind oder welche Innovationen ohne diese Hürden Verbreitung gefunden hätten.

Die Vision einer Experimentierrepublik Deutschland macht sich von diesen Fesseln frei. In dieser Vision ist Deutschland ein Ort, an dem Neues unabhängig von bestehenden Regeln ausprobiert werden kann. Wenn es sich bewährt, werden die Regeln angepasst, sonst nicht. Deutschland sollte Labor sein, nicht Museum.

Wie kann das gelingen? Ein Ansatz dafür sind Experimentier- oder Öffnungsklauseln in Gesetzen, die zeitlich befristete Ausnahmen und Abweichungen ermöglichen.[138] Alle bestehenden Gesetze, auch in technologiefernen Bereichen wie dem Familienrecht, sollten daraufhin geprüft werden, ob sie um Experimentierklauseln ergänzt werden können. Künftige Gesetze sollten, wo sinnvoll, solche Klauseln von vornherein enthalten. Neben spezialgesetzlichen Klauseln können sogenannte Generalklauseln mehrere gleichartige Vorhaben effizient erfassen.

Reallabore gibt es schon, doch sie entwickeln bisher nicht die Wirkung, die in ihnen steckt. Die Ideen liegen längst auf dem Tisch. Für das autonome Fahren waren etwa jahrelang aufwendige Einzelgenehmigungen nötig, bevor ein allgemeiner Rahmen für Typenzulassungen geschaffen wurde. Mit einer Generalklausel hätten viele unterschiedlich konfigurierte Testfahrzeuge gleichzeitig erprobt werden können, was den Unternehmen wertvolle Entwicklungszeit gespart hätte. Ein weiteres Beispiel ist das Bauen. Überbordende Vorschriften lähmen dort die Innovationskraft von Architekten und Herstellern. Mehr Freiräume könnten eine neue Bauhaus-Bewegung anstoßen, so wie die Gründer des Bauhauses vor hundert Jahren Design und Architektur revolutionierten. Mitglieder der Bayerischen Architektenkammer schlugen dafür eine normenreduzierte Gebäudeklasse

»E« vor, die Spielräume für Experimente eröffnet und seit 2023 in Bayern erprobt wird.[139]

Neben Reallaboren sollten auch Pilotstädte und -regionen geschaffen werden, die sich nicht an einer bestimmten Technologie, sondern an klar abgegrenzten Räumen orientieren. Ebenso könnten Gründer- oder Mittelstandsschutzzonen eingeführt werden, die sich an bestimmte Personen- oder Unternehmensgruppen richten. Schon heute gelten Ausnahmen etwa im Lieferkettengesetz für Unternehmen unterhalb bestimmter Größen. In einer Mittelstandsschutzzone könnten solche Schwellenwerte, soweit sinnvoll und notwendig, auf alle Gesetze ausgeweitet werden. Eine Gründerschutzzone würde den bürokratischen Aufwand für neue Unternehmen in den ersten beiden Jahren nach Gründung auf ein Minimum reduzieren.

Reallabore und regulatorische Experimentierräume helfen, Vorbehalte zu überwinden, statt endlos zu debattieren. Sie sind wirksame Instrumente gegen politische Widerstände gegenüber Deregulierung und technologischem oder sozialem Wandel. Statt auf abstrakte Prognosen zu setzen, liefern sie belastbare Evidenz aus dem härtesten Test, den wir kennen, dem echten Leben. Entscheidend ist, dass sie in Anschlussregelungen überführt werden, anstatt wie so oft im Nichts zu verschwinden.

## 7.3 Datenökonomie statt Datenwüste

Die Digitalisierung ist unter allen Innovationen wohl die prägendste Technologie. Sie verändert Wirtschaft und Gesellschaft tiefgreifend. Vielen erscheint es, als drehe sich das Rad der Zeit immer schneller. Doch tatsächlich ist dieses Tempo nichts Neues. Gordon Moore, Mitgründer von Intel, stellte 1965 fest, dass sich die Zahl der Transistoren auf Chips etwa alle zwei Jahre verdoppelt. Doch Moores Gesetz der exponentiellen technischen Entwicklung hält bereits seit vielen Jahrzehnten an. Und auch davor gab es Kaskaden rascher technischer und sozialer Veränderungen. Daher sollten wir auch die aktuelle digitale Revolution nüchtern einordnen. Viele Phänomene sind bekannt, und wir wissen eigentlich, wie wir mit ihnen umgehen können.

Ein Beispiel ist die Datenökonomie. Daten gelten als das Öl des 21. Jahrhunderts. Im Unterschied zu Öl sind Daten jedoch unendlich verfügbar und können mehrfach genutzt werden. Doch genauso wie Rohöl erst verarbeitet werden muss, werden Rohdaten erst durch Analyse, Verarbeitung und Interpretation wertvoll. Niemand dachte zuvor an das Internet der Dinge, weil Informationen über die Stellung eines Robotergreifarms oder die Röstdauer eines Toasters alleine wertlos erschienen. Doch nun eröffnet die Durchdringung mit Sensorik in Kombination mit der Kommunikation der Maschinen und der Datenverarbeitung durch künstliche Intelligenz neue Wertschöpfung. Der Toast wird künftig nicht mehr verkohlt aus dem Toaster springen.

Die Datenökonomie folgt denselben Grundprinzipien wie andere Märkte. Auf der primären Stufe steht die Datenerhebung, sei es durch Sensoren, durch das Suchverhalten im Netz oder durch GPS-Bewegungen. Diese Rohdaten sind vergleichbar mit Bodenschätzen. Dem Internetnutzer, der diese Rohdaten generiert, ließe sich dafür eine Gegenleistung zukommen. Heute besteht diese Gegenleistung meist aus kostenlosen Diensten. Suchmaschinen etwa optimieren Ergebnisse aus der Kombination von Inhalten und Nutzerverhalten. Navigations-Apps wie Google Maps oder Waze nutzen Standortdaten, um uns allen bessere Routen bereitzustellen.

Doch wie beim Bergbau erhält der Rohstofflieferant – also der Internetnutzer – nur einen Bruchteil des Wertes. Rohdaten sind zunächst ziemlich wertloses Geröll. Die eigentliche Wertschöpfung entsteht in der Weiterverarbeitung. Unternehmen wie Aleph Alpha aus Heidelberg investieren enorme Ressourcen in hochwertige Datensätze, um künstliche Intelligenz zu trainieren. Dieser Aufwand schafft einen Mehrwert, der sich am Markt durchsetzen muss. Nur wenn jemand dafür bezahlt, lohnt es sich für Anbieter, mehr in gute Daten zu investieren. Wie bei der Rohstoffverarbeitung wird nur derjenige den höheren Preis zahlen, der besonders reines Gold oder Silizium will, um daraus Hochwertiges zu schaffen.

Den größten Mehrwert entfalten Daten, wenn sie verknüpft werden. Werden die Daten meines Toasters mit den Daten meiner Einkäufe kombiniert, landet automatisch frisches Brot in meinem elektronischen Warenkorb bei Edeka24. Werden zusätzlich Bestell-, Lager- und Verkehrsdaten verknüpft, optimieren sich Großhandelsbestellungen, Transportauslastung und Lieferwege.

Doch es geht nicht nur um die Optimierung der Logistik von Edeka. Richtig genutzt, eröffnen Daten ganz neue Arten der Wertschöpfung. Zum Beispiel, wenn sich im Gesundheitssektor der Schwerpunkt von der Behandlung bereits eingetretener Krankheiten hin zur Prävention zukünftiger verschiebt. Möglich wird dies durch Daten wie Gensequenzen, Patientenakten oder Informationen über den Lebensstil, die es erlauben, einem Hobbymarathonläufer mit entsprechender Veranlagung durch präventive Behandlung den Herzinfarkt zu ersparen.

Datenerhebung, Datenaufbereitung und Datenverknüpfung bilden eine Wertschöpfungskette, die sich kaum von der Förderung, Verarbeitung und Veredelung anderer Rohstoffe unterscheidet. Aus ökonomischer Sicht ist es deshalb entscheidend, dafür funktionierende Märkte zu schaffen.

Der Datenschutz soll uns Hoheit über personenbezogene Daten geben. In der Praxis beschränkt er sich oft auf mühsame Cookie-Popups, die kaum jemand liest und die den Nutzern keinen offenkundigen Vorteil verschaffen. Zwar können wir Daten löschen lassen oder die Weitergabe einschränken, doch einen Markt für persönliche Daten schafft der Datenschutz nicht. Warum erhalten Nutzer für geteilte Daten keinen geldwerten Vorteil?

Damit verfehlt Datenschutz seinen höheren Zweck. Zwar schützt er Eigentumsrechte, aber er verhindert ihre handelbare Nutzung. Weil der eigentliche Wert von Daten erst in ihrer Aggregation entsteht, ist das Eigentum für Individuen wertlos, nicht jedoch für Google oder

Meta. In der Folge bleiben viele Daten ungenutzt, Geschäftsmodelle stocken, und Deutschland verharrt in einer Digitalisierungswüste. Für die Vision einer Innovationsnation sollten wir hier weiterdenken.

In jüngerer Zeit sind Anwendungen wie Usercentrics Data Shield oder CookieBlock entstanden, die auf Basis individueller Präferenzen automatisch Cookie-Banner beantworten. 2017 wurde mit dem Datum Network ein dezentraler Datenmarktplatz gegründet, auf dem Daten mit Blockchain-Technologie gespeichert und gehandelt werden. Auch das Marktforschungsinstitut Nielsen belohnt Nutzer mit bis zu 150 Euro im Jahr in Form von Einkaufsgutscheinen, wenn sie Daten zu ihrem Surfverhalten teilen.

Noch sind diese Ansätze wenig verbreitet. Oder haben Sie vielleicht schon von Catena-X gehört? Vermutlich nicht. In der deutschen Presse wurde über Fußpilz zehnmal häufiger berichtet als über Catena-X.[140] Hinter dem Namen verbirgt sich ein offener und kollaborativer Datenraum der Automobilindustrie, in dem Daten gebündelt und in Wertschöpfung übersetzt werden. Gemeinsam mit seinen Mitgliedern entwickelt Catena-X neue Anwendungen und unterstützt Ausgründungen mit Anschubfinanzierungen. Ein Beispiel ist der industrieübergreifende Batteriepass, den der französische IT-Dienstleister Atos auf einer Blockchain entwickelt.

Daten sind zu wertvoll, um stiefmütterlich behandelt zu werden. Ziel sollte es sein, gut strukturierte Märkte für Daten zu schaffen. Dabei stellen sich schwierige Fragen des Eigentumsrechts. Gehören die Daten dem Produzenten der Maschine, der Firma des Anwenders oder dem Nutzer selbst? Besonders streng ist der Datenschutz bei personenbezogenen Daten. Die Daten eines verbauten künstlichen Hüftgelenks fallen unter diesen besonderen Schutz. Gehören sie dem Hüftgelenkhersteller, dem behandelnden Arzt oder Krankenhaus oder dem Patienten? Bleiben diese Daten ungenutzt, behindert das die Verbesserung des Produkts. Erst eine spezialgesetzliche EU-Regulierung, der europäische Raum für Gesundheitsdaten, soll im Jahr 2029 für dieses Beispiel Erleichterung schaffen.

Da neben der Datensammlung vor allem die Verknüpfung von Daten hohes Wertpotenzial bietet, besteht auf Datenmärkten die Gefahr einer starken Konzentration. Wer viele Daten besitzt, hat einen deutlichen Vorsprung, ähnlich wie ein Großunternehmen, das durch Skaleneffekte billiger produzieren kann. Solange echter Wettbewerb herrscht, ist das unbedenklich. Heute ist zum Beispiel unübersehbar, dass Google den Markt der Suchmaschinen dominiert und sein Angebot in hohem Maß durch Werbung monetarisiert. Wem das zu viel wird, der kann jedoch zum Konkurrenten Bing wechseln oder sich von den neunmalklugen Antworten von ChatGPT überraschen lassen.

Um Kunden den Wechsel zu erleichtern und den sogenannten Lock-in-Effekt zu verringern, braucht es standardisierte Schnittstellen für den Datenaustausch. So lassen sich zum Beispiel Playlisten von iTunes nach Spotify übertragen, was den Wechsel spürbar erleichtert. Das EU-Datengesetz, welches 2025 in Kraft getreten ist, hat solche Effekte zum Ziel.

Warum können wir E-Mails untereinander austauschen, obwohl wir unterschiedliche Domains, Anwendungen und Endgeräte nutzen? Weil ihnen ein standardisiertes und vergleichsweise einfaches Protokoll zugrunde liegt. Bei Messenger-Diensten wie WhatsApp, Signal, Telegram und anderen ist das nicht der Fall. Sie arbeiten mit unterschiedlichen Sicherheitstechniken und proprietären Eigenschaften. Das hat Vor- und Nachteile. Während sich die der E-Mail zugrunde liegende Technologie kaum weiterentwickelt hat, fand der Wettbewerb vor allem bei den E-Mail-Clients statt, also den Benutzeroberflächen wie Microsoft Outlook oder Apple Mail. Bei Messengerdiensten spielt die Oberfläche bisher eine untergeordnete Rolle, der Wettbewerb findet hier vor allem in der zugrunde liegenden Architektur statt. So sind beispielsweise viele Nutzer, denen der Schutz persönlicher Daten wichtig ist, von WhatsApp zu Signal gewechselt. Wettbewerb zeigt sich also immer wieder in neuen Formen, und genau das macht den Entdeckungsprozess der Marktwirtschaft so innovativ.

Diese Überlegungen dienen dazu, Phänomene der Digitalisierung durch den Vergleich mit vertrauten Beispielen einzuordnen. Dabei wird deutlich, dass die Sicherstellung fairer Marktstrukturen und eine wirksame Wettbewerbskontrolle zentrale Rahmenbedingungen für einen Innovationsstandort sind. Auf dieser Grundlage können Datenmärkte entstehen und Interoperabilität gefördert werden. Vielleicht bringt der Wettbewerb eines Tages sogar doch noch eine Lösung hervor, mit der Signal-Nutzer WhatsApp-Nachrichten empfangen und umgekehrt, so wie wir heute von einem Telekom-Anschluss einen Vodafone-Kunden anrufen können.

## 7.4 Das Gedeihen neuer Wirtschaftsmodelle

Made in Germany – das weckt sofort die Vorstellung vom Verkauf eines Produkts. Deutschland als Land der Ingenieure ist tatsächlich hervorragend darin, überlegene Produkte auf den Weltmärkten anzubieten. Doch was geschieht, wenn die Produkte nur noch Komponenten neuer, anderer Geschäftsmodelle sind? Dann droht Deutschland zur verlängerten Werkbank anderer Länder zu werden.

Ein gutes Beispiel ist das Auto. Es war lange das Herzstück deutscher Wertschöpfung. Heute verwandelt es sich zunehmend in ein Modul innerhalb eines größeren Ökosystems von Services und Daten. Es geht nicht mehr darum, nur Autos zu verkaufen. Das Auto ist heute nicht mehr nur ein Fahrzeug. Es ist der Anknüpfungspunkt für Dienstleistungen von der Finanzierung bis zu digitalen Angeboten wie Abomodellen für Zusatzfunktionen. Es ist die Grundlage für Anbieter von Mobilität als Service, die nicht Fahrzeuge, sondern Kilometer und Fahrerlebnis verkaufen. Es ist ein rollender Datenstaubsauger, der Informationen zu Fahrverhalten, Verkehr und Infrastruktur sammelt und so neue Geschäftsmodelle ermöglicht. Es ist das Eintrittstor zu Plattformen von Ladenetzwerken bis zu digitalen Parkleitsystemen. Diese Öffnung hin zu neuen Geschäftsmodellen verlangt ein völlig anderes Denken. Wer nur Software ins Auto baut, bleibt Zulieferer. Wer Autos um die Software baut, gestaltet die Zukunft der Mobilität.

Als sich in den 1980er Jahren die ersten nachbarschaftlichen Autoteilerinitiativen gründeten, hätte wohl kaum jemand gedacht, dass daraus dreißig Jahre später attraktive Geschäftsmodelle entstehen würden. Das Teilen von Ressourcen kannten wir schon von Videotheken, Mitfahrzentralen oder Maschinenringen. Doch niemand nannte sie damals so dufte »Sharing-Economy«. Ebenso wenig war abzusehen, dass diese Geschäftsmodelle einmal hart umkämpft sein würden, weil ihr Wert in der Generierung von Nutzerdaten liegt.

Heute teilen wir alles von Autos (Share Now) über Fahrräder und Roller (Nextbike/TIER), Wohnungen (Airbnb) bis hin zu Designerkleider (Dresscoded) und sogar Hühner, Kühe, Ziegen und Schafe («Rent a Biomääääher«).[141] Zum einen steigert die Möglichkeit geteilter Ressourcen den Wettbewerb dank der Konkurrenz von Sharing-Anbietern. Zum anderen gibt es die Hoffnung, dass geteilte Güter zu einer besseren Auslastung führen. Beides ist ökonomisch ein Vorteil und führt zu Produktivitätsgewinnen.

Doch stoßen viele neue Geschäftsmodelle schnell an regulatorische Grenzen oder unterlaufen den Wettbewerb, weil sie aus dem Raster traditioneller Geschäftsmodelle und Industrien fallen. So wurde Uber anfangs verboten, weil die Fahrer keine entsprechende Personenbeförderungslizenz besitzen. Airbnb-Privatvermieter führen oft keine Umsatzsteuer ab, erheben keine Kurtaxe und vermieten Zimmer, denen nicht derselbe Brandschutzstandard zugrunde liegt wie Hotels.

Eine Innovationsnation erkennt, wo die Rahmenbedingungen angepasst werden müssen. Ob Uber oder Airbnb, es gab schon immer Geschäftsmodelle, die Kapitalgüter wie Autos oder Zimmer als Dienstleistung anbieten. Um Märkte vor asymmetrischer Information zu schützen, wurden regulatorische Anforderungen eingeführt, etwa Lizenzen für Taxis oder Brandschutzstandards für Hotels. Neue Geschäftsmodelle erfordern jedoch neues Denken und proaktives politisches Handeln. Einerseits gehören bestehende Auflagen auf den

Prüfstand, wie die inzwischen abgeschaffte Ortskundeprüfung für Taxifahrer im Zeitalter von GPS-Navigation. Andererseits braucht es breitere Regeln dort, wo die Sharing-Economy allgemeine Mindeststandards unterläuft.

Die Politik muss entscheiden, ob neue Anbieter denselben oder anderen Standards genügen sollen. Soll eine Wohnimmobilie, die regelmäßig über Airbnb vermietet wird, genauso als Gewerbeimmobilie gelten, höhere Brandschutzauflagen erfüllen und nur in entsprechend gewidmeten Straßenzügen erlaubt sein wie Hotels? Deutschland wäre eine Innovationsnation für Geschäftsmodelle, wenn es etwa ein Portal gäbe, über das Unternehmer Hindernisse für ihre Ideen melden könnten. Der Staat müsste dann rasch und transparent abwägen und im Zweifel zumindest ein Reallabor einrichten, wie zuvor beschrieben. Bei der Abwägung sollten nicht nur Schutzinteressen zählen, sondern auch die Sicherstellung von Wettbewerb und – was heute zu wenig Beachtung findet – die Nutzung von Innovationschancen.

Ein weiteres Beispiel für neue Geschäftsmodelle und die damit verbundenen Abwägungen zwischen Innovation und Schutzbedürfnissen ist die sogenannte Gig Economy, also die Vermittlung kurzfristiger Tätigkeiten über digitale Plattformen. Die Digitalisierung erlaubt eine immer stärkere Arbeitsteilung, bei der einzelne Stufen der Wertschöpfung von unterschiedlichen Anbietern übernommen werden. Oft genügt dafür ein Mobiltelefon. Während früher ein Restaurant einen eigenen Lieferdienst organisieren musste, kann es heute mit Plattformen wie Lieferando oder Uber Eats Bestellungen zum Mitnehmen anbieten. Für viele Gastronomen entstand so eine wichtige zusätzliche Einnahmequelle.

Die Gig Economy ermöglicht also neue Geschäftsmodelle und bei bestehenden Restaurants eine bessere Auslastung. Die Atomisierung von Tätigkeiten steigert die Effizienz und eröffnet zugleich flexible Beschäftigungsmöglichkeiten mit niedrigen Einstiegshürden. Diese Atomisierung ist nicht rückgängig zu machen. Doch die 2024 beschlossene EU-Richtlinie über Plattformarbeit zieht hohe Hürden für Gig-Auftragnehmer ein, in Selbstständigkeit zu arbeiten. Statt in Mustern von vor der Digitalisierung zu denken, sollte der Rahmengeber abwägen, inwieweit die zukünftige Wirtschaftsstruktur neue Schutzstandards braucht für Beschäftigte, deren Tätigkeiten atomisiert und damit leicht austauschbar sind. Die Situation erinnert an die Zeit der Industrialisierung, als das Bild des Fabrikarbeiters am Fließband entstand und in den 1880er Jahren mit den bismarckschen Sozialreformen eine politische Antwort erhielt.

Dabei sollten wir aber nicht versuchen, die Atomisierung aufzuhalten, sondern darüber nachdenken, welche langfristigen Veränderungen der Rahmenordnung angezeigt sind. Tätigkeiten in das Korsett klassischer Anstellungsverhältnisse zu pressen oder Gig Worker wie Tagelöhner abzuwerten, greift zu kurz. Viel eher liegt die Lösung in flexiblen Beschäftigungsformen, in transportablen Sozialversicherungen, die unabhängig vom Arbeitsverhältnis Risiken absichern, und in Wahlmöglichkeiten für das Sicherungsniveau, die den neuen Spielraum in der Beschäftigungswahl widerspiegeln.

Um Rahmenbedingungen für eine Innovationsnation zu schaffen, sollten wir uns gedanklich ins Jahr 2050 versetzen und fragen, wie die Welt dann aussehen könnte. Wer sich damit schwertut, sollte sich auf Wanderschaft durch die Welt begeben und die innovativsten Ansätze kennenlernen, sei es in den USA, in China oder in europäischen Vorreiterstaaten wie Estland. Mit dieser Perspektive gilt es, unseren Standort fit zu machen für eine Zukunft ständiger, langfristiger Veränderung. Eine Innovationsnation beweist sich daran, ob sie den Mut hat, ihren Rahmen immer wieder neu zu denken, so wie die Wirtschaft sich ständig neu erfindet.

## 7.5 Wettbewerb gewinnt

Das Internet als globale Spielwiese des Kommerzes hat zur Entstehung neuer Intermediäre wie Suchmaschinen, E-Commerce-Plattformen und Vergleichsportalen geführt. Sie übernehmen heute eine zentrale Rolle. Sie helfen, Informationen gezielt zu finden, Angebote zu vergleichen und Transaktionen durchzuführen. Während wir uns früher durch Schaufenster inspirieren ließen, die Preise in Postwurfsendungen von Aldi und Lidl verglichen oder uns über die letzte Kinowerbung amüsierten, gehen wir heute ins Internet, um Produkte zu recherchieren und Preise zu vergleichen. Doch die Informationen, auf die wir stoßen, werden oft von einigen wenigen Plattformplatzhirschen bestimmt. Ihre Algorithmen entscheiden, was wir zuerst sehen, und können so unsere Wahl beeinflussen.

Diese Dominanz einiger junger Technologiegiganten, oft als Big Tech oder GAFA (Google, Apple, Facebook, Amazon) bezeichnet, bereitet vielen Sorgen. Werden wir manipuliert? Werden wir betrogen? Werden wir abhängig von wenigen Anbietern, die ihre Monopolstellung ausnutzen? Die EU-Kommission verhängte 2017 gegen Google eine Geldstrafe von 2,4 Milliarden Euro, weil der Konzern seinem Preisvergleichsdienst Google Shopping in den Suchergebnissen Vorteile verschafft hatte.

Die Kritik an Big Tech hat Rufe nach strengerer Regulierung laut werden lassen. Dabei geht es nicht nur um wirtschaftliche Marktmacht, sondern auch um gesellschaftliche Verantwortung. Eine langfristige Vision darf sich jedoch nicht von kurzfristigen Empörungswellen treiben lassen. Es lohnt sich, tiefer zu gehen, Vergleiche zu ziehen und Alternativen zu betrachten.

Auch vor der Digitalisierung entstanden Intermediäre, die Angebote bündelten. Große Einzelhandelsketten wie Aldi oder Lidl verdrängten mit Skalenvorteilen in Beschaffung, Logistik und Absatz den Tante-Emma-Laden. Die Digitalisierung bringt diese Entwicklung auf eine neue Ebene, das Prinzip bleibt jedoch ähnlich. Allerdings können auf digitalen Marktplätzen wie Amazon auch kleinste Händler auftreten und profitieren dabei von globaler Logistik und technischer Infrastruktur. Während Google dazu angehalten wird, alle Anbieter gleich zu behandeln, käme niemand auf die Idee, Aldi vorzuschreiben, in seinen Wühltischen nicht nur Eigenmarken, sondern auch Konkurrenzprodukte gleichrangig zu platzieren.

Man kann jedoch argumentieren, dass Amazon im Gegensatz zu Aldi eine marktbeherrschende Infrastruktur darstellt und sich daher neutraler verhalten muss. Das Prinzip der Plattformneutralität wurde 2017 von der Bundesregierung formuliert.[142] Der 2022 verabschiedete Digital Markets Act der EU klassifiziert Plattformen je nach Größe und anderen Kriterien als »Gatekeeper«. Unter diese Einstufung fallen unter anderem Alphabet, Amazon, Apple, ByteDance, Meta und Microsoft – delikaterweise alles ausländische Unternehmen. Sie unterliegen Einschränkungen bei der Kopplung von Diensten, bei der Bevorzugung eigener Angebote und müssen Interoperabilität über standardisierte Schnittstellen gewährleisten. Doch im Vollzug stellen sich große Fragen: Was genau begründet einen Gatekeeper? Wo liegt die Grenze, ab der Interoperabilität gewährleistet sein muss? Und wie lässt sich kontrollieren, ob Algorithmen gezielt eigene Produkte bevorzugen?

Der Kronberger Kreis, der wissenschaftliche Beirat der Stiftung Marktwirtschaft, weist darauf hin, dass solch tiefgreifende Eingriffe nicht alternativlos sind.[143] Wäre es nicht wirksamer, über schärferes Wettbewerbsrecht sicherzustellen, dass Kunden Wahlmöglichkeiten haben und Big Tech keine Monopolrenditen erzielt? Dazu könnte man die Hürden zur Feststellung von Missbrauch marktbeherrschender Stellungen senken oder die Schwellenwerte der Fusionskontrolle anpassen. Auch das Lauterkeitsrecht böte Instrumente, wenn mangelnde Transparenz Verbraucher in die Irre führt. Transparenzpflichten, wie die Kennzeichnung von Werbung, können eine ausreichende Lösung sein. Ein weiterer Ansatz wäre es sicherzustellen, dass Märkte entlang der gesamten Wertschöpfungskette entstehen können, etwa durch eine weitere Stärkung des Zugangsrechts auf Daten.[144]

Wettbewerb ist auch die beste Antwort auf die Angst vor Preisdiskriminierung im E-Commerce. Schon 2012 enthüllte das *Wall Street Journal*, dass die Plattform *Orbitz* Nutzern von teuren Mac-Geräten höhere Preise für Hotelangebote anzeigte als Windows-Nutzern.[145] Doch neu war das auch damals nicht. Preisdifferenzierung kennen wir längst, ob beim Sommerschlussverkauf, bei Brötchen vom Vortag oder beim Aperol Spritz während der Happy Hour. Empörung entsteht dagegen, wenn Uber die Preise bei Regen verdoppelt. Ökonomisch ergibt das Sinn, da höhere Preise mehr Fahrer anlocken und so das Angebot ausweiten. Für viele Verbraucher wirkt es jedoch wie Ausbeutung, so etwa 2014 in Sydney, als während einer Geiselnahme die Uber-Preise um das Vierfache stiegen.[146] Nach Protesten erstattete Uber den Aufschlag. Eine wissenschaftliche Studie zeigt jedoch, dass dynamische Preissetzung bei Uber den Konsumenten jährlich sieben Milliarden Dollar an Zusatznutzen bringt, etwa durch kürzere Wartezeiten.[147]

Die dynamische Preissetzung findet dank Digitalisierung mehr Verbreitung, vom Skipass bis zum Konzertticket. Das stößt oft auf Ablehnung. Bei Taylor Swifts »Eras«-Tour 2024 hatte die Sängerin die dynamische Preissetzung verboten und wird mit den Worten zitiert: »Es versteht sich von selbst, dass ich meine Fans extrem beschütze.«[148] Doch ihr hätte klar sein müssen, dass bei hoher Nachfrage und geringem Angebot ein Hauen und Stechen um die Tickets entsteht. Da half es wenig, dass Swift sich später darüber ärgerte, dass »viele das Gefühl haben, dass sie mehrere Bärenattacken durchmachen mussten, um sie zu bekommen«. Mit Losverfahren und personalisierten Eintrittskarten gibt es heute dank digitaler Technik Marktdesigns, die Bärenattacken verhindern. Sie können außerdem vermeiden, dass die entgangene Marge statt bei den Fans bei gewieften Zwischenhändlern – den sogenannten Scalpern – landet, die ihre günstig erworbenen Karten auf Plattformen wie Viagogo vergolden.

Solange Transparenz und Wahlmöglichkeiten – auch zwischen verschiedenen Marktdesigns – gewährleistet sind, sollten wir mehr dem Markt vertrauen. Transparenz bewirkt, dass Käufer den Zeitpunkt ihres Kaufes anpassen oder Anbieter ihr Angebot erhöhen. Wahlmöglichkeiten wie in der Uber-App erlauben uns zu entscheiden, ob wir längere Wartezeiten in Kauf nehmen möchten. Knappe Konzerttickets könnten in Kontingenten nach unterschiedlichen Allokationsmechanismen vergeben werden. Während das eine Skigebiet mit dynamischer Preissetzung selbst in der Hochsaison kurze Liftschlangen garantiert, kann ein anderes mit niedrigen Festpreisen diejenigen ansprechen, denen das Warten am Lift am sonnigen Ferientag nichts ausmacht. Solange echter Wettbewerb besteht, gibt es wenig Anlass zur Sorge.

Ähnliches gilt für die individuelle Preissetzung. Viele Menschen fürchten, von großen Internethändlern abgezockt zu werden, und fordern ein Verbot individueller Preise. Doch im Kern kennen wir individuelle Preise seit Langem, angefangen bei Rabattmarken bis zur Payback-Karte. Statt vorschnell zu Verboten zu greifen, um im Namen der Gerechtigkeit Preisdifferenzierungen ganz zu untersagen, sollte auch hier die marktwirtschaftliche Logik gelten. Wo es zu Preisdiskriminierung kommt, eröffnet sich Arbitrage: Wer ein standardisiertes Gut günstiger erhält, kann es im Markt weiterverkaufen und die Differenz einstreichen. So hat sich für den Reimport von Autos, die in anderen EU-Ländern günstiger angeboten werden, eine eigene Branche spezialisierter Autohändler entwickelt.[149]

Im Internethandel ist die Sorge vor versteckter Preisdifferenzierung besonders groß, doch zugleich haben Verbraucher dort die besten Möglichkeiten, sich zu wehren. Wo Wettbewerb herrscht, reicht ein Klick zum nächsten Anbieter mit dem besseren Preis. Vergleichsportale machen es sogar einfacher, Preise zu durchschauen, selbst bei individualisierten Produkten wie Versicherungsverträgen. Anstatt reflexartig nach einem Verbot von Preisdifferenzierungen zu rufen, sollten wir fragen, ob Transparenz und Wettbewerb funktionieren und wie wir sie stärken können. Dazu gehört auch, dass Konsumenten ohne Hindernisse den Anbieter wechseln können, sei es beim Handyvertrag oder beim Social-Media-Profil.

Wie jede große Neuerung bringt auch die Digitalisierung Phänomene hervor, die oft gar nicht so neu sind, sondern nur in anderem Gewand erscheinen. Alte Ängste wirken plötzlich modern, doch das sollte uns nicht zu überstürztem Aktionismus verleiten. Was eine Vision des Innovationsstandorts stattdessen braucht, ist Vertrauen in Wettbewerb und Marktprozesse. Aufgabe des Staates ist es, dieses Vertrauen zu pflegen, indem er die Funktionsfähigkeit der Märkte aufmerksam prüft und fördert, statt den einfachen Antworten zu folgen und sich von Big Tech ins Bockshorn jagen zu lassen.

## 7.6 Innovation überall

Zu oft prägt heute die Angst vor Innovation unseren Umgang mit ihr. Sie ruft alte Ressentiments und den Ruf nach Fairness hervor. Schon in analogen Märkten waren dies zu kurz gedachte Reaktionen. Angst vor Innovation begegnet man nicht mit Verboten, sondern mit Vertrautheit. Je selbstverständlicher Innovation Teil unseres Alltags wird, desto weniger Furcht werden wir ihr entgegenbringen.

Eine positive Zukunftserzählung mit Innovation ist dabei so leicht zu entwickeln. Telemedizin erspart den Weg zum Arzt. Virtuelle Realität überbrückt geografische Distanz. Grüne Technologie bremst den Klimawandel. Künstliche Intelligenz löst schwierige wissenschaftliche Probleme. Prädikative Prävention ersetzt Teile der reaktiven Medizin. 3D-Druck fertigt individuelle Kleinbauteile ebenso wie Brücken. Drohnen leiten eine Agrarrevolution ein. Roboter helfen im Altenheim. Tokenisierung macht Lieferketten durchsichtig. Behörden arbeiten digital.

Natürlich darf die Erzählung nicht bei technischen Innovationen stehen bleiben. Soziale, politische, ökologische und normative Innovationen gehören ebenso dazu. Am wichtigsten ist jedoch ein kultureller Wandel hin zu Offenheit für Neues, zu Mut zur Veränderung und zu Lust auf Zukunft. Karl Popper erinnerte daran, dass die Zukunft nicht festgeschrieben ist, sondern von uns selbst abhängt.[150] Diese Offenheit für Möglichkeiten erlaubt es uns, Fortschritt und Wohlstand der Zukunft in die eigenen Hände zu nehmen. Eine solche Grundeinstellung würde in der Vision der Innovationsnation zum Leitstern des Handelns. Statt Digitalisierung vor allem mit Gefahrenabwehr zu begegnen, sollten ihre Chancen und Möglichkeiten im Vordergrund stehen. Ein Narrativ der Chancen kann das Narrativ der Ängste überstrahlen.

Innovation kennt keinen Stillstand. Wir gestalten, ob sie in Deutschland groß wird und welche Zukunft sie uns eröffnet. Machen wir Deutschland zu einem Land, in dem sie erblüht!

# 8

# Vision für ein resilientes Deutschland

*»Ich beuge mich, aber ich breche nicht.«*

Jean de La Fontaine, französischer Schriftsteller[151]

Setzen sich die gegenwärtigen Wachstumstrends fort, würde sich die weltweite Wertschöpfung bis 2050 mehr als verdoppeln.[152] Waren die Volkswirtschaften der sieben großen Schwellenländer China, Indien, Indonesien, Brasilien, Russland, Mexiko und Türkei im Jahr 1995 noch halb so groß wie die G7-Länder, werden sie im Jahr 2050 vermutlich doppelt so groß wie die G7-Nationen sein. China könnte mit einem Anteil von einem Fünftel der globalen Wertschöpfung die größte Volkswirtschaft der Erde sein, gefolgt von Indien (Abbildung

20). Aber nicht lange. Gegen Ende des Jahrhunderts – unsere Kinder oder Enkel werden es erleben – wird Indien vermutlich China auf Platz eins ablösen.

Geht man von diesen Annahmen aus, verlieren alle G7-Staaten zwischen 2000 und 2050 Plätze im Ranking der größten Volkswirtschaften. Während im Jahr 2000 noch alle G7-Staaten mit Ausnahme von Kanada unter den Top Acht zu finden waren, wären es im Jahr 2050 nur noch drei. Deutschland würde von Platz vier auf Platz acht rutschen und von Ländern wie Indonesien, der Türkei und Brasilien überholt werden. Der Anteil der EU an der Weltwirtschaft würde von 15 auf neun Prozent sinken, der der USA von 16 auf zwölf Prozent.

Diese Darstellung ist nur eines von mehreren möglichen Szenarien. Sie beruht auf der Fortschreibung bekannter volkswirtschaftlicher und demografischer Trends. Abgesehen von Kriegen, apokalyptischen Naturereignissen oder einer Neuerfindung der volkswirtschaftlichen Produktionsfunktion, ist dieses Szenario sehr plausibel. Doch was kann das für uns bedeuten?

Abb. 20: Rangliste Volkswirtschaften nach Bruttoinlandsprodukt

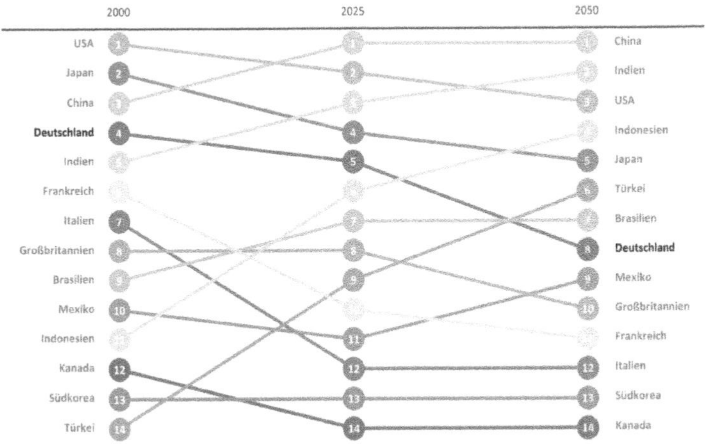


*Quellen: OECD Economic Outlook Nr. 114 (2023), eigene Darstellung.*

Statt billiger Produktionsstätten und verlängerter Werkbänke könnten die heutigen Schwellen- und Entwicklungsländer zu attraktiven Absatzmärkten und technologischen Konkurrenten auf Augenhöhe werden. Die Wirtschaft könnte sich nicht mehr um klassische Industriegüter wie Maschinen oder Fahrzeuge drehen. Natürlich wird es auch im Jahr 2050 noch Autos geben, viele davon autonom fahrend, doch werden sie vielleicht einfache Massenware darstellen. Wohlstand wird dann vermutlich nicht mehr auf dem Montageband geschaffen, sondern durch Software, Dienstleistungen und Innovationen, die wir uns heute noch nicht einmal vorstellen können.

Die multilaterale Wirtschaftsordnung westlicher Prägung, wie wir sie seit den Zeiten der Globalisierung kennen, wird sich vermutlich bis zum Jahr 2050 völlig verändern. Die Weltwirtschaft wird längst nicht mehr unter amerikanischer Hegemonie stehen, sondern sich in einer multipolaren Ordnung bewegen. Der Anteil an der Wertschöpfung aus Ländern, die gemäß dem wirtschaftlichen Freiheitsindex der Heritage Foundation als »frei« oder »weitgehend frei« klassifiziert werden, wird zwischen heute und 2050 voraussichtlich von über der Hälfte auf ein Drittel des globalen Bruttosozialprodukts sinken.[153] Gleichzeitig würde der Anteil an der Wertschöpfung aus Ländern, die als »weitgehend unfrei« gelten und durch hohen Staatsbesitz und staatliche Kontrolle geprägt sind, auf fast die Hälfte der globalen Wertschöpfung steigen. Und während früher selbst politisch verfeindete Länder gelassen miteinander Handel trieben, sind schon heute Handel, Investitionen und der Zugang zu Ressourcen Teil eines geopolitischen Tauziehens.

Vor diesem Hintergrund stellt sich die Frage, welche Rolle Deutschland in dieser sich wandelnden Welt einnehmen soll. Wie sollte unser Land durch diese Weltordnung navigieren, wenn es die Vision verfolgt, Innovationsführer zu sein, statt zu einer verlängerten Werkbank für veraltete Industrieprodukte zu verkommen? Wie könnte eine Vision aussehen, in der Deutschland wieder eine gestaltende Rolle in der Europäischen Union übernimmt? Wie behaupten wir uns in einer Welt, in der unsere großen Handelspartner wie die USA oder China ihrerseits den globalen Wettbewerb mit Subventionen, Zöllen und Staatskapitalismus verzerren? Und wie können wir die Vorteile des Handels nutzen, wenn die multilaterale Ordnung längst zerfallen ist?

Dieses Kapitel kann und möchte auf diese Fragen keine allgemeingültige Antwort geben. Es will jedoch eine Vision unter vielen möglichen entwerfen. Eine Vision, die mit der Brille der Langfristigkeit einen Blick auf die Zukunft Deutschlands in der Welt erlaubt. Kommen Sie mit auf diese Reise!

## 8.1 Europa der Institutionen

Die Europäische Union entstand aus einer Vision. Mit der Montanunion von 1951 begann ein Projekt, das über nationale Grenzen hinausdachte und den Grundstein für Integration und Wohlstand legte. Später schenkte die Osterweiterung der EU den Ländern der ehemaligen Sowjetunion einen neuen institutionellen Rahmen und wirtschaftliche Orientierung. Sie war ein Gewinn für Stabilität und Frieden auf dem Kontinent. Darüber hinaus förderte sie unseren Wohlstand. Ohne die Europäische Union läge unser Einkommen heute um fünf bis zehn Prozent niedriger.[154] Gewiss, wir hadern mit kleinteiligen Vorgaben der EU, spotten über den Brüsseler Wasserkopf und fremdeln manchmal mit der kulturellen Vielfalt. Doch bei aller Kritik sollten wir nie vergessen, wie sehr wir von der EU profitiert haben.

Allerdings wurde der Kern der Europäischen Union, der Binnenmarkt, in den vergangenen Jahrzehnten kaum noch weiterentwickelt. In vielerlei Hinsicht gleicht Europa deshalb noch immer eher einem Flickenteppich als einem großen gemeinsamen Markt der Möglichkeiten. Studien zeigen, dass der Handel an innereuropäischen Grenzen weiterhin stockt, als gäbe es dort unsichtbare Zölle von dreißig bis sechzig Prozent.[155] Skepsis und Ablehnung der EU gewinnen in vielen Mitgliedsstaaten an Boden. Ob Entwaldungsrichtlinie oder Verbrennerverbot, die Kommission sorgt regelmäßig mit schwer verständlicher Regulierungsflut für Schlagzeilen. Das ist wenig überraschend, wenn man ihr Instrumentarium betrachtet: keine eigene Fiskalpolitik, dafür aber ein Vorschlagsmonopol bei der Gesetzgebung. Gerade weil so viele Regeln aus Brüssel stammen, brauchen wir umso mehr eine klare Vision für eine europäische Zukunft.

Eine Weiterentwicklung der EU würde nicht nur unseren innereuropäischen Handel fördern, sie könnte auch unsere Resilienz gegen Schocks von außen stärken und Europas Gewicht am Verhandlungstisch erhöhen. Wie aber die EU weiterentwickeln, wenn immer mehr Mitglieder mit unterschiedlichen Interessen an den hohen Hürden scheitern, die ein weitgehend auf Konsens ausgelegter Entscheidungsmechanismus auferlegt? Wenn ein konkretes nationales Interesse schwerer wiegt als der Vorteil aus dem marginalen Fortschritt bei der europäischen Weiterentwicklung? Wenn europäische Einigung bedeuten kann, für die Fehler anderer mitzuhaften?

In der ersten Hälfte der 2010er Jahre führte die Krise im Euroraum zu gewissen Fortschritten. Die Banken- und Kapitalmarktunion wurde beschlossen, und europäische Institutionen wie die gemeinsame Bankenaufsichtsbehörde, der Single Supervisory Mechanism, oder der Krisenmechanismus European Stability Mechanism entstanden. Das ökonomische Argument für mehr Integration bestand damals wie heute darin, dass gemeinsame Puffer im Euroraum die Widerstandskraft gegenüber wirtschaftlichen Schieflagen erhöhen. Ökonomen nannten das im Fachjargon eine größere Absorptionsfähigkeit bei asymmetrischen Schocks. In Deutschland jedoch verfing dieses Argument nicht. Es überwog die Angst, die Mechanismen könnten zu Einbahnstraßentransfers von starken Ländern, sprich Deutschland, an schwächere Länder in Südeuropa führen. In dieser Stimmungslage wurde die AfD geboren.

Nur zehn Jahre später liefert der Angriffskrieg Russlands gegen einen europäischen Nachbarstaat einen neuen Anlass, die Integration

Europas zu vertiefen. Gerade Deutschland, das durch seine Abhängigkeit von russischem Gas schmerzhaft lernen musste, dass asymmetrische Schocks nicht allein Südeuropa treffen, sollte daraus Lehren ziehen. Zugleich machen der fortschreitende Zerfall der Weltordnung und die erneute Blockbildung deutlich, dass Europa nur dann einen Platz am Tisch der Weltpolitik behalten wird, wenn es zusammenhält.

Die Frage bleibt, wie wir die unterschiedlichen Interessen der europäischen Partner vereinen und die Blockade auflösen können. Eine Vision dafür eröffnet die neue Institutionenökonomik.

Vor rund hundert Jahren haben die USA gezeigt, wie das geht. Damals entstanden Institutionen für Immobilienkredite, die wesentlich dazu beitrugen, langfristige und festverzinsliche Kredite in allen Bundesstaaten zu verbreiten. 1934 wurde die Federal Housing Administration (FHA) gegründet, die durch die Bereitstellung von Kreditversicherungen eine Standardisierung von Hypotheken förderte. Vier Jahre später folgte die Federal National Mortgage Association (Fannie Mae), die FHA-versicherte Kredite aufkaufte und so einen liquiden Markt für verbriefte Immobilienkredite entstehen ließ. Damit entstand ein neuer Standard auf dem Kapitalmarkt, auf dessen Basis private Akteure wie Investmentfonds konkurrieren konnten. Durch den Aufkauf standardisierter Produkte und deren Verbriefung erhöhte sich zudem die Risikoteilung. Eine Lokalbank in Kalifornien war dadurch nicht länger nur in kalifornische Hypotheken investiert, sondern über Hypothekenpfandbriefe in ein diversifiziertes Portfolio von Krediten aus allen US-Bundesstaaten.[156]

Wohin führte das? Bis heute unterscheiden sich die Rahmenbedingungen für die Finanzierung von Immobilien zwischen den Bundesstaaten, etwa bei den Möglichkeiten der Zwangsvollstreckung. Doch nie wurde versucht, durch eine Einigung unter den 50 Bundesstaaten die Regeln zur Zwangsvollstreckung zu vereinheitlichen. Auch wurden vom Gesetzgeber nie gesamtstaatliche Standards für Hypotheken vorgegeben. Die Logik der Institutionenökonomik ist eine andere. Mit den bundesweiten Institutionen FHA und Fannie

Mae wurde ein alternativer Rahmen geschaffen, der sich durch seine Attraktivität durchsetzte. Kreditnehmer können selbst entscheiden, ob sie einen sogenannten konformen Kreditvertrag abschließen wollen. Sie haben die Wahl, die Vorteile von Standardisierung und Integration zu nutzen oder dies nicht zu tun.

Dieses Prinzip lässt sich auf andere Politikfelder und auf die Europäische Union übertragen. Ein bereits umgesetztes Beispiel ist der rechtliche Rahmen für Unternehmen. In Deutschland gibt das Aktiengesetz die Bedingungen für Aktiengesellschaften vor. Seit 2001 jedoch können sich Unternehmen auch unter den Regeln der europäischen SE-Verordnung als »Societas Europaea« gründen. Diesen Weg haben nicht nur Rocket Internet, Zalando und Windeln.de gewählt, sondern auch Allianz, Fresenius und SAP. Die SE bietet im Vergleich zur AG mehrere Vorteile, etwa die einfachere Verlegung des Unternehmenssitzes und die leichtere Abwicklung grenzüberschreitender Unternehmenskäufe. Zudem schafft sie Spielraum bei der Gestaltung von Entscheidungsstrukturen. Sie bedingt zum Beispiel nicht die paritätische Mitbestimmung, die für große deutsche Unternehmen gelten.

Solche Rahmenordnungen oder Institutionen erfordern keine Einstimmigkeit. Staaten, die sie attraktiv finden, können sie parallel zu ihren bestehenden Institutionen übernehmen. Die neuen Regeln ersetzen nationale Vorgaben nicht, sondern gelten daneben und sind durch entsprechende Ausnahmeregeln ergänzt. Akteure können so aus eigenem Antrieb unter den Schirm dieser europaweiten Institutionen schlüpfen. Wenn sich diese europäischen Institutionen gegenüber den nationalen behaupten, nimmt die Fragmentierung innerhalb der EU ab.

In manchen Anwendungsgebieten ist dieser Ansatz bereits heute verbreitet. So hat sich im Investmentfondssektor der EU-Standard »UCITS« (Undertakings for Collective Investment in Transferable Securities) weitgehend von selbst durchgesetzt. EU-Länder ohne den Euro können freiwillig dem Single Supervisory Mechanism des Euroraums beitreten. Mitarbeiter, die in andere EU-Staaten entsandt werden, bleiben vom Sozialversicherungsrecht des Gastlandes ausgenommen. Das verwandte Konzept eines »28. Regimes«, das auch in den Empfehlungen von Enrico Letta und Mario Draghi auftaucht – beide einst Ministerpräsidenten Italiens und heute prominente Stimmen für eine Vertiefung der EU –, soll künftig auf weitere Felder wie Insolvenzrecht, Arbeitsrecht und steuerliche Regelungen ausgeweitet werden.[157]

Ein nächster Schritt könnte eine europäische Pfandbriefbank sein. Gerade mit den Erfahrungen der Immobilienkrisen um 2012 im Hinterkopf könnte sie zur Risikoteilung beitragen. Zwar hat die Europäische Kommission im Rahmen der Kapitalmarktunion ein Regulierungssystem für gedeckte Anleihen entwickelt, doch unterscheiden sich nationale Gesetze weiterhin, etwa das deutsche Pfandbriefgesetz. Daher sind die meisten Pfandbriefe bis heute durch Hypotheken aus der jeweiligen nationalen Rechtsordnung gedeckt: deutsche Pfandbriefe durch deutsche Hypotheken, französische OCFs durch französische Hypotheken. Eine europäische Pfandbriefbank nach dem US-Modell könnte diese Marktsegmentierung überwinden. Sie würde von einer Gruppe interessierter Staaten gegründet und europaweite Pfandbriefe emittieren, abgesichert durch ein diversifiziertes Kreditportfolio auf Basis einheitlicher Standards.

Noch weiter gedacht, eröffnet sich für 2050 die Vision eines europäischen Arbeitsvertrags mit einer europäischen Arbeitslosenversicherung. Bisher verhindern stark unterschiedliche Arbeitsmarktregeln, etwa beim Kündigungsschutz oder den Lohnersatzleistungen, eine europäische Lösung zur Risikodiversifizierung. Eine »Union für gute Arbeit« könnte hier Abhilfe schaffen. Sie würde einen europäischen Arbeitsvertrag und eine europäische Arbeitslosenversicherung auf Basis einer zwischenstaatlichen Vereinbarung einführen. Nationale Gesetzgebungen könnten bestimmte Vorschriften ausnehmen, ähnlich wie heute bei der Entsendung von Mitarbeitern. Die Einführung könnte über eine Allianz von Staaten erfolgen, die diesen Weg mitgehen wollen, mit Mehrheitsentscheidungen und offener Mitgliedschaft. Das Ergebnis wäre ein moderner Rahmen, der im Wettbewerb zu nationalen Regelungen steht und damit den Grundstein für einen echten europäischen Arbeitsmarkt legen könnte.

Ein Europa der Institutionen ließe sich nahezu unbegrenzt weiterdenken. Vorstellbar wären eine Agentur zur Beschaffung kritischer Rohstoffe, eine europäische Netzagentur für den Ausbau und Betrieb paneuropäischer Strom-, Mobilfunk- und Datennetze oder auch eine Institution zur Bündelung von Rüstungskäufen. Der Ansatz des Opt-ins zu europäischen Rahmenordnungen eröffnet zahlreiche Möglichkeiten, um der Vision integrierter europäischer Märkte näher zu kommen.

## 8.2 Befähigungs- und Resilienzvision statt Nasenring

Der Übergang von der multilateralen Handelsordnung, die durch Globalisierung und den Abbau von Handelshürden geprägt war, zu einer neuen Ordnung, in der auch rivalisierende wirtschaftliche Aufsteiger das Wort ergreifen, bedeutet nicht, dass wir mit gesenktem Kopf abwarten sollten, was über uns hinweg entschieden wird. Im Gegenteil sollten wir unsere Rolle und unsere Vision klar bestimmen, um nicht nur unvorbereitet und reflexhaft auf die Ereignisse um uns herum zu reagieren.

Ein Negativbeispiel war die europäische Reaktion auf den amerikanischen Inflation Reduction Act (IRA) von Präsident Biden, der mit 391 Milliarden US-Dollar die Entwicklung und Produktion grüner Technologien in den USA fördern sollte. Der IRA entzündete eine lebhafte Debatte in Europa, die schließlich in den EU-Green-Deal-Industrieplan von Kommissionspräsidentin Ursula von der Leyen mündete. Unter anderem sieht dieser vor, dass Unternehmen, die Staatshilfen in einem Drittstaat erhalten, vergleichbare Zuschüsse in der EU erhalten können.

Die Trump-Administration möchte zwar den IRA zurückdrehen, treibt aber ansonsten den Staatskapitalismus weiter an. Daher bleibt die Frage aktuell, ob es wirklich unsere Vision ist, reaktiv und reflexhaft in das Hamsterrad des Subventionswettlaufs einzusteigen.[158] Die EU-Kommission verband mit dem Green Deal die Hoffnung auf technologische Vorsprünge, beschleunigten Klimaschutz und den Erhalt von Industriearbeitsplätzen. Die Befürworter dieser Vision sind von der Idee beseelt, mit Subventionen den globalen Transformationswettlauf zu beschleunigen und Europa als Vorreiter zu etablieren. Auf diese Weise, so die Hoffnung, würden sich die hohen europäischen Standards weltweit durchsetzen. Doch ob der unternehmerische Staat in diesem Szenario tatsächlich Airbus-A320-Erfolge verbuchen oder eher Concorde-Pleiten einfahren würde, bleibt eine offene Frage.

Was wäre, wenn wir uns nicht auf den Subventionswettlauf einließen? Die Alternative wäre eine Resilienzvision. In diesem Szenario sagen wir schlicht »Danke« und profitieren von den ausländischen Subventionen auf unsere Importe. Diesen Vorteil nehmen wir seit Jahrzehnten gerne mit, angefangen beim Billigspielzeug aus China. Darüber hinaus profitieren wir in vielen anderen Bereichen von ausländischen Förderungen, die uns häufig selbst Transformations- und Innovationsvorsprünge verschaffen. Ein Beispiel sind die seltenen Erden aus China, die für viele grüne Technologien unverzichtbar sind und durch staatliche Subventionen stark verbilligt nach Europa gelangen.

Die Resilienzvision setzt darauf, in einer unsicheren Welt durch eigene Resilienz zu bestehen und den Unternehmen mehr Verantwortung zu überlassen. Sie würde zu komplementären Stärken führen. Deutschland und Europa würden, ähnlich wie heute, nicht die Massenproduktion von Solarzellen oder Windturbinen dominieren, wohl aber Märkte gestalten, die diese Produkte ergänzen, sei es durch Software, spezialisiertes Zubehör oder Dienstleistungen. Unsere kleinen und mittleren Unternehmen würden solche Nischen besetzen und dort zu Marktführern werden. Mit Erfindungsreichtum und Agilität würde der Mittelstand aus diesem Szenario gestärkt hervorgehen. Zugleich ließe sich ein Trend zum Korporatismus vermeiden, bei dem Großkonzerne in Berlin und Brüssel um Subventionen buhlen.

Die Resilienzvision könnte durch eine Befähigungsvision ergänzt werden. Die gegenüber dem Subventionsszenario eingesparten Milliarden würden in die Stärkung unseres Standortes investiert, also in Infrastruktur, Bildung und Forschung. Damit würden wir in das Produktionspotenzial von morgen investieren. Die zugrunde liegende Vision lautet, Stärke aus dem eigenen Standort zu schöpfen.

Würden wir langfristig denken, dann würden wir nicht so viel Zeit mit Debatten über die Vor- und Nachteile einer Subventionsvision vergeuden. Langfristig Denkende würden eine Politik entwerfen, die Szenarien und ihre langfristigen Wirkungen im Blick hat, und aus einer eigenen Zukunftsvision heraus kluge Entscheidungen treffen. Dabei sollten wir uns erinnern, dass sehr offene Volkswirtschaften mit einem hohen Anteil von Ex- und Importen – wie Deutschland – flexibel bleiben müssen. Viele Ereignisse auf den Weltmärkten entziehen sich unserem Einfluss. Erst wenn wir die nötige Resilienz aufgebaut haben und nicht bei jedem Negativereignis ins Straucheln geraten, können wir eine ernsthafte Außenhandelspolitik betreiben.

Vorher – und das wissen alle Handelspartner – können sie uns am Nasenring durch die Manege führen. Erst eine Vision für Resilienz gibt uns die Grundlage, selbstbewusst in der Handelspolitik aufzutreten und international ernst genommen zu werden.

## 8.3 Vision für eine Industriepolitik

Seit jeher beeinflussen politische Rahmenbedingungen die Wirtschaft. Innerhalb des breiten Kanons der Wirtschaftspolitik versteht man unter Industriepolitik gezielte staatliche Eingriffe, die bestimmte wirtschaftliche, soziale oder politisch gewünschte Ergebnisse fördern sollen, etwa Innovation, Produktivität, Klimaschutz, Wachstum, Arbeitsplätze, Exportstärke oder strategische Unabhängigkeit. All das klingt verlockend. Würden wir frei wählen dürfen, würden wir wohl alles davon anstreben. Genau das ist jedoch das Problem, wenn Industriepolitik ohne Vision verfolgt wird.

Dass Industriepolitik in den vergangenen Jahren wieder an Bedeutung gewonnen hat, hat im Wesentlichen zwei Gründe. Zum einen verleitet die große Transformation viele dazu, auf staatliche Steuerung als Lösung zu setzen. Zum anderen entsteht im Angesicht des Aufstiegs Chinas das Gefühl, wir sollten diesem Beispiel folgen.

China verfolgt mit einer auf wirtschaftliche Dominanz ausgerichteten Industriepolitik eine sehr klare Vision. Damit verbunden sind bewusste Abwägungen, die oft übersehen werden. Ob wir eine solche Vision wirklich nachahmen wollen, darf bezweifelt werden. Ohne demokratische Legitimation lassen sich solche Entscheidungen mühelos fällen, solange die Menschen nicht auf die Straße gehen.

Eine wesentliche Abwägung besteht darin, dass Industriepolitik teuer ist. Auch China muss seine Subventionspolitik finanzieren. Schätzungen zufolge gibt das Land jedes Jahr rund vier Prozent des Bruttoinlandsprodukts für industriepolitische Förderung aus, also mindestens doppelt so viel wie Deutschland.[159] Allerdings bleibt der direkte Vergleich schwierig, denn viele Facetten der chinesischen Industriepolitik lassen sich nicht eindeutig quantifizieren. Oft übersehen wird etwa eine Form der Subvention, die Ökonomen »finanzielle Repression« nennen. Um Investitionen billig zu halten, beschränkt der Staat die Kapitalverkehrsfreiheit und zwingt die Sparer, ihr Geld im Land anzulegen. Würde Deutschland seine Bürger verpflichten, ihre Ersparnisse ausschließlich in Deutschland zu investieren, also gewissermaßen die Handelsüberschüsse im Inland zu binden, würde vermutlich auch unsere Investitionsquote steigen. Auch das ist Industriepolitik. Aber vermutlich eine, die wir nicht wollen.

Zudem ist zweifelhaft, ob wir hierzulande in der Lage sind, die Fallstricke einer staatlich gelenkten Wirtschaft zu umgehen. Zwar gibt es internationale Erfolgsbeispiele, etwa die exportorientierte Industrialisierung in Japan, Südkorea, Taiwan und anderen ostasiatischen Tigern der 1950er und 1960er Jahre. Doch in vielen anderen Regionen scheiterte dieser Ansatz, weil Subventionen in wenig innovative Unternehmen flossen, der Wettbewerb erstickte und Korruption gedieh. Auch unsere eigene jüngere Erfahrung mahnt zur Vorsicht. Die Solarindustrie zeigt, dass eine subventionsgefütterte Industrieansiedlung keinen langfristigen Bestand hat, selbst wenn sie einen technologischen Fortschritt herbeiführt.

China hat aus den Erfahrungen anderer gelernt. Dort werden Subventionen breit gestreut, sodass intensiver Wettbewerb entsteht. Dieser Wettbewerb bedeutet, dass viele geförderte Unternehmen nicht überleben. Vertreter der chinesischen Autobranche werden nicht müde, diesen brutalen Wettbewerb zu beschreiben, bei dem von ursprünglich 500 Unternehmen nur eine Handvoll übrig blieb. Diese Unternehmen sind heute im In- und Ausland hoch wettbewerbsfähig, so etwa BYD, das für nichts Geringeres als »Build Your Dream« steht. Dass in diesem Prozess auch viele staatlich geförderte Unternehmen pleitegingen, versteht sich in China von selbst. In Deutschland führt bereits das Scheitern von Projekten wie Lilium oder Northvolt zu großen Debatten und zur Androhung eines Untersuchungsausschusses.

Wenn unsere Vision also eine Innovationsnation ist, sollten wir sorgfältig beachten, welche Signale von einer Industriepolitik ausgehen. Eine industriepolitische Intervention, selbst wenn ihr gute Absichten zugrunde liegen, beeinflusst das marktwirtschaftliche Ergebnis. Dort, wo der marktwirtschaftliche Wettbewerb gut funktioniert, verursacht eine Intervention nur Reibungen und Verzerrungen. Diese führen zu geringeren Gewinnen, zu weniger Investitionen und Innovationen, zu geringerer oder schlechter bezahlter Beschäftigung, zu schlechteren oder teureren Produkten und zu reduzierter Wohlfahrt.

Doch gibt es sehr wohl gute Gründe für industriepolitische Interventionen, auch aus der Perspektive einer langfristig denkenden

Rahmenpolitik.[160] Der zentrale Grund sind sogenannte Marktversagen. Sie bezeichnen Situationen, in denen Märkte von sich aus nicht funktionieren oder verzerrt sind. Zu den häufigsten Auslösern zählen drei Klassiker:

- **Positive Externalitäten:** Darunter versteht man Nutzen, der durch wirtschaftliche Aktivitäten entsteht, aber nicht dem jeweiligen Akteur als Gewinn zufließt. Eine grundlegende Erfindung etwa, die nicht durch Patente geschützt werden kann, nützt nicht nur dem Erfinder, sondern auch den Wettbewerbern, komplementären Branchen und den Konsumenten. Weil der Ertrag nicht beim Erfinder verbleibt, fehlt oft der Anreiz, überhaupt in die Suche nach Innovationen zu investieren. Industriepolitik kann gezielt dort ansetzen, wo positive Externalitäten entstehen, insbesondere in der Grundlagenforschung.
- **Koordinationsprobleme:** Wenn Skaleneffekte besonders groß sind, etwa durch hohe Anfangsinvestitionen, oder wenn innerhalb komplexer Industrieverbünde Netzwerkeffekte bestehen, kann es zu Koordinationsproblemen kommen. Das Argument von Netzwerkeffekten spielte zuletzt in der Debatte um den Industriestrompreis eine Rolle. So argumentierte die Stahlindustrie, dass von einer deutschen Stahlproduktion mit ihrem hohen Spezialisierungsgrad auch vor- und nachgelagerte Industrien profitieren würden, insbesondere die Maschinenbauer.
- **Hohes Risiko:** Gerade in Innovationsmärkten kann ein hohes unternehmerisches Risiko zu Marktversagen führen, etwa wenn Start-ups keine ausreichenden Finanzierungsmöglichkeiten finden. Solche Konstellationen rechtfertigen staatliche Förderinstrumente wie Eigenkapitalfazilitäten, Kredite oder Garantien, zum Beispiel durch die Kreditanstalt für Wiederaufbau.

Daneben existieren weitere Formen von Marktversagen, etwa in Märkten mit öffentlichen Gütern wie Verkehrsinfrastruktur oder bei asymmetrischer Information, wenn also mangelnde Transparenz dazu führt, dass eine Seite mehr weiß als die andere.

Neben klassischen Marktversagen gibt es auch nichtökonomische Gründe für industriepolitisches Handeln. In jüngster Zeit stehen dabei geoökonomische Erwägungen im Vordergrund. Dazu zählen etwa lokale Produktionsquoten, die eingeführt werden, um die Abhängigkeit von internationalen Lieferketten zu verringern. Auch sicherheitspolitische oder militärische Überlegungen können eine Motivation für industriepolitische Eingriffe sein. Solche Argumente dürfen jedoch nicht als Freifahrtschein für staatliche Maßnahmen gelten. Viele dieser Eingriffe sind zwar nicht wirkungslos, aber beileibe auch nicht alternativlos.

Die Verzerrungen, die durch Interventionen entstehen, und ihre breiteren Rückwirkungen auf das wirtschaftliche Umfeld müssen stets gegen den erwarteten Nutzen abgewogen werden. Es wäre jedoch eine Illusion zu glauben, eine fallweise Kosten-Nutzen-Abwägung, wie sie etwa von der OECD empfohlen wird, könne hinreichend präzise und ganzheitlich über industriepolitische Maßnahmen entscheiden.[161] Allein schon eine dauerhaft interventionistische Grundhaltung verändert die Erwartungshaltung der wirtschaftlichen Akteure. Sie kann über die Zeit Lobbyismus verstärken und Mitnahmeeffekte begünstigen.

Gleichzeitig wird kein Spitzenforscher in Deutschland seine Zelte aufschlagen, wenn die Förderung exzellenter Forschung nicht mit Verlässlichkeit erfolgt, sondern sich am kurzfristigen Kurs der Tagespolitik orientiert oder durch Haushaltslöcher fällt. Die Schweiz zeigt, dass es auch anders geht. Sie gehört zu den Ländern mit dem höchsten Anteil privater Forschungsausgaben am Bruttoinlandsprodukt und zählt zugleich zu jenen mit der geringsten öffentlichen Förderung von Forschung und Entwicklung in der Privatwirtschaft.[162] In der Schweiz entstehen Innovationen nicht durch Subventionen, sondern durch langfristig stabile Rahmenbedingungen.

All dies spricht für die Etablierung politischer Prinzipien, die eine hohe Beweislast für industriepolitische Maßnahmen vorsehen. Ein ganzheitlicher Verhältnismäßigkeitstest könnte dabei helfen, die Erwartungshaltung wirtschaftlicher Akteure zu dämpfen, politische Begehrlichkeiten einzuhegen und zugleich den Bürgerinnen und Bürgern die zugrunde liegenden Abwägungen transparent zu machen.

Wirtschaftspolitik sollte sich also zunächst auf die Verbesserung allgemeiner Standortfaktoren konzentrieren. Gemeint sind solche Rahmenbedingungen, die nicht auf einzelne Unternehmen, Branchen oder Technologien abzielen, sondern insgesamt ein gesundes Maß an Wettbewerb sicherstellen. Bleibt eine industriepolitische Maßnahme dann weiterhin im Raum, sollte sie sich einem zweistufigen Verhältnismäßigkeitstest unterziehen.

In einem ersten Schritt wäre unabhängig zu prüfen, ob eine wirtschaftliche Rechtfertigung auf Basis eines identifizierbaren Marktversagens vorliegt. Dabei sind auch langfristige und systemische Auswirkungen auf Deutschland, die Europäische Union und ihre Handelspartner einzubeziehen. In einem zweiten Schritt sollten politische Erwägungen geprüft werden, die in der Lage sind, das ökonomische Urteil zu überwiegen.

Wendet man einen solchen Verhältnismäßigkeitstest auf konkrete industriepolitische Initiativen an, macht bereits das Hauptziel des 2024 verabschiedeten EU Net Zero Industry Act stutzig.[163] Bis 2030 sollen mindestens vierzig Prozent des jährlichen Bedarfs an strategischen Netto-Null-Technologien innerhalb Europas produziert werden. Diese Zielmarke wirkt befremdlich. Vielmehr sollte für jede der 19 als strategisch eingestuften Netto-Null-Technologien einzeln geprüft werden, ob geoökonomische Gründe eine staatliche Sonderbehandlung rechtfertigen. Denn die pauschale Zielvorgabe steht im Widerspruch zu internationaler Offenheit. Sie öffnet nicht nur Tür und Tor für versteckten Protektionismus, sondern befeuert auch einen Subventionswettlauf, der wenig mit effizienter Industriepolitik zu tun hat.

Dabei geht es auch anders. Eine Innovationsnation lässt sich nicht durch regulatorische Einschränkungen formen und nicht durch seitenlange Kriterienkataloge motivieren, nur um eine staatliche Subvention zu erhaschen. Statt im Detail zu regeln, wer was wo herstellen soll, wäre es zum Beispiel sinnvoller, Europas Rolle als globaler Standardgeber wieder zu stärken. Resilienz entsteht nicht durch Teilautarkie, sondern dadurch, dass Handelsgüter aus aller Welt leichter miteinander austauschbar sind. Einst hatten deutsche Normen internationale Strahlkraft. Die DIN-Norm galt als Gütesiegel. Mit eigenen Vorschlägen prägten deutsche Vertreter die Arbeit der Internationalen Organisation für Normung und wurden dort zu Impulsgebern. Diese Strategie, die einst »Made in Germany« zu einem weltweit anerkannten Label machte, wurde inzwischen von China übernommen.[164] Technische Normen sollten kein Feld tagespolitischer Symbolik werden, aber sie verdienen eine neue Aufmerksamkeit. Wer eine Vision für eine europäische Innovationsnation entwerfen will, sollte Hebel wie eine starke deutsche Stimme in internationalen Normungsgremien nutzen, wo Industrie und Politik im Gleichschritt auftreten können.

Innovationen brauchen keinen sporadischen Förderregen, sondern ein langfristig gutes Klima. Wer den richtigen Rahmen schafft, muss nicht jede einzelne Pflanze gießen.

## 8.4 Chancen statt Lieferkettensorgfaltspflichtengesetz

Seit einigen Jahren stagniert der Welthandel, und Handelsbarrieren wie Zölle und Investitionsrestriktionen nehmen zu. Doch die Kraft des Handels bleibt ungebrochen. Ricardos Theorie der komparativen Vorteile bleibt gültig, und Handel ist ihr Weg zur Umsetzung. Viele Wachstumsmärkte liegen heute in Schwellen- und Entwicklungsländern, deren Strukturen und Werte sich deutlich von unseren unterscheiden. Gerade dort eröffnen sich neue Chancen für Investitionen und Handel, und zwar für beide Seiten.

Handel ist Verständigung. Durch Handel lernen wir voneinander. Handel schafft Vertrauen und fördert Kooperation. All das wird dringend gebraucht, um die globalen Herausforderungen zu bewältigen. Für eine Wirtschaft wie die Deutschlands und der Europäischen Union, die stark von ausländischer Nachfrage getragen sind, sollten die Weichen weiterhin auf Handelsintegration gestellt bleiben. Im Mittelpunkt sollte die Aufgabe stehen, Vertrauen zu stärken und zu bewahren. Nur in Situationen, in denen Vertrauen fehlt oder schnell verloren geht, wäre Zurückhaltung angezeigt.

Lange Zeit war Handelspolitik in wesentlichen Teilen durch multilaterale Prinzipien und Institutionen wie die Welthandelsorganisation geleitet. Das half, die hohe Komplexität der Handelspolitik zu reduzieren und Einigungen zu erleichtern. Doch die Welthandelsorganisation ist gelähmt und in die Bedeutungslosigkeit abgerutscht. Ein ähnliches Schicksal droht auch anderen Institutionen des westlich geprägten Multilateralismus in einer Zeit, in der die Bedeutung des Westens für die globale Wirtschaft schwindet.

Wie sollte sich Deutschland also positionieren, wenn es eine eigene Vision von Wissensgesellschaft, Innovationskraft, globaler Kooperation und Resilienz verfolgt?

Zunächst gilt es, Fassung zu bewahren angesichts des schleichenden Zerfalls der westlich geprägten Wirtschaftsordnung, selbst dann, wenn enge Partner wie die USA ohne akuten Anlass einen Zollkrieg vom Zaun brechen. Die sicherheitspolitischen Implikationen der aktuellen US-Politik wiegen schwer. Doch in der Zollpolitik ist ein kühler Kopf gefragt. Aufgekratzter Aktionismus hilft nicht weiter. Was wir brauchen, ist eine langfristig gedachte Strategie für die handelspolitische Neuordnung der Welt.

Denn erstens betreffen Zölle nur einen kleinen Teil unseres Handels, je nach Blickwinkel. Zum Vergleich: Während US-Importe aus der EU rund 400 Milliarden Dollar pro Jahr ausmachen, beläuft sich der Umsatz europäischer Tochtergesellschaften in den USA auf 3,3 Billionen Dollar, also mehr als das Achtfache. Zweitens kann auch eine aggressive Zollpolitik die langfristigen makroökonomischen Gleichgewichtsmechanismen nicht außer Kraft setzen. Diese besagen, dass Zölle zu einer Aufwertung des US-Dollars führen, welche ihre Wirkung zumindest teilweise neutralisiert. Dass andere Effekte wie der Vertrauensverlust in den US-Dollar als Reservewährung diesen Mechanismus überlagern können, ändert nichts daran, dass ein solches Gleichgewicht sich langfristig einstellen wird.

Die Disruption der globalen Handelsordnung eröffnet zugleich Handlungsspielräume. Statt Veränderungen reflexhaft abzuwehren, sollte eine visionsgeleitete Politik die Chancen nutzen.

Eine dieser Chancen liegt nach dem Bedeutungsverlust multilateraler Regeln in neuen bilateralen Handelsabkommen. Zwar unterhält die EU bereits zahlreiche Abkommen, doch viele weitere liegen seit Jahren auf Eis.[165] Nach fünfundzwanzig Jahren Verhandlung wurde das Mercosur-Abkommen mit Südamerika zwar im Sommer 2025 abgeschlossen, doch wartet es noch auf die Ratifizierung durch die Mitgliedsstaaten.[166] Im Fall von CETA, dem Freihandelsabkommen mit Kanada, vergingen zwischen Abschluss und Ratifizierung in Deutschland geschlagene sechs Jahre.[167] Aus geostrategischer Sicht wäre es klug, die aktuellen Verwerfungen der internationalen Ordnung zum Anlass zu nehmen, neue Partnerschaften zügig zu initiieren und bestehende Beziehungen durch Handelsabkommen zu vertiefen.

Eine große Chance liegt direkt vor unserer Haustür. Afrika wird oft hinter vorgehaltener Hand als hoffnungsloser Fall abgetan. Doch sind die Länder Afrikas, ihre Umstände und ihre Perspektiven außerordentlich heterogen. Wir wissen viel zu wenig über den Kontinent, der in unseren Medien oft nur als Ablegeort überfüllter Boote auf dem Weg ins vermeintliche Sozialstaatsparadies EU erscheint. Weil ich Afrika in verschiedenen Rollen kennenlernen durfte und weil mir immer wieder Zustimmung begegnet, dass unser Nachbarkontinent mehr Beachtung verdient, möchte ich ihn an dieser Stelle hervorheben.

Afrika wird meist unterschätzt. Bis 2050 wird sich die Bevölkerung dort nahezu verdoppeln. In wenigen Jahren wird jede zweite Arbeitskraft, die weltweit neu auf den Arbeitsmarkt kommt, aus Afrika stammen.[168] Mitte des Jahrhunderts wird bereits jede fünfte Erwerbsperson der Welt Afrikanerin oder Afrikaner sein. Dieses Potenzial der demografischen Dividende ist enorm. Der technologische Wandel eröffnet zugleich neue Wege, es zu nutzen. Ob durch besseren Zugang zu Bildung oder durch Telearbeit, die Digitalisierung schafft Möglichkeiten, die es früher nicht gab. Wer eine resiliente Wissens- und Innovationsnation gestalten will, sollte die Chancen, die Afrika für neue Ideen und innovative Entrepreneure bietet, nicht übersehen. Ob Austauschprogramme für Studierende, Investitionsgarantien oder andere Instrumente, Afrika verdient einen stärkeren Fokus als die bequeme Delegation an NGOs oder Entwicklungsbanken.

Egal ob im Austausch mit afrikanischen Ländern oder mit anderen Partnern, entscheidend ist die Erkenntnis, dass Deutschland als Handelsnation stark vom Freihandel profitiert. Um diese Chancen auch künftig zu nutzen, braucht es Flexibilität und Augenmaß. Strukturen, die Kooperation und Weiterentwicklung behindern, passen weder zum Selbstbild einer Exportnation noch zu dem eines Innovationsführers in einer dynamischen Welt. Eine Wirtschaft, die auf Exportnachfrage aufbaut, verträgt sich nicht mit einer moralisierenden Außenpolitik. In letzter Konsequenz würde dies bedeuten, den Handel einzustellen und Autarkie zu suchen, also eine Position, die Deutschland höchstens gegenüber kleinen und schwachen Staaten glaubwürdig vertreten kann. Wenn Lieferkettensorgfaltspflichten dazu führen, dass sich Unternehmen aus bestimmten Ländern zurückziehen, weil der bürokratische Aufwand zu hoch oder die rechtlichen Risiken zu groß sind, dann ist wenig erreicht.

Dies ist kein Plädoyer für eine naive und opportunistische Freihandelspolitik. Die Geoökonomie, also die Verquickung von politischen und wirtschaftlichen Interessen, bedingt, beides zusammen zu denken. Wenn wir eine Vision von Wissen, Innovation, Kooperation und Resilienz verfolgen, dann sollten wir die Chancen für internationale Partnerschaften in Zeiten der geostrategischen Neuordnung neu bewerten. Wenn China bis in unsere Nachbarschaft seine neue Seidenstraße ausrollt, sollten wir auch Angebote machen können und nicht nur mit dem erhobenen Zeigefinger am Spielfeldrand stehen. Eine Handelsnation, die Türen schließt, verliert ihre Zukunft. Wer dagegen Brücken baut, macht sich resilient.

## 8.5 Anpassen statt Abkapseln

Eigene Stärke, Befähigung, Resilienz und Offenheit für neue Chancen – schön und gut. Doch gibt es nicht Bereiche, in denen wir autark sein wollen oder zumindest unabhängiger von anderen werden sollten? Die Frage nach Unabhängigkeit stellt sich nicht ohne Grund. China beschränkte den Export seltener Erden, Russland drehte den Gashahn zu, Naturkatastrophen unterbrachen Lieferketten, und ein festgefahrenes Schiff blockierte den Sueskanal wie ein Pfropfen. Sollte Deutschland nicht eine Vision strategischer Unabhängigkeit verfolgen, indem es die heimische Produktion schützt und fördert?

Wenn wir strategische Unabhängigkeit in gewissen Branchen ernsthaft verfolgen möchten, lohnt sich ein Blick auf die Landwirtschaft. Ihr Anteil an der Bruttowertschöpfung liegt in der EU bei 1,3 Prozent des BIP.[169] Doch weil die Ernährung der Bevölkerung als äußerst empfindliche Abhängigkeit gilt, wurde die Landwirtschaft zu einem der am stärksten staatlich geprägten Märkte in der EU.[170] Subventionen in Höhe von rund 0,6 Prozent des BIP stützen die Produktion und die Produktionskapazität, etwa durch Direktzahlungen an Landwirte.[171] Hinzu kommt der Schutz vor billigerer Konkurrenz aus dem Ausland, wobei sich die Differenz zum Weltmarktpreis in der EU auf gerade einmal 3,1 Prozent beläuft.

Weil die Subventionierung der Landwirtschaft eine lange Tradition hat, sind neben den jährlichen Kosten dieser Autarkiepolitik Strukturen entstanden, die ihre überhöhte Bedeutung widerspiegeln. So existieren Landwirtschaftsministerien auf Bundes- und Länderebene. Dagegen gibt es kein Halbleiterministerium, kein Stahlministerium und auch kein Ministerium für Rohstoffe und Batterien, obwohl diese Industrien von vergleichbarer Größe sind. Hinzu kommen mächtige Lobbyorganisationen, die sich durch dauerhafte Subventionen verfestigt haben. Wie die Bauernproteste gegen die Abschaffung der Subventionen für Agrardiesel zeigten, haben sich Strukturen gebildet, die den Agrarmarkt kaum noch reformierbar machen. Diese Lobby behindert zudem immer wieder Handelsabkommen mit ärmeren Ländern, deren wichtigste Exportgüter häufig landwirtschaftlicher Natur sind. Wir sollten uns daher die Frage stellen, ob wir einen solchen Ansatz wirklich auf andere Branchen ausweiten wollen.

Zweifel sind auch beim Schutz heimischer Industrien vor ausländischer Konkurrenz angebracht. Ein Instrument dafür sind Antidumpingzölle. Die EU hat bereits begonnen, solche auf Güter von A wie Autos mit Elektroantrieb bis Z wie zinnbeschichteten Stahl zu verhängen.[172] Doch ist es am Ende wirklich Zukunftssicherung, wenn wir 61,7 Prozent Zoll auf Aluheizkörper aus China, 8,7 Prozent auf Keramikfliesen aus Indien und 48,5 Prozent auf Fahrräder und Fahrradteile aus Kambodscha erheben?[173]

Aus Sicht des Wettbewerbs lassen sich Antidumpingmaßnahmen nur dann rechtfertigen, wenn sie der Vermeidung von dauerhaften Monopolen dienen. Solange jedoch Markteintrittsbarrieren niedrig bleiben und Wissensvorsprünge aufholbar sind, entstehen keine dauerhaften Monopole. Mit anderen Worten: Chinesische Importe zu Dumpingpreisen könnten zwar hierzulande Unternehmen in die Insolvenz treiben, doch neue Anbieter würden sofort nachrücken, sobald China statt Dumpingpreisen Monopolpreise verlangte. Gefährlich wird Monopolisierung dann, wenn sie zu einem Wissensvorsprung oder einem strukturellen Vorteil führt, der nicht aufzuholen ist und der dauerhaft Monopolrenditen ermöglicht.

Statt nüchterner ökonomischer Argumente bietet sich hier die Metapher der Schildbürger an. Versucht China uns zu Schildbürgern zu machen, indem es uns mit billigen Produkten einlullt, bis wir freiwillig unsere eigene Klugheit aufgeben? Was wäre, wenn wir aufhören, Stahl zu kochen und Halbleiter zu entwickeln, weil wir alles billig aus China zugesteckt bekommen? Würden wir dann irgendwann anfangen, Rathäuser in Dreiecksform zu bauen, und vergessen, Fenster einzusetzen? Und wäre das am Ende Chinas Ziel?

Und was sollte unsere Antwort darauf sein? Sollten wir mit Antidumpingzöllen versuchen, dieser Verdummung zu widerstehen, und, geschützt vor Chinas Konkurrenz, unseren mäßig innovativen Stiefel weitermachen? Oder würden wir so nur wie die Schildbürger mit Eimern versuchen, das Sonnenlicht ins Rathaus zu tragen? Wäre es nicht besser, der chinesischen Konkurrenz auch bei Dumping dort zu begegnen, wo wir durch Eifer und Innovation einen komparativen Vorteil innehaben?

Ein selbstbewusstes Europa wird seine strategische Unabhängigkeit nicht dadurch erreichen, dass es Industrien in Festungen einschließt und mit Schutzwällen aus Subventionen, Importbeschränkungen und Zöllen umgibt. Vielmehr sollten wir zunächst genau prüfen, welche Abhängigkeiten bestehen und tatsächlich ein Risiko darstellen. Die Handelsökonomen Martin Braml und Gabriel Felbermayr nennen dafür aus volkswirtschaftlicher Sicht die Kriterien der kurzfristigen Ersetzbarkeit, der unmittelbaren Konsumrelevanz und des Erfordernisses einer Rationierung im Mangelfall.[174] Ergänzend treten sicherheitspolitische Erwägungen hinzu.

Diese analytisch anspruchsvolle Aufgabe erfordert langfristig angelegte Strukturen. Der Wissenschaftliche Beirat beim Bundeswirtschaftsministerium schlägt dafür ein europäisches Institut für Versorgungssicherheit vor.[175] Bisher fehlt es nämlich an detaillierten Daten. Die durch eine solche Datenanalyse gewonnene Transparenz ist der erste Schritt, um systemische Abhängigkeiten sichtbar zu machen und so auch privaten Unternehmen aufzuzeigen, wo Risiken in ihren Lieferketten liegen.

Eine solche Analyse könnte auch zeigen, wie flexibel die Wirtschaft auf Lieferkettenprobleme reagiert, und damit den weitverbreiteten Mythos einer mangelnden Substitutionsfähigkeit widerlegen. Immer wieder zeigt sich, dass die Anpassungsfähigkeit der Wirtschaft in Krisensituationen größer ist als vermutet. So sank 2022 der Erdgasverbrauch infolge des russischen Lieferstopps um 17,6 Prozent, während selbst die energieintensiven Industrien ihre Produktion nur um 6,5 Prozent reduzierten und die Wirtschaft insgesamt wuchs.[176] Nicht immer braucht es den staatlichen Doppel- oder gar Triple-Wumms, oft genügt das schlichte Vertrauen in die Anpassungskraft der Wirtschaft.

Langfristige Maßnahmen zur Verringerung systemischer Abhängigkeiten lassen sich auf Grundlage solcher Analysen gezielt entwickeln. Dazu gehören Handelsabkommen, die nicht nur Absatzmärkte erschließen, sondern auch die Sicherung von Beschaffungsmärkten in den Blick nehmen. Ebenso könnten die Konditionen für Hermes-Bürgschaften oder die Kofinanzierung von Auslandsinvestitionen an die Analyseergebnisse gekoppelt werden, vergleichbar mit den heutigen Vorgaben für ökologische, soziale und Governance-Ziele.

Eine Resilienzvision erfordert solche Maßnahmen, die es Unternehmen erleichtern, ihre Lieferketten zu diversifizieren. Dazu gehört der Ausbau der Handelsinfrastruktur wie Häfen, Schienen oder Pipelines. Darüber hinaus lassen sich auch gezielt Märkte für Versorgungssicherheit schaffen, etwa Märkte für die Bereitstellung von Produktionskapazitäten, sei es für Impfstoffe oder für Artillerie.[177]

In sicherheitsrelevanten Bereichen und im Umgang mit wenig vertrauenswürdigen Mächten ist Vorsicht geboten. Übermäßige Prinzipientreue, wie die einst dominierende Sorge, eine Genehmigungspflicht für ausländische Firmenübernahmen könne Investoren abschrecken, wirkte schon vor zehn Jahren aus der Zeit gefallen. Da Handelsbarrieren Unternehmen dazu veranlassen, diese durch Übernahmen und Direktinvestitionen im Ausland zu umgehen, müssen wir in einer Welt voller Handelshemmnisse ausländische Investitionen bei uns sowie unsere Investitionen im Ausland im Blick behalten, und zwar nicht nur im sicherheitsrelevanten Bereich. Ebenso dürfen wir im Dienstleistungshandel keinen blinden Fleck haben, auch wenn er im Vergleich zum Warenhandel oft unter dem Radar läuft.

Wer im geoökonomischen Haifischbecken bestehen will, muss Substanz haben. Dafür braucht es zunächst wirtschaftliche Stärke. Gerade wenn wir führend in Innovation sind und andere Länder auf unsere Technologien angewiesen bleiben, stärkt das unser geopolitisches Gewicht. Taiwan ist ein gutes Beispiel dafür. Ein kleines Land, weit entfernt, aber mit globaler Bedeutung. Würde der Westen dieselben Anstrengungen für Taiwans Sicherheit unternehmen, wenn es statt Chips nur Reiscracker exportierte? Wahrscheinlich nicht. Selbes könnten andere über uns denken. Dabei haben wir eine denkbar gute Ausgangsposition, um in der sich verändernden Welt relevant zu bleiben. Nvidia würde heute beispielsweise keine großartigen Halbleiter produzieren, gäbe es nicht die Lithografietechnologie von Trumpf und Zeiss. Als Innovationsnation müssen wir eigentlich nur auf unsere Stärken aufbauen, und zwar mit langfristigem Blick.

Gleichzeitig kommt es auf die Fähigkeit an, uns flexibel auf eine sich verändernde Welt einzustellen. Die Transformation ist kein Ort, an dem wir es uns im Status quo gemütlich machen sollten. Neue Regelungen und bestehende Rahmenbedingungen müssen daraufhin geprüft werden, inwieweit sie unsere Anpassungsfähigkeit und Resilienz stärken. Das notwendige Handwerkszeug ist in Kapitel 4 beschrieben, etwa die Szenarioanalyse oder Simulationen zu Handelsembargos und unterbrochenen Lieferketten. Wer selbst erpressbar ist, kann anderen nicht drohen. Aus der Spieltheorie wissen wir, dass nicht erst die Verhängung von Sanktionen Wirkung zeigt, sondern schon ihre glaubwürdige Androhung. Die eigene Resilienz ermöglicht uns also besser, die Zukunft zu gestalten.

Schließlich zählt unsere enge Einbindung in internationale Kooperation. Wer starke Partner an seiner Seite weiß, gewinnt an Gewicht. Diese Partnerschaften reichen von stabilen diplomatischen Beziehungen über die Zusammenarbeit bei globalen Standards bis zu Freihandelsabkommen und Koalitionen zur Verhängung gemeinsamer Sanktionen. Eine gesinnungsethische Politik mit erhobenem Zeigefinger läuft Gefahr, die Lage zu unterschätzen und die eigene

Bedeutung zu überschätzen. Und wer Deutschland mit einem Kurs des »Germany First« isoliert, schwächt nicht nur den Standort, sondern auch die eigene Verhandlungsposition.

# 9

# Strukturen für Visionen

*»Damit das Mögliche entsteht, muss immer wieder das Unmögliche versucht werden.«*

Hermann Hesse, Schriftsteller[178]

Was passiert, wenn politische Entscheidungsträger weniger über die Welt in zehn Jahren nachdenken als über die Schlagzeile von morgen? Wenn rote Linien den Handlungsspielraum von heute bestimmen, obwohl wir wissen, dass sie bis 2050 verblassen? Wenn es nur noch darum geht, sich im Hier und Jetzt durchzusetzen und kurzfristig Wählerstimmen zu gewinnen, ohne ein Bild für die langfristige Zukunft zu haben? Dann entstehen politische Entscheidungen, die kurzfristig Zustimmung sichern sollen. Und im schlimmsten Fall dabei langfristige Probleme eher verschärfen als lösen. Dafür gibt es viele Beispiele, ich erzähle das der Mütterrente.

Helmut Kohl führte 1992 das »Babyjahr« ein. Für jedes nach 1992 geborene Kind wurden drei Jahre Rentenbeiträge als Anreiz zur Familiengründung angerechnet. Wer Kinder bekommt, erhält Rentenansprüche. Doch welcher Anreiz geht von der späteren Mütterrente aus? 2011 von der Frauen-Union vorgeschlagen, sollte sie auch Müttern vor 1992 geborener Kinder zwei Jahre Rentenbeiträge gutschreiben. Als sie 2014 eingeführt wurde, waren diese Mütter meist über 40, ihre Kinder längst erwachsen.

Trotzdem wurde die Mütterrente zum Wahlkampfschlager. Die Merkel-Regierung stockte sie 2019 um ein halbes Jahr auf (»Mütterrente II«), und im Bundestagswahlkampf 2025 versprach die Union eine weitere Erhöhung (»Mütterrente III«). Die jüngste Erweiterung der Mütterrente schlägt mit fünf Milliarden Euro jährlich zu Buche, zusätzlich zu den rund 22 Milliarden Euro für die bisherige Anrechnung von Erziehungszeiten.[179] Im Sondierungspapier von SPD und Union begründen die heutigen Koalitionäre dies mit der »Anerkennung von Familie«.

Weil die Mütterrente eben eine klar abgrenzbare Gruppe begünstigt – Mütter mit vor 1992 geborenen Kindern –, konnte Michael Ganslmeier von der University of Exeter den Effekt auf das Wahlverhalten empirisch messen.[180] Für die Bundestagswahl 2013 zeigt seine Studie, dass das Versprechen der Mütterrente die Zustimmung zur CDU/CSU in dieser Zielgruppe um rund dreizehn Prozent erhöhte.

Hochgerechnet ergibt das einen Stimmengewinn von etwa drei Prozent, und zwar zu monatlichen Kosten von 90 Euro pro Mütterrentnerin auf unbestimmte Zeit.

Langfristig verpufft der Effekt. Zur Wahl 2017 stellt Ganslmeier keinen signifikanten Zusammenhang mehr fest. Der Wunsch, durch solche Anerkennungspolitik dauerhaft Zustimmung zu binden, erfüllt sich nicht. Die Mütterrente bleibt, was sie ist, nämlich ein teures Wahlgeschenk mit kurzer Wirkung und langen Folgekosten.

Wie stark eine wachsende Finanzierungslücke die langfristige Glaubwürdigkeit unseres Staats untergräbt, wird selten offen thematisiert. Doch je schräger die Statik des Systems, desto mehr Zulauf erhalten jene politischen Strömungen, die Systemversagen propagieren. Wer langfristig denkt, sollte diese Gefahr mitbedenken. Und wer glaubt, Wähler ließen sich isoliert in Zielgruppen bedienen, ohne dass dies Folgen für das Gesamtsystem hätte, verkennt die Realität knapper Ressourcen.

Die Geschichte der Mütterrente zeigt exemplarisch, wie kurzfristige Anreizlogik langfristige Strukturprobleme verschärfen kann. Statt den Staat zukunftsfest zu machen, wird symbolisch belohnt, was sich gut vermarkten lässt. Doch langfristige Politik braucht andere Strukturen. Nämlich solche, die nicht auf die nächste Umfrage zielen, sondern Entscheidungen ermöglichen, deren Nutzen sich erst über Jahre entfaltet. Genau darum geht es im Folgenden, also um politische Strukturen, die langfristige Politik auf den Weg hin zu einer Vision für die Zukunft ermöglichen.

## 9.1 Hinter den Kulissen der Macht

Die meisten von uns kennen Politiker nur aus den Medien. Ihr öffentliches Bild entsteht im Zusammenschnitt der *Tagesschau*, in der Gesprächsführung von Caren Miosga oder im Aufmacher der *BILD*-Zeitung. Wer politisch interessiert ist, kennt vielleicht noch seinen Wahlkreisabgeordneten. Selten gibt es mehr Einblicke.

Berufsbedingt habe ich viele Politiker im professionellen Kontext kennengelernt. Es überrascht nicht, dass die Bandbreite des persönlichen Eindrucks sehr groß ist. Jemand, zu dessen Job es gehört, konstruktive Gespräche über diese volle Bandbreite hinweg zu führen, lässt sich davon nicht ablenken. Ich hatte bei den allermeisten Politpromis, die ich getroffen habe, den Eindruck, dass sie besondere Eigenschaften mitbringen, die sie – zusammen mit äußeren Umständen und den lebensüblichen Zufällen – in diese Position befördert haben.

Dass sie dabei keinen Querschnitt der Bevölkerung darstellen, ist statistisch belegbar. Neun von zehn Bundestagsabgeordneten haben Abitur oder Fachhochschulreife, in der Gesamtbevölkerung sind es weniger als die Hälfte.[181] In zwei Studien haben Steffen Issleib und ich die Lebensläufe von Politikern untersucht. Vor der Bundestagswahl 2025 stellten wir mithilfe von KI die Lebensläufe von 1600 Wahlbewerbern zusammen und veröffentlichten sie auf einer Webseite.[182] Wähler konnten so erfahren, ob sie ihre Stimme Profilen wie Vollkostümanimateur, einem Milchpräsidenten, Wasserspringer, einer »Pilotengattin« oder einer Wildkräuterpädagogin geben wollten. Dargelegt waren auch Mitgliedschaften in links- oder rechtsextremen Gruppen wie dem Verein Rote Hilfe oder der Marburger Burschenschaft Germania, alles basierend auf im Internet verfügbaren Informationen.

Einige dieser Herrschaften klatschten begeistert, als die AfD-Vorsitzende in der letzten Sitzung des 20. Bundestags nach der Wahl 2025 die SPD-Abgeordneten verhöhnte, von denen viele ihr Mandat verloren hatten: »Sie haben alle noch nie in Ihrem Leben gearbeitet. … Was machen Sie hier? … Gehen Sie arbeiten!« Doch stimmt das?

Unsere Daten zeigen, dass die Kandidaten des aktuellen 21. Bundestags im Schnitt über 7,9 Jahre Berufserfahrung außerhalb der Politik verfügen, SPD und FDP mit 9,4 Jahre sogar mehr als die AfD mit 9,2 Jahren (Abbildung 21). Die Grünen bilden mit 5,9 Jahren das Schlusslicht. Gleichzeitig liegt die durchschnittliche politische Erfahrung über alle untersuchten Kandidaten hinweg mit 10,1 Jahren darüber. Auch wenn Alice Weidels Behauptung bogus ist, so fällt auf: Als relativ neue Partei verbrachten die Kandidaten der AfD durchschnittlich 61 Prozent ihres Berufslebens außerhalb der Politik, deutlich mehr als CDU, FDP, Grüne und SPD mit durchschnittlich 39 Prozent.

Noch auffälliger ist jedoch, wie überpräsentiert der Staat in den Berufsprofilen der Bundestagskandidaten ist. Im Durchschnitt haben die Kandidaten 48 Prozent ihrer außerpolitischen Tätigkeitsdauer als Beschäftigte im öffentlichen Sektor verbracht, 26 Prozent in Selbstständigkeit und 26 Prozent in Anstellung im Privatsektor. Die Beschäftigung im öffentlichen Dienst ist besonders ausgeprägt bei den Grünen (70 Prozent), gefolgt von Die Linke (61 Prozent) und der SPD (54 Prozent).

Politik ist für viele eine lebenslange Berufung. Andere Studien haben gezeigt, dass nur etwa ein Zehntel der Abgeordneten als Seiteneinsteiger ins Parlament gelangt.[183] Modernes Talentmanagement ist für viele Parteien ein Fremdwort.

In einer zweiten Studie haben wir nach der Wahl untersucht, wie gut das fachliche Erfahrungsniveau der gewählten Abgeordneten in den Bundestagsausschüssen zum Einsatz kommt, also dort, wo Ge-

Abb. 21: Bundestagswahl 2025: Durchschnittliche Tätigkeitsdauer der Kandidaten in Jahren

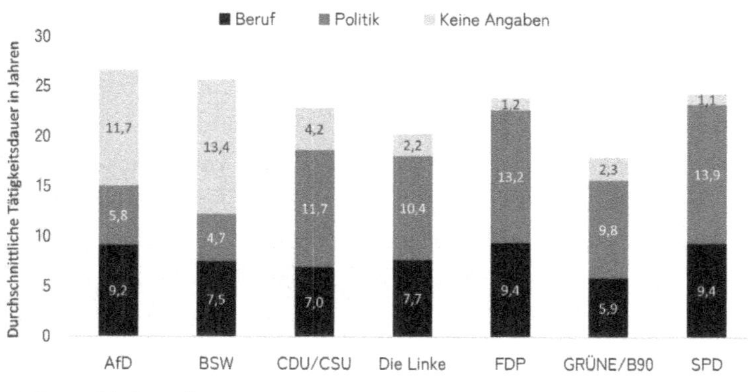


*Quelle: Andritzky, J. & Issleib, S. (2025): Die Kandidaten zur Bundestagswahl – Politikprofis und Beamte?*

setze inhaltlich vorbereitet werden.[184] Mithilfe eines Algorithmus zur optimalen Ausschusszuweisung konnten wir zeigen, dass sich das fachliche Erfahrungsniveau im Schnitt um die Hälfte steigern ließe, wenn Abgeordnete entsprechend ihrer beruflichen Expertise eingesetzt würden. Dieses Ergebnis kann man dahingehend interpretieren, dass fachspezifische Lebenserfahrung eine geringe Bedeutung im parlamentarischen Alltag besitzt.

Die Studien untermauern die Kritik am Politikbetrieb als geschlossenes System. Wer hineinwill, kämpft sich von der Pike auf per Ochsentour durch die Parteigremien, arbeitet dann als Referent eines Abgeordneten und ergattert irgendwann einen Wahlkreis oder einen guten Listenplatz. Wer diesen Leidensweg hinter sich bringt, lässt unterwegs andere Chancen liegen, oft die eigene berufliche Alternative. Und wer es dann bis in den Bundestag geschafft hat und mit Diäten von 11 833 Euro pro Monat zu den deutschen Spitzenverdienern zählt, hat gute Gründe, Mut und Unabhängigkeit gegen Ergebenheit und Stromlinienförmigkeit einzutauschen, sofern sich dadurch das politische Leben verlängern lässt.

Vielleicht lohnt ein Blick in die Schweiz. Neben direkter Demokratie und dem Konkordanzprinzip, das Ämter nach der »Zauberformel« breit über das Parteienspektrum vergibt, verfügt die Schweiz über ein Milizparlament, in dem zwei Drittel der Abgeordneten ihr Mandat im Nebenberuf ausüben. In der politischen Kultur der Schweiz gilt das Abgeordnetenamt zumindest teilweise noch als Bürgerpflicht auf Zeit. Zahlreiche Parlamentarier kommen aus dem Unternehmertum, vom Landwirt bis zum Industriellen.[185] Die Entschädigungen sind bescheidener, die Staatskosten geringer.[186] Und das Vertrauen in den Staat? Zwei Drittel der Schweizer haben großes oder sehr großes Vertrauen. In Deutschland ist es gerade einmal gut ein Drittel.[187]

Die Geschlossenheit des Systems setzt sich in den Bundesministerien fort. Dort dient man sich klassisch hoch, was immerhin den Vorteil langjähriger Verwaltungserfahrung mit sich bringt. Quereinstiege sind auch hier schwierig, wenn nicht ausgeschlossen. (Sollte ich eines Tages wider Erwarten selbst hineingeraten, gebe ich Ihnen Bescheid.) Umgekehrt wagen nur wenige Ministerialbeamte den Spurwechsel. Der flexible Wechsel zwischen staatlichen und privatwirtschaftlichen Organisationen ist ein ferner Traum. Das System schmort im eigenen Saft.

Das System begünstigt dabei eine ihm eigene Kommunikationstradition, die ebenfalls eine strukturelle Barriere für langfristige Politik darstellt. Politikersprech unterscheidet zwischen der politischen Binnenkommunikation – also dem internen Fachsprech unter Kollegen – und der Außenkommunikation, also jener oft sonderbar anmutenden Sprache, mit der Politik der Öffentlichkeit vermittelt wird. Es lohnt sich an dieser Stelle, sich noch mal die wegweisende Bundestagsrede von Karl-Heinz Stiegler aka Loriot zu Gemüte zu führen.

Dass unterschiedliche Kreise eine unterschiedliche Fachsprache sprechen, ist nicht ungewöhnlich. Ich vermute, Sie kennen das aus Beruf, Freundeskreis und Familie. Aber nicht selten endet es dort nicht, sondern schlägt in unaufrichtige Doppelbödigkeit um. Für die Öffentlichkeit klingt die Sprache nach dem einen, für die kundigen Fachkollegen bedeutet sie etwas ganz anderes. In der Politik mag dabei die Hypothese mitschwingen, die Welt sei zu kompliziert, als dass der Wähler sie verstehen könnte. Das fügt sich in eine Kultur des medialen Aufbauschens von Nichtigkeiten, in der gewisse Leitmedien jede Diskussion unterschiedlicher Meinungen in Großbuchstaben als »Streit« etikettieren.

Diese Art der politischen Kommunikation ist ein Spiel mit dem Feuer. Sie untergräbt Vertrauen in der langen Frist auf zwei Arten.

Erstens, wenn sich die öffentliche Botschaft zu weit vom tatsächlichen politischen Handeln entfernt. Wer vor der Wahl nur die Glanzseite der Medaille hervorhebt und erst danach die Schattenseite zugibt, beschädigt seine Glaubwürdigkeit. Dieses Muster ist bekannt und wird vom Wähler oft nur dann verziehen, wenn der eingeschlagene Kurs als richtig empfunden wird oder sobald eine unpopuläre Maßnahme in Vergessenheit gerät. Nicht umsonst weiß man in der Politikökonomie, dass Reformen zu Beginn der Legislatur erfolgen sollten. Kurz vor der Wahl dagegen gibt's Kamelle fürs Volk.

Zweitens, wenn die Politik selbst einem Narrativ folgt, das mit den Fakten wenig zu tun hat und letztlich mit der Realität bricht. Ein Beispiel dafür liefert Präsident Donald Trumps Handelspolitik. Richard Baldwin, Professor am IMD, beschreibt sie in seinem Buch »The Great Trade Hack« nicht als Strategie, sondern als griechischen Mythos.[188] Ein Strategiepapier der Trump-Administration von 2025 folgt genau diesem Erzählmuster: vom goldenen Zeitalter über den Niedergang, die Schuldigen bis zur Erlöserfigur – raten Sie, wer das sein könnte – und zur Umkehr (Abbildung 22).

Die ökonomische Fraglichkeit der US-Handelspolitik stört das Narrativ nicht. Denn in der Logik populistischer Politik zählt nicht

Abb. 22: Der griechische Mythos der Trump-Handelspolitik nach Baldwin

| | |
|---|---|
| **Das goldene Zeitalter** | »Die Vereinigten Staaten von Amerika sind die außergewöhnlichste Nation, die die Welt je gekannt hat … Im vergangenen Jahrhundert haben sie die ganze Welt gerettet…« |
| **Der Niedergang** | »Heute steht der soziale Aufstieg, den der Fertigungssektor einst bot, der Arbeiterklasse kaum noch offen. Ein Großteil unserer industriellen Stärke wurde ins Ausland verlagert.« |
| **Die Schuldigen** | »Diese Entwicklungen sind das Ergebnis eines erbarmungslosen, jahrzehntelangen Angriffs globalistischer Eliten, die Politik – einschließlich Handelspolitik – betrieben haben, um sich selbst zu bereichern, auf Kosten der arbeitenden Bevölkerung der Vereinigten Staaten. In der Folge ist die Mittelschicht geschrumpft…« |
| **Der Erlöser** | »Nur Präsident Trump hat erkannt, welche Rolle die Handelspolitik bei der Entstehung dieser Probleme gespielt hat und wie sie genutzt werden kann, um sie zu beheben.« |
| **Die Umkehr** | »Die handelspolitischen Herausforderungen unseres Landes werden ausgelöscht werden, denn von diesem Moment an ist Amerikas Niedergang beendet.« |

*Zitate aus dem Strategiepapier der Trump-Administration. Übersetzung mit ChatGPT4o. Quelle: Richard Baldwin, Vortrag am PIIE vom 26. Juni 2025.*

die Wirksamkeit, sondern die Erzählung. Politik wird zum Marketing. Dass Präsident Trump parallel sein Parfüm »Victory 45-47« mit goldener Statue bewirbt – »all about Winning, Strength, and Success« –, passt zum Bild.[189]

Auch die Brexit-Parole »Take back control« funktionierte blendend als politisches Narrativ, obgleich der Brexit ökonomisch ein Eigentor war. Es bleibt zu hoffen, dass Deutschland nicht ebenfalls Opfer dieser populistischen Masche wird. Denn Zeiten des Umbruchs sind leider auch Hochzeiten des Populismus. Denjenigen politischen Kräften, die dieser Versuchung widerstehen, wünsche ich den Mut, den Bürgern reinen Wein einzuschenken. Nur so entsteht Raum, über langfristige Ziele zu sprechen, Zielkonflikte offen zu benennen und Visionen politisch zu verhandeln.

Dazu würde es helfen, die politische Bubble aufzubrechen. Wenn sich Parteien stärker für Quereinsteiger öffneten und wenn Behörden mehr Durchlässigkeit lebten, würde das den Talentpool verbreitern und neue Ideen fördern. Mehr frisches Blut, mehr Rotation, mehr Mut zu Weitsicht und Veränderung – das ist meine Vision für eine Staatskultur, die Wandel nicht nur erträgt, sondern gestaltet.

Müssen wir dafür das System auf den Kopf stellen? Oder geht es vielleicht auch eine Nummer kleiner? Auch hierbei ist es hilfreich, in der Logik der Rahmengestaltung zu denken.

## 9.2 Mit Zielen den Weg weisen

Kennen Sie das? Im Teammeeting soll eigentlich die Zielstrategie diskutiert werden, doch die Debatte dreht sich sofort um Umsetzungsprobleme. Im Vereinsvorstand dominiert das Klein-Klein. Und in Vollversammlungen schweifen Redner zuverlässig auf Nebenschauplätze ab. Nur im Stuhlkreis fällt es nicht weiter auf, wenn der große Gedanke fehlt.

Ich kann kaum abschätzen, wie viele Lebensstunden ich in Runden verbracht habe, in denen zu viele Teilnehmer mit zu unterschiedlichem Vorwissen zu lange ziel- und ergebnislos auf Details herumhackten. Was davon in Erinnerung blieb, sind rekordverdächtig lange Tische (in Kiew), enger als in jedem Flugzeug bestuhlte Räume (in Kinshasa), unkoordinierbar große Delegationen (in Dublin), Kakophonien der Weltanschauungen (in Brüssel) und ein dramatisch inszenierter Ministerwalkout (in Pristina). Manchmal wäre ich auch gerne davongelaufen.

Langfristiges Denken beginnt mit der Erkenntnis, dass Wirtschaftspolitik eine komplexe Herausforderung ist und auch so kommuniziert werden sollte. Dafür sollten wir einen Rahmen schaffen. Über den Rahmen des Politikgeschäfts nachzudenken, wird manchmal beschrieben als Politik zweiter Ordnung.[190] Dieses Denken auf der Metaebene versucht nicht, Lösungen für einzelne Herausforderungen zu erarbeiten. Sondern es bemüht sich, Strukturen zu schaffen, aus der diese Lösungen von selbst erwachsen.

Welche Bedingungen können wir also schaffen, damit langfristige Antworten auf die Herausforderungen unserer Zeit emergent entstehen können? Dann gewinnt Politik eine ordnende Kraft, statt sich in Detailfragen zu verlieren, die sie gar nicht lösen kann. Steffen Mau, Professor für Makrosoziologie an der Humboldt-Universität zu Berlin und Mitautor des viel beachteten Buchs »Triggerpunkte«, beschreibt treffend, wie sich detailverliebte, kurzfristige und unterkomplexe Politik manifestiert:

> *»Die Politik schwankt zwischen der Behauptung der Omnipotenz im Wahlkampf, in dem man jedes Problem zu lösen verspricht. Und nach der Wahl merkt man, dass man dazu gar nicht in der Lage ist, weil viele Prozesse viel zu komplex und verrechtlicht sind. Dann folgt oft Symbolpolitik, um trotzdem Aktivität vorzugaukeln.«*[191]

Gerade weil komplexe Systeme von Pfadabhängigkeiten geprägt sind, ist es riskant, wenn der Staat zu früh und isoliert in die Lösungssuche einsteigt. Komplexe Systeme verfügen über multiple Gleichgewichte.

Politische Rahmenbedingungen können beeinflussen, in welche Richtung sich das System entwickelt, also in welchem Gleichgewicht es sich stabilisiert. Der Staat kann also Weichen stellen und die Dynamik lenken. Er kann durch sehr direkte und starke Intervention versuchen, Pfadabhängigkeiten zu überwinden und Kipppunkte in ein neues Gleichgewicht zu generieren, was jedoch nicht immer gelingt. Was er jedoch nicht leisten kann – und gar nicht erst versuchen sollte –, ist die präzise Steuerung des Ergebnisses bis ins letzte Detail. Komplexe Systeme können beeinflusst, aber nicht dirigiert werden.

Was also tun? Welche Strukturen helfen, langfristiges Denken zu verankern und die Komplexität der politischen Realität anzuerkennen? Viele Länder, auch Deutschland, schaffen dafür Institutionen, welche die Kurzfristlogik des Politikbetriebs durchbrechen sollen. Zwei Ansätze werden im Folgenden beschrieben, ein Zukunftsausschuss im Bundestag und ein Zielpapier im Gesetzgebungsprozess.

Parlamentarische Ausschüsse zu Zukunftsfragen gibt es unter anderem in Finnland, Estland, Litauen, Österreich und Polen.[192] Besonders hervorzuheben ist das »Committee for the Future« des finnischen Parlaments. Bereits 1993 gegründet und seit 2000 als ständiger Ausschuss verankert, trifft sich das Gremium aus 17 Abgeordneten zweimal pro Woche, um Zukunftsfragen zu diskutieren und Impulse für andere Ausschüsse zu liefern. Sein ausdrückliches Mandat: langfristiges Denken in die Parlamentsarbeit einbringen, also »having and using visionary power«.

Auch der Deutsche Bundestag verfügt mit dem Büro für Technikfolgen-Abschätzung über eine Vorausschauinstitution. Das seit 1990 bestehende Büro ist beim Karlsruher Institut für Technologie angesiedelt und unterstützt Parlament und Ausschüsse in Fragen des wissenschaftlich-technischen Wandels.

Doch solche externen Institutionen entfalten nur dann Wirkung, wenn ihre Arbeit politisch umsetzungsrelevant ist. Auch das Büro für Technikfolgen-Abschätzung kann den Politiker nicht ersetzen. Diese Krux begleitet viele Einrichtungen der wissenschaftlichen Politikberatung. Sie senden Bericht um Bericht nach Berlin, oft ohne je eine Antwort zu erhalten. Auch wir bei der Zukunft-Fabrik.2050 haben das erlebt. Unsere zehn Thesen zur Gesundheitsversorgung im Jahr 2050 wären zwar interessant, aber man habe keine Vorstellung davon, wie man die Einsichten im Alltagsgeschäft verwenden könne. Doch schon das Einflechten solcher Visionserzählungen in eine Rede wäre eine solche Möglichkeit.

Es ist keine pure Bringschuld der Institutionen, Zukunftsdenken ins politische Berlin zu tragen. Die Politik trägt eine Holschuld. Ich habe mich immer gefreut, wenn Abgeordnete zu Gesprächen über langfristige Themen eingeladen haben. Dabei ist es natürlich kein Problem, wenn Vorschläge nicht weiterverfolgt werden, solange man sich damit ernsthaft auseinandergesetzt hat. Als ich jedoch einem hochrangigen Fraktionsmitglied die Idee eines Zukunftsausschusses präsentierte, blieb selbst ein einfaches »Danke, passt gerade nicht, legen wir uns aber in die Schublade« aus. Ein Zukunftsausschuss könnte genau das ändern. Er böte einen festen Hafen, um langfristige Perspektiven im parlamentarischen Prozess zu verankern. Er wäre kein Ort für schnelle Schlagzeilen, sondern für die leisen, aber nachhaltigen Debatten über das, was unser Land im Jahr 2050 prägt. Und im Idealfall verleitet er die Abgeordneten, dieses Denken über die Zukunft in den breiteren Diskurs zu tragen.

Ein zweiter Reformansatz setzt direkt am gesetzgeberischen Prozess an. Heute verläuft er oft extrem verdichtet. Anstatt sich mit der übergeordneten langfristigen Vision auseinanderzusetzen, dreht sich die Diskussion sehr schnell um die konkreten Maßnahmen. Ein Labyrinth roter Linien, die nicht überschritten werden dürfen, verengt Handlungsspielräume. Haben sich politische Entscheidungsträger erst einmal auf eine Lösung eingeschossen, ist der Gestaltungsspielraum stark eingeschränkt. Selbst wenn bei der gesetzlichen Ausarbeitung Probleme sichtbar werden, ist der Pfad längst eingeschlagen. Die ministerielle Gesetzesvorbereitung, eigentlich eine Stärke des deutschen Systems, kann dann bestenfalls noch Schadensbegrenzung betreiben. Nachgelagerte Prüfmechanismen wie der Digitalcheck bleiben weitgehend wirkungslos.

An Beispielen mangelt es nicht. Das vielleicht bekannteste Beispiel dieser Art war wohl die »Pkw-Maut für Ausländer«. Der ehemalige Ministerpräsident Horst Seehofer drohte im Wahlkampf: »Ich unterschreibe als CSU-Vorsitzender nach der Bundestagswahl keinen Koalitionsvertrag, in dem die Einführung der Pkw-Maut für ausländische Autofahrer nicht drinsteht.«[193] Der Zielkonflikt zwischen der ausschließlichen Belastung von ausländischen Autofahrern und dem europarechtlichen Diskriminierungsverbot blieb unaufgelöst. Der Kniff mit der Kompensation der inländischen Fahrzeughalter über die Kfz-Steuer konnte das Europarecht nicht aushebeln. Der Europäische Gerichtshof kippte im Sommer 2019 diese Kompensation, das Projekt wurde abgeblasen. Der bereits im Aufbau befindliche Mautbetreiber autoTicket GmbH erhielt einen dreistelligen Millionenbetrag Schadenersatz vom Staat.[194]

Oft finden die Legisten der Ministerien die politischen Vorgaben in verschwurbelten Sätzen und interpretationsoffenen Begriffen wieder, die teilweise aus nächtlichen Verhandlungsmarathons stammen und noch vor jeder fachlichen Prüfung öffentlich gefeiert werden. Ein solches Beispiel war die Formulierung der »Osterruhe« für Gründonnerstag und Karsamstag während der Coronapandemie. Sie lief nach einer nächtlichen Videokonferenz mit den Ministerpräsidenten der Länder am 23. März 2021 um 0:58 Uhr über die Ticker. Doch was genau ist eine »Osterruhe«? Eine Verordnung? Eine Verwaltungsvorgabe? Kann der Bund das überhaupt regeln? Müssen Arbeitgeber Lohn zahlen? Müssen Arbeitnehmer Urlaub nehmen? Gilt sie als gesetzlicher Feiertag? Für all das fehlte die rechtliche Grundlage. Einen Tag später zog Bundeskanzlerin Angela Merkel die Entscheidung zurück. »Die Idee eines Oster-Shutdowns war mit bester Absicht entworfen worden«, sagte sie in einer spontanen Pressekonferenz. Doch gute Absicht heilt keine handwerklichen Mängel. Immerhin wurde in diesem Fall das Vorhaben gestoppt und verworfen.[195]

Die gute politische Absicht endet bei solider handwerklicher Umsetzung oft in leidiger Bürokratie. Zur Bundestagswahl 2025 stand die Erhöhung der Arbeitsanreize hoch auf der politischen Agenda. Doch um dieses Anliegen wahlkampftauglich zu machen, wurde sogleich eine Lösung festgelegt, nämlich eine steuerliche Entlastung für diejenigen, die ihre Arbeitszeiten erhöhen. Natürlich auch für Teilzeitarbeitende, denn sonst klänge es ja nach Benachteiligung der häufiger teilzeitbeschäftigten Frauen.[196] So liest sich dann der Koalitionsvertrag wie folgt: »Wir werden einen neuen steuerlichen Anreiz zur Ausweitung der Arbeitszeit von Teilzeitbeschäftigten schaffen: Wenn Arbeitgeber eine Prämie zur Ausweitung der Arbeitszeit zahlen, werden wir diese Prämie steuerlich begünstigen. Missbrauch werden wir ausschließen.«

So sperrig wie das Wort »Teilzeitaufstockungsprämie« ist auch die dahinterliegende Bürokratie. Diese muss nun sicherstellen, dass Zusatzleistungen in Sach- oder Barwerten, die 225 Euro pro Stunde oder 4.500 Euro insgesamt nicht übersteigen, nur dann begünstigt werden, wenn die zusätzliche Arbeitsleistung bis zu 20 Stunden beträgt und mit einer dauerhaften Arbeitszeiterhöhung von mindestens 24 Monaten einhergeht, jedoch nicht bei befristeter Teilzeit mit einer verbleibenden Laufzeit von unter 24 Monaten oder wenn innerhalb der letzten zwölf Monate bereits eine Reduzierung der Arbeitszeit erfolgt ist.[197] Alles klar, oder? Und was passiert nun, falls der Arbeitgeber wechselt oder eine Schwangerschaft eintritt? Ich hoffe, Sie verstehen nun, was eine Komplexitätsfalle ist. Und wie gut Deutschland darin ist, seine internationale Führungsrolle in der Disziplin »kompliziertestе Einkommensteuer« zu behaupten.[198]

Was kann hier getan werden? Die Entstehung politischen Handelns folgt oft einem Muster. Die meisten Herausforderungen, die Politik adressieren könnte, sind lange bekannt. Doch die Mühlen, also die Aufmerksamkeit von Politik und Medien, setzen sich meist erst bei einem Auslöseereignis in Bewegung. Dann entsteht rasch ein Narrativ zur Problemlage. Fast gleichzeitig fliegen erste Lösungsvorschläge auf den Tisch. Die hohe mediale Aufmerksamkeit in dieser

Phase verleitet die Akteure dazu, sich frühzeitig auf bestimmte Maßnahmen festzulegen, womit das Kind häufig schon in den Brunnen gefallen ist.

Manchmal gelingt es, dieser Versuchung zu widerstehen. Idealerweise liegen bereits durchdachte Lösungen bereit, bevor das politische Momentum entsteht. An dieser Stelle kommt der politische Ideenmarkt als ein Ort ins Spiel, an dem Konzepte entwickelt werden, die in den Schubladen der Parteizentralen auf ihren Einsatz warten. Genau das ist die Idee der Plattform für Reformvorschläge, einem Pilotprojekt der Zukunft-Fabrik.2050, die eine solche Schublade für Strukturreformen aufbaut.[199]

Ein weiterer Kniff, um der politischen Festlegung zuvorzukommen, ist die Einsetzung einer Expertenkommission. Statt solche Gremien zu verspotten (»Wenn du nicht mehr weiterweißt, gründe einen Arbeitskreis«), sollten sie als sinnvolle Instrumente geschätzt werden, zumindest solange sie nicht dazu dienen, Problemlösungen auf den Sankt-Nimmerleins-Tag zu vertagen. Sie sollten allerdings gut moderiert werden. Nur Sachverständige für kurze Impulse einzuladen, daraus mal wieder eine Spiegelstrichliste von Reformwünschen anzufertigen und die dann zu priorisieren, ergibt kein in sich konsistentes Konzept und erst recht keine Vision.

Der Normenkontrollrat hat Vorschläge entwickelt, die am Gesetzgebungsprozess selbst ansetzen.[200] Die Umsetzung politischer Vorgaben würde erheblich erleichtert, wenn politische Ziele klar formuliert und idealerweise messbar gemacht würden, ohne jedoch schon die Wirkmechanismen festzulegen. Denn leider besitzt Politik eine erstaunliche Fähigkeit, widersprechende Ziele gleichzeitig zu verfolgen, zum Beispiel Klimaschutz bei gleichzeitiger Bewahrung energieintensiver Industrien, beschleunigter Infrastrukturausbau mit umfassender Bürgerbeteiligung und hohen Umweltstandards, bezahlbare Energiepreise trotz vollständigen Umbaus der Energieerzeugung. Statt die Zielkonflikte ehrlich zu benennen und zu priorisieren, jagt man die Eier legende Wollmilchsau.

Die Vorschläge des Normenkontrollrats setzen an der Struktur des legislativen Prozesses mit den folgenden Zielen an:

- **Offener Vergleich von Lösungsoptionen:** Gesetzgebungsprozesse starten heute oft direkt mit einem fertigen Gesetzesentwurf aus dem federführenden Ministerium. Damit wird die Diskussion auf juristische Details verengt. Es ist, als solle man aus dem Quellcode das Programm verstehen oder aus einer Partitur erraten, wie das Konzert klingt. Es braucht daher eine vorgeschaltete systematische Auseinandersetzung mit alternativen Wirkmechanismen, Vollzugsprozessen und Praxiserfahrungen, zum Beispiel aus Experimentierräumen oder von anderen Ländern.
- **Ausreichende Deliberation:** Gesetzgebung im Eiltempo ist keine Seltenheit. Das Heizungsgesetz musste vor der Sommerpause durch. Und für die Reform der Schuldenbremse, jahrzehntelang diskutiert, lagen zwischen Tischvorlage und Abstimmung gerade einmal 15 Tage. Laut Normenkontrollrat wird in nur einem Drittel der Fälle die vorgeschriebene Mindestdauer für Abstimmung und externe Beteiligung eingehalten. Doch gute Gesetze brauchen Zeit.

Der Normenkontrollrat schlägt vor, den Übergang von der politischen Willensbildung zum legislativen Prozess durch ein Zielpapier zu strukturieren, welches noch keine konkreten Maßnahmen oder Wirkmechanismen enthält. Das mag Wunschdenken bleiben, doch es würde Raum schaffen für mehr Offenheit im Lösungsprozess.

Ein Gesetzgebungslabor, wie das Policy Lab in Großbritannien oder die Gemeinsame Forschungsstelle der EU-Kommission in Brüssel, könnte ähnlich wie ein medizinisches Labor verschiedene Wirkstoffe – also Politikansätze – vorab testen. Und wie bei Medikamenten sollten nicht nur Wirkungen vor ihrer Einführung geprüft, sondern auch Langzeitwirkungen evaluiert werden. Doch heutige

Evaluierungen verkommen oft zur Pflichtübung, ausgelagert an externe Gutachter. Würde man Regelungen öfter mit einem »Sunset«, also einem Verfallsdatum, versehen, würde die Evaluation automatisch an Gewicht gewinnen.

All diese Vorschläge, selbst wenn sie umgesetzt würden, können zu einem wirkungslosen Papiertiger verkommen, wenn sie nicht ernst genommen werden. Hier kommt Transparenz als struktureller Hebel ins Spiel. Über öffentlich zugängliche Prozessinformationen könnten Forscher, Journalisten und NGOs prüfen, wie konsequent die neuen Spielregeln tatsächlich angewandt werden. Eine moderne Gesetzgebungssoftware wäre ein einfacher erster Schritt, dies zu ermöglichen. Und wenn in Deutschland endlich gute Forschungsdaten zur Verfügung stünden, könnte sich auch hierzulande eine lebendige Parlamentsforschung entwickeln.

## 9.3 Delegation, Dezentralisierung, Disziplin

Im vorherigen Abschnitt ging es um Rahmenbedingungen, welche die politische Handwerkskunst dazu bewegen könnten, stärker um Visionen und Ziele zu ringen und nicht um Maßnahmen. Dieser Abschnitt stellt drei weitere strukturelle Hebel vor, die bewirken können, dass Politik langfristiger gedacht wird: Delegation, Dezentralisierung und Disziplin durch Selbstbindung. Sie verändern nicht die Inhalte, wohl aber die Spielregeln der Politik.

Schon heute wird staatliches Handeln in vielen Bereichen auf unabhängige Institutionen übertragen. Was für manche nach einem Demokratiedefizit klingt, ist bei genauerem Hinsehen oft eine kluge Antwort auf die Überforderung komplexer Systeme. Eine der wirkmächtigsten, aber oft unbeachteten Entscheidungen der Politik ist deshalb: Worüber will ich eigentlich selbst entscheiden, und was kann ich delegieren?

Ein Paradebeispiel gelungener Delegation sind unabhängige Zentralbanken. Welche ökonomischen Verwerfungen und sozialen Spannungen hohe Inflation verursachen kann, ist vielen heute kaum noch bewusst. Wir kennen ausufernde Inflation höchstens von Urlaubsreisen in Länder wie die Türkei oder Argentinien. Die Einführung unabhängiger Zentralbanken, die einem klaren Mandat folgen – im Fall der EZB dem Ziel von zwei Prozent Inflation auf mittlere Sicht –, hat in vielen Ländern die Teuerung unter Kontrolle gebracht. Was passiert, wenn die Politik direkt in die Geldpolitik eingreift und sie anderen Politikzielen unterordnet, zeigt ein Blick nach Venezuela. Dort wurde die Zentralbank zur Finanzierung staatlicher Defizite missbraucht. Die Inflation liegt bei über hundert Prozent pro Jahr, in Spitzenzeiten verdoppelten sich die Preise alle sechs Wochen.

Ähnlich wie die Zentralbank übernehmen auch andere Institutionen – mit variierender Unabhängigkeit – staatliche Koordinierungs- und Gestaltungsaufgaben. Je stärker sie von kurzfristigen politischen Interessen entkoppelt sind, desto besser gelingt das oft. Das gilt weitgehend für die Judikative, aber auch für Institutionen wie den Bundesrechnungshof, die Monopolkommission oder die Bundeskartellbehörde.[201] Ein weiteres Beispiel ist die Mindestlohnkommission, welche der Regierung unabhängige Empfehlungen zur Mindestlohnhöhe gibt. So wurde zumindest transparent gemacht, wenn die Politik eingreift. Das war 2022 der Fall, als die Bundesregierung den Mindestlohn einfach auf zwölf Euro erhöhte, eine aus einem Wahlversprechen abgeleitete Zusatzerhöhung um 1,55 Euro. Die Mindestlohnkommission setzte für alle sichtbar ihre Beschlussfassung aus.

Dass Schulen und Straßen meist staatlich sind, Banken und Bauernhöfe eher privat, erscheint uns als naturgegebene Ordnung. Aber das muss so nicht sein. Wir erinnern uns an die Zeiten, da gehörten Post, Telefonnetz und Energieversorgung dem Staat. Und wer sich an Sowchosen erinnert, die staatlichen Großfarmen der UdSSR, weiß, dass damals Beamten sogar auf den Äckern arbeiteten. Heute wiederum gibt bei uns und in vielen anderen Ländern exzellente Privatschulen und bestens ausgebaute Mautstraßen, die privat betrieben werden. Auch das ist Delegation.

So lohnt es sich auch in Deutschland, grundsätzlicher darüber nachzudenken, wo mehr Delegation zu besseren Ergebnissen führen könnte. Ein Beispiel ist die Autobahn GmbH. Sie wurde gegründet, um Planung und Betrieb der Fernstraßen effizienter und unabhängiger vom politischen Tagesgeschäft zu organisieren. Als eigenständiges Unternehmen könnte sie Einnahmen und Ausgaben langfristiger planen. Diese Unabhängigkeit bedingt jedoch eine eigene Finanzierungsbasis, etwa über eine besser konzipierte Mautlösung. Ambitioniert, aber ähnlich gehemmt ist die Bundesagentur für Sprunginnovationen, SprinD. Nach dem Vorbild der US-amerikanischen DARPA soll sie radikale Innovationen fördern. Doch mit kleinem Budget und begrenzter Autonomie bleibt sie weit hinter diesem Anspruch zurück.

Wie also ließe sich Delegation weiterdenken? Könnte ein autonomeres Modell im Bildungswesen dazu führen, dass Schulen entstehen, die ihren Auftrag besser erfüllen als das heutige System mit verbeamteten Lehrkräften und Schulleitungen, denen oft die Hände gebunden sind? Ist die derzeitige Struktur des Gesundheitswesens mit niedergelassenen Ärzten und Krankenhäusern wirklich das optimale Marktdesign? Oder wäre ein stärker gegliederter Markt effizienter, bei dem Gesundheitsregionen mit einer festgelegten Anzahl an Maximalversorgern und Gesundheitszentren eingerichtet werden, wie ihn Gesundheitsexperten der Zukunft-Fabrik.2050 skizziert haben?[202]

Kurzum: Nicht jede staatliche Aufgabe muss direkt vom Kabinettstisch aus gesteuert werden. Visionäre Politik weiß, wann sie die Fäden lockerlassen und wann sie das Netz stabil knüpfen muss, damit es trägt, was wachsen soll.

Delegation endet nicht bei der Entscheidung zwischen Amt, Agentur oder Privatakteur. Sie betrifft auch die Freiräume, die in und zwischen den föderalen Ebenen des Staates bestehen. Dezentralisierung bedeutet, dass der Bund durch entsprechende Rahmenbedingungen seine politischen Ziele ganzheitlich-abstrakt setzt und Freiräume für die Findung unterschiedlicher Lösungen auf den unteren

Ebenen des Staates – Länder und Gemeinden – im Rahmen eines föderalen Wettbewerbs lässt.[203]

Getragen wird dieser Wettbewerb von zwei Prinzipien: dem Subsidiaritätsprinzip und dem Äquivalenzprinzip. Das Subsidiaritätsprinzip erfordert, die Zuständigkeit für die Bereitstellung öffentlicher Güter der jeweils möglichst untersten Ebene zuzuordnen. Entsprechend dem Äquivalenzprinzip müssen deren Mitglieder diese Zuständigkeiten auch finanzieren. Das Ziel ist ein gesunder Wettbewerb zwischen den Gebietskörperschaften und Staatsebenen, um gute Lösungen erkennen und übernehmen zu können. Dafür braucht es mehr Transparenz und Vergleichbarkeit über die Leistungsfähigkeit der öffentlichen Verwaltung in den unterschiedlichen Gebietskörperschaften.

Beispielhaft dafür steht das Mirakel der Bildungspolitik, bei welcher der föderale Wettbewerb nicht zu funktionieren scheint. Ein Anfang wäre, über standardisierte Tests und die Veröffentlichung ihrer Ergebnisse Transparenz und Vergleichbarkeit zu schaffen. Die Hamburger Schulinspektion ist mit einem standardisierten Verfahren und der Veröffentlichung von Inspektionsberichten ein Vorreiter.[204] Der standardisierte Pisa-Test dagegen enthält seit vielen Jahren keinen Vergleich der Bundesländer mehr.[205]

Eine Föderalismusreform könnte die Aufgaben klarer verteilen und entflechten. Der Bund könnte nur in ausgewählten Bereichen – etwa Sicherheit oder Medienpolitik – zusätzliche Kompetenzen erhalten. Dabei muss die sogenannte Konnexität gesichert sein: Wer bestellt, muss auch bezahlen. Länder und Kommunen brauchen mehr Anreize, erfolgreich zu wirtschaften, etwa indem sie ihr Steuerrecht eigenständiger gestalten und die Erträge vollständiger nutzen können. Eine kommunale Abweichungskompetenz bei praxisfernen Vorschriften könnte es Bürgermeistern erlauben, den Vollzug dieser Vorschriften mit entsprechender Begründung für eine bestimmte Zeit auszusetzen.[206]

Eine weitere Form von Politik der zweiten Ordnung sind selbstbindende Regeln, politisch disziplinierende Spielregeln im engeren

Sinne. Dazu zählen Fiskalregeln wie die Schuldenbremse. Sie schreibt nicht vor, was politisch entschieden wird, sondern sie definiert den finanziellen Rahmen, in dem Entscheidungen möglich sind. Sie erzwingt so eine Priorisierung, stabilisiert die Finanzpolitik über Legislaturperioden hinweg und stärkt Vertrauen bei Bürgern, Investoren und Märkten. Eine Fiskalregel setzt keine Inhalte, sondern Struktur. Wie beim Schach, bei dem verschiedene Züge möglich sind, aber nicht alle Figuren beliebig gezogen werden können.

Mit genau dieser Absicht wurde 1969 die sogenannte goldene Regel als Artikel 115 ins Grundgesetz aufgenommen. Sie verfolgte das Ziel einer modernen, makroökonomisch orientierten Haushaltssteuerung nach Vorbild des antizyklischen Keynesianismus. Die goldene Regel erlaubte Kreditaufnahmen zur Finanzierung von Investitionen, nicht jedoch für laufende Ausgaben.

Die Regel war Teil der Vision für eine »Globalsteuerung« der Wirtschaft. Dessen Herzstück war das Stabilitäts- und Wachstumsgesetz mit seinem berühmten »magischen Viereck« aus Preisstabilität, Vollbeschäftigung, außenwirtschaftlichem Gleichgewicht und stetigem Wachstum. Zusätzlich zur goldenen Regel, die das Ausmaß der Konjunktursteuerung begrenzen sollte, wurden Steuerungsmechanismen wie die mittelfristige Finanzplanung, der Konjunkturrat und eine konzertierte Aktion eingeführt, ein regelmäßiger Abstimmungsprozess zwischen Regierung, Arbeitgebern und Gewerkschaften, um Löhne, Preise und Beschäftigung im Sinne gesamtwirtschaftlicher Stabilität zu koordinieren.

Während die Globalsteuerung im Stabilitäts- und Wachstumsgesetz weiter besteht, aber nicht mehr umgesetzt wird, wurde die goldene Regel im Jahr 2009 durch die Schuldenbremse ersetzt. Denn die goldene Regel konnte einen Schuldenanstieg nicht verhindern. Der Investitionsbegriff wurde überdehnt, Ausnahmen wurden zur Regel. In der Eurokrise 2009 wurde die goldene Regel durch die Schuldenbremse ersetzt mit dem Ziel, das Vertrauen in die Haushaltsdisziplin zu stärken. Die numerische Kalibrierung – eine strukturelle Neuverschuldungsgrenze von 0,35 Prozent des BIP sowie ein Verschuldungsverbot für die Länder – ging dabei auf eine politische Einigung zurück.

Auch die Schuldenbremse entfaltete ihre Anreizwirkung. Allerdings auch nicht immer im gewünschten Sinne. Sie verdrängte Investitionen zugunsten konsumtiver Ausgaben, veränderte die Lastenverteilung zwischen Bund, Ländern und Kommunen und förderte Umgehungsstrategien über Sondervermögen. Implizite Schulden – etwa die zukünftigen Defizite aus der Rentenpolitik – blieben unberücksichtigt. Der Druck zur Reform blieb aus, bis die demografischen Lasten in steigenden Zuschüssen zu Sozialversicherungen sichtbar wurden und dem Bundeshaushalt zunehmend die Handlungsfähigkeit entzogen.

Diese Geschichte zeigt, dass jede Fiskalregel Vor- und Nachteile hat, abhängig von den Umständen. In der Eurokrise war es das Vertrauen der Finanzmärkte, das oberste Priorität besaß. In der anschließenden Niedrigzinsphase rückte dagegen der Investitionsbedarf für die Transformation ins Zentrum. Erstaunlich ist, dass die Schuldenbremse kaum als Rahmenpolitik mit ihren Stärken und Schwächen offen diskutiert wird. Stattdessen wirkt die Debatte oft wie ein Schaukampf zweier Lager. Die einen beschwören ausschließlich die Risiken fiskalischer Entgrenzung in ferner Zukunft, die anderen sehen nur die vermeintliche Alternativlosigkeit neuer Schulden im Hier und Heute.

Eine weitere Form der disziplinierenden Selbstbindung bestünde darin, der dritten Gewalt – der Judikative – eine weitere Rolle für Mechanismen der zweiten Ordnung zu geben. Denn die bisher diskutierten Ansätze setzen auf Einsicht und guten Willen von Exekutive und Legislative. Doch wenn diese selbst Teil des Problems sind, braucht es eine Instanz, die außerhalb dieser Befangenheit agiert. Mit dem passenden Rahmen könnten Gerichte helfen, langfristig ordnende Politik zu ermöglichen.

Ein Vorschlag in diese Richtung ist ein Grundrecht auf verständliches und überschaubares Recht, verankert als Leuchtturm im Grundgesetz.[207] Denn Regeln sind nur so gut, wie sie verstanden und befolgt werden können. Mit jeder neuen Vorschrift wächst jedoch das Risiko von Widersprüchen und Unübersichtlichkeit. Während in der Schweiz die Zahl der Bundesgesetze in den letzten fünfzig Jahren nahezu konstant geblieben ist, hat sich der deutsche Normendschungel deutlich verdichtet. Heute gibt es hierzulande mehr als doppelt so viele Gesetze und Verordnungen wie in der Schweiz. Zwar können Gerichte auch jetzt schon Normen wegen mangelnder Klarheit als verfassungswidrig erklären, doch die Hürden dafür sind hoch. Ein subjektives Grundrecht auf Rechtsklarheit würde diese Hürde senken und den Bürgerinnen und Bürgern ein einklagbares Instrument gegen Überkomplexität an die Hand geben.

Solch ein Grundrecht könnte eine heilsame Debatte auslösen: Für wen machen wir eigentlich Gesetze? Für Fachjuristen oder für die Gesellschaft? Heute ist es oft die Praxisferne, die Gerichte auf den Plan ruft. Doch ihre Auslegungen fügen dem ohnehin komplexen Normengefüge weitere dogmatische Erker hinzu. Was als brillanter Richterspruch im Einzelfall beginnt, endet häufig in der Forderung nach noch detaillierteren Regelungen, besonders sichtbar in der Sozialgesetzgebung.

Ein Grundrecht auf verständliches und überschaubares Recht wäre ein strukturelles Gegengewicht zur Gesetzesinflation und eine Selbstbindung der Politik an Klarheit, Maß und Orientierung. Und es würde das Prinzip der Rahmenpolitik auf das anwenden, was ihrem Gelingen oft im Weg steht, nämlich die lähmende Komplexität des Regelwerks, mit dem wir Zukunft gestalten wollen.

Delegation, Dezentralisierung und Disziplin durch Selbstbindung sind mögliche Hebel hin zu einer langfristig orientierten Rahmenpolitik. Wer gestalten will, sollte loslassen können und Vertrauen den Institutionen, den föderalen Ebenen und den Regeln schenken, die auch dann noch gelten, wenn eine Windböe in die andere Richtung weht. So entsteht ein Rahmen, der Wandel ermöglicht, ohne in Aktionismus zu verpuffen. Dies sollte uns den Weg zu unseren Visionen für das Jahr 2050 erleichtern.

## 9.4 Den Ideenmarkt entfesseln

In der Politik ist es nicht anders als in der Wirtschaft: Ideen führen zu Fortschritt. Und so gibt es einen politischen Ideenmarkt. Während dieser im linken Spektrum blüht, wirkt er im bürgerlichen Lager schwerfällig und ausgedörrt. Impulsgeber fühlen sich oft alleingelassen und verloren.

Aus meinen Gesprächen mit Akteuren des politischen Vorfelds ergibt sich eine klare Asymmetrie. Die eine politische Seite hat die Bedeutung des Ideenmarkts früher erkannt und besser umgesetzt als die andere. Dabei geht es nicht um Wahlkampfgetöse wegen der öffentlichen Förderung für »Omas gegen rechts«, sondern um den strategischen Blick auf die Landschaft der einflussreichen Denkfabriken in Berlin.

Die Denkfabrik Agora Energiewende wurde von der Mercator-Stiftung ins Leben gerufen, die auf die Unternehmerfamilie hinter dem Metro-Handelskonzern zurückgeht. Inzwischen hat sich die Stiftung zu einer regelrechten Denkfabrikfabrik entwickelt. Neben der Agora Energiewende gibt es eine Agora Verkehrswende, eine Agora Industrie, eine Agora Agrar und eine Agora Digitale Transformation. Sie speisen Ideen und Konzepte in die Politik ein. Insbesondere die Grünen haben früh die strategische Bedeutung von Denkfabriken erkannt. So war zum Beispiel der Gründungsdirektor der Agora Energiewende im Jahr 2012 der Grünen-Politiker Rainer Baake. Aus der Agora heraus entwickelte er die Reform des Erneuerbare-Energien-Gesetzes, welche er ab 2014 als Staatssekretär im Bundesministerium für Wirtschaft und Energie politisch umsetzte.[208]

Wie diese Asymmetrie dazu beigetragen hat, die wirtschaftspolitische Debatte weg von einer rahmenorientierten Politik hin zu stärkerem Dirigismus zu verschieben, wurde bereits in Kapitel 3 anhand der Themen Staatswirtschaft und Markteingriffe erläutert. Inzwischen scheint das bürgerliche Lager die Folgen dieser Schieflage erkannt zu haben und beginnt gegenzusteuern. CDU-Generalsekretär Carsten Linnemann spricht vom Konrad-Adenauer-Haus als einer »Denkfabrik«.

Abgesehen von ihrer intellektuellen Schöpfungskraft, erfüllen Denkfabriken auch eine strategische Funktion im politischen System. Sie fördern den Nachwuchs und dienen als Auswechselbank für Politik und Verwaltung. In den USA, wo bei Regierungswechseln große Teile der Ministerialbürokratie ausgetauscht werden, fungieren Thinktanks als Auffang- und Abkühlbecken. Dort finden Politikausscheider einen Hafen, um ihre Erfahrungen und bislang unverwirklichten Ideen weiterzuentwickeln sowie als Mentoren die nächste Generation zu begleiten. Und das zu Gehältern, wie sie in Deutschland allenfalls Verbände mit handfesten Lobbyinteressen zahlen.

Was wäre, wenn diese erfahrenen Köpfe, nun befreit von den Fesseln des politischen Amts, statt vom Lobbysektor in renommierte Denkfabriken aufgenommen würden, wo sie ihre Einblicke und ihren Gestaltungswillen einbringen könnten? Stattdessen verschwinden viele, soweit sie den Lockrufen gut dotierter Interessenvertretungen widerstehen, mitsamt ihren Ideen in der Versenkung.

In diesem Zusammenhang spricht man oft abfällig von der »Drehtür«. Als sei jeder, der zwischen öffentlichem Dienst und anderen Organisationen wechselt, automatisch ein Gefangener fremder Interessen. Im Lobbyregister des Bundestages werden gezielt Verbindungen von Personen erfasst, die zwischen Staatsdienst und dort gelisteten Organisationen gependelt sind. Der eigentliche Wert von Personalrotation, nämlich Wissens- und Erfahrungstransfer, wird in diesem Framing verkannt. Wozu führt das? Wer aus Politik oder Verwaltung auszuscheiden droht – also eine »Nachfolgeverwendung« sucht – und dabei Glück hat, ergattert einen Posten als Frühstücksdirektor mit guter Vergütung in sicherer Entfernung zur Politik. Im besten Fall ist das ein für den Steuerzahler teures Gnadenbrot, im schlechtesten Fall werden die mit Frühstücksdirektoren besetzten Institutionen schlecht geführt.

Wem ein solcher Absprung nicht gelingt, der versucht, sich am Stuhl festzuhalten. Deutschland hat nicht nur ein Problem mit Klimaklebern, sondern ebenso eines mit Sesselklebern. Den Schaden,

den diese erzeugen, ist umso größer. Er ist nur nicht messbar, weil es hier um versäumte Gelegenheiten geht, frisches und neues Denken zu fördern und Gestaltungswillen und Tatendrang in die staatlichen Institutionen zu bringen. Genauso wie die Durchlässigkeit zwischen Selbstständigkeit, Anstellung und Beamtentum, genauso wie der Übergang vom Leben als Trilogie zum Epos, so gilt auch für Politik und Verwaltung: Wir brauchen mehr Durchlässigkeit. Das allein könnte helfen, den Verfall der Eliten zu stoppen und Talente für die Zukunftsgestaltung unseres Landes zu gewinnen.

Apropos Eliten: Kennen Sie einen Milliardär? Vielleicht ist er Ihnen gar nicht aufgefallen. Denn abseits einiger Unternehmerverbände bleibt die deutsche Unternehmerschaft bemerkenswert leise. Understatement ist ihr Markenzeichen. Unternehmer und Konzernlenker suchen selten die Öffentlichkeit. Die Albrecht-Brüder von Aldi sind ein solches Beispiel. Wer sich philanthropisch betätigt, fördert vielleicht den örtlichen Sportverein oder das lokale Kulturprogramm. Der von der Dieter Schwarz Stiftung mit großen Summen geförderte visionäre KI-Campus in Heilbronn ist eine seltene Ausnahme.

Dabei wäre es höchste Zeit, dass vermögende Familienunternehmer, Konzernlenker und Führungspersönlichkeiten aus dem Schatten treten und helfen, ein neues Geschäftsmodell für Deutschland zu entwerfen. Dass sie sich bislang hartleibig zeigen, ist überraschend. Denn so oft, wie man Unternehmer im privaten Gespräch über die verkorkste Standortpolitik lamentieren hört, sollten eigentlich von ihnen vorangetriebene marktwirtschaftliche Initiativen, Leuchtturmprojekte und wirtschaftspolitische Denkfabriken wie Pilze aus dem Boden schießen.

Ihre verbreitete Zurückhaltung in politischen Fragen ist vielleicht mit Blick auf die Geschichte der Wirtschaftselite erklärlich. Das Wirtschaftswunder entstand im Gefüge des rheinischen Kapitalismus, getragen von Großkonzernen und ihren Finanziers. Zigarrenklubs mit Konzernlenkern wie Abs, Flick oder Beitz bestimmten den Ton. Der Mittelstand war Teil des Netzwerks, aber abhängig von dessen Aufträgen. Mit der Entflechtung der Deutschland AG in den 1990ern verlor dieses Netzwerk an Einfluss. Die entstandene Lücke ist bis heute nicht geschlossen.

Angesichts der Misere, in der Deutschland sich befindet, ergreifen nun einige Unternehmer die Initiative. Manchmal jedoch investieren sie nicht in Strukturen wie Denkfabriken, sondern streben selber auf das öffentliche Parkett. Oft hört man dann die vertrauten Schlager wirtschaftsfreundlicher Politik, etwa Bürokratieabbau, niedrigere Energiepreise, Steuersenkungen, professionell verpackt von Kommunikationsagenturen. Doch das bleibt im bekannten Lösungsraum gefangen und verschiebt bestenfalls die Gewichte innerhalb bestehender Zielkonflikte.

Um Wirtschaftspolitik langfristig anders zu gestalten, brauchen wir Unternehmer, die in den politischen Ideenmarkt für das zukünftige Geschäftsmodell Deutschlands investieren. Die Denkfabriken fördern und mit diesen Lösungsräume erweitern, Narrative entwickeln und neue Antworten auf alte Zielkonflikte erarbeiten. Das ist keine Show und keine Jagd zur Erfüllung von KPIs, sondern geduldige Konzeptarbeit.

Zusätzlich brauchen neue Ideen dankbare Abnehmer. Sie brauchen Resonanzräume wie Fachforen, Diskussionsrunden, Dialoge mit Politik und Verwaltung, auch wenn sie nicht für das Tagesgeschäft relevant sind. Ein Beispiel: Das ZEW entwickelte im Auftrag des Bundesforschungsministeriums eine Taxonomie für zukunftsorientierte öffentliche Ausgaben – eine Art »Zukunftsquote«, so wie es ja auch Gender-Budgeting und Nachhaltigkeitstracking gibt. Die Idee fand Eingang in den Koalitionsvertrag von Nordrhein-Westfalen. Doch als wir, die Zukunft-Fabrik.2050, zusammen mit dem ZEW eine Veranstaltung in Berlin dazu planten, fanden sich weder Haushaltspolitiker noch ministerielle Führungspersonen, um für diese Idee aufs Podium zu treten.

Solange diese Rückkopplung fehlt, bleiben viele wirtschaftspolitische Ideen ungedacht und damit ungesagt. Der Ideenmarkt bleibt verwaist, wo er eigentlich florieren sollte. Statt langfristiger Visionen bestimmen Flickenteppiche aus interventionistischen Maßnahmen das Bild, weil der Ideenmarkt brachliegt und der Mut und der Antrieb zum langfristigen Denken und Handeln fehlen.

# 10

# Aufbruch

*»Die Zukunft soll man nicht voraussehen wollen, sondern möglich machen.«*

Antoine de Saint-Exupéry, Schriftsteller und Pilot

Die Schaffenskraft der Menschheit ist unermesslich. Ihre Dynamik zeigt sich oft erstaunlich unbeeindruckt von schlechter Politik. Als Ökonom beim Internationalen Währungsfonds habe ich Länder erlebt, deren Wirtschaftspolitik selbst hartgesottene Beobachter sprachlos machte. Verfügt ein Land über halbwegs brauchbare Voraussetzungen – etwa über etwas Infrastruktur und grundlegende Bildung –, kann es vorankommen. Umgekehrt gelingt es manchen Ländern mit sehr begrenzten Mitteln, allein durch kluge Wirtschaftspolitik einen beachtlichen Wohlstand aufzubauen. Wenn sich ökonomisches Potenzial mit kluger Wirtschaftspolitik verbindet, dann rückt sogar der Griff nach den Sternen in Reichweite.

Der Staat und seine ordnende Hand prägen unser Leben maßgeblich. Doch oft ergeht es uns wie dem gesottenen Frosch. Wir merken nicht, wie das Wasser um uns immer heißer wird. Den Auf- oder Abstieg eines Landes nehmen wir meist nur verschwommen wahr, oft durch die Linse der eigenen Biografie. Meist fehlt uns die Vorstellungskraft, wie ein anderes Szenario aussehen könnte. Wer kennt schon die Erfindungen, die nie gemacht wurden? Wer vermag sich schon das Deutschland vorzustellen, das hätte entstehen können, aber nicht entstand? Und so passiert es, dass wir zu oft im Hier und Jetzt verharren möchten. Wir begnügen uns mit marginalen Verbesserungen und lassen uns mit Placebos abspeisen, während die Temperatur weiter steigt. Selbst wenn die Konjunktur wieder anzieht, bis dieses Buch gedruckt ist, bleibt das eigentliche Problem bestehen. Unser Land hat keine Vision.

Dabei mangelt es nicht an Potenzial. Deutschland verfügt über eine bessere Infrastruktur als viele andere Länder und über reichlich Kapital. Wir haben kluge Köpfe, eine Tradition des Erfindungsreichtums und eine ausgeprägte Arbeitskultur. Zwar sind unsere natürlichen Ressourcen begrenzt, doch als großes und vernetztes Land im Herzen eines vereinten Europas eröffnen sich uns viele andere Chancen. Trotz aller Herausforderungen sind die Voraussetzungen gut, um erfolgreich zu sein. Was uns fehlt, ist eine Vorstellung davon, wohin wir wollen. Welche erstrebenswerte Zukunft wir uns für das Jahr 2050 wünschen. Und wie unsere Kinder leben sollen, wenn sie einmal so alt sind wie wir heute.

Trotz des Zerrens an den Rändern gibt es in unserer Gesellschaft noch immer einen bemerkenswerten Grundkonsens. Nur haben wir verlernt, der Zukunft mit Hoffnung zu begegnen. Statt Zuversicht dominieren Ängste. Mit dem Schwund der Hoffnung in die Zukunft schwindet auch die Fähigkeit, positive Zukunftsbilder zu entwerfen. Das Gefühl der Ohnmacht überlagert den Impuls zum Aufbruch. Und statt uns den Spiegel vorzuhalten, sind viele politische Protagonisten selbst zum Spiegelbild dieser Entwicklung geworden.

Großen Wendepunkten ging immer eine Vision voraus. Die Aufklärung ebenso wie die Gründung der Europäischen Union begannen mit einer Idee, die größer war als das Bestehende. Heute stehen wir erneut an einem solchen Punkt. Klimawandel, Digitalisierung, demografischer Wandel und geopolitische Verschiebungen verändern die Welt in rasantem Tempo. Wir sind keine Insel der Glückseligen, und wir wollen kein Museum werden. Doch unser Geschäftsmodell, soweit es überhaupt tragfähig war, ist in die Jahre gekommen. Wer die Transformation gestalten will, braucht klare Bilder davon, wie eine wünschenswerte Zukunft aussehen könnte. Nicht nur ein Bild, sondern viele. Wir müssen Zielkonflikte benennen, Alternativen durchdenken und gemeinsam darum ringen, welche Vision unser Handeln leiten soll.

Und dann braucht es eine handwerklich solide Umsetzung. Der ehemalige Manager sowie Politikquerein- und -aussteiger Thomas Sattelberger bezeichnete die drei Hebel für Veränderung in der Politik als die elendige Not, den Gegner vor den Toren oder eine Vision.[209] China hat eine Vision. Wir hingegen warten auf die Not oder den Gegner. Mit der anhaltenden Konjunkturflaute, dem russischen Aggressor und dem Handelskrieg aus Washington sind wir längst in der Rolle der Getriebenen. Wir sollten den Entwicklungen zuvorkommen, mit einer eigenen Vision voranschreiten und die Zukunft gestalten. Dabei gibt es einen Machtfaktor, der in Sattelbergers Aufzählung fehlt: die Technologie. Die USA setzen auf sie bei wirtschaftlicher Innovation, Estland bei der Verwaltung, populistische Parteien bei der Mobilisierung auf TikTok.

Unsere politischen Strukturen, Verfahren und Denkweisen sind mit der Geschwindigkeit und Komplexität der Transformation überfordert. Unser politisches System ist auf Stabilität ausgelegt, nicht auf Wandel. Das Verhältniswahlrecht, der Föderalismus, das europäische Gefüge, all das macht Veränderung alles andere als einfach. Doch die tiefgreifendste aller Veränderungen beginnt im Kopf. Und der zeigt sich meist erstaunlich unbeweglich, selbst wenn die Symptome längst unübersehbar sind: ein wachsender Reformstau, bröckelndes Vertrauen in die staatliche Steuerungsfähigkeit, das Gefühl eines schleichenden Abstiegs. Mit jedem Jahr, in dem wir im Modus des kurzfristigen Politiktaktierens weiterwursteln, ohne strategischen Kompass für die langfristige Zukunft, steigt der Preis für spätere Kurskorrekturen.

Um diese Schere im Kopf zu überwinden, mahnt dieses Buch zum langfristigen Denken, zum Denken in alternativen Szenarien und zur Entwicklung von Visionen für die Zukunft. Eine Vision ist keine Utopie, sondern ein strukturierter Entwurf einer oder mehrerer wünschbarer Zukünfte. Und sie ist eine Einladung, den Weg dorthin aktiv zu gestalten. Politik, die nur auf Sicht fährt, wird scheitern. Was wir brauchen, sind zukunftsgerichtete Denkweisen und ihnen entsprechende Institutionen und Prinzipien, die Innovation und Wandel ermöglichen. Nicht als technokratische Blaupause, sondern als politischer Rahmen, der befähigt und Orientierung gibt. Visionen sind keine Flucht aus der Realität, sondern ihre produktive Überwindung. Sie schaffen den Raum, in dem Lösungen entstehen können, die heute noch unsichtbar sind. Diesen Raum, diese Freiheit, sollten wir uns erarbeiten.

# Epilog

*»Action without vision is only passing time, vision without action is merely daydreaming, but vision with action can change the world.«*

Joel A. Barker, Futurist[210]

Die Suche nach neuen Wegen ist keine Aufgabe der Politik allein. Sie beginnt bei uns allen. Sie wächst aus unserem Verständnis von Verantwortung, von Teilhabe und von Zukunft. Visionen entstehen nicht im Elfenbeinturm. Sie brauchen öffentliche Debatte, bürgerschaftliches Engagement und wirtschaftliche Innovationskraft. Jeder von uns ist Teil dieses Systems. Und jeder kann dazu beitragen, dass aus Visionen Wirklichkeit wird, ob als Bürger, Unternehmerin, Lehrkraft, Wissenschaftlerin oder politisch Engagierte.

Dieses Buch ist mein Beitrag. Es entstand aus der Beobachtung, dass die eigenen Denkmuster oft anders sind als die in Berlin. Es wuchs aus dem nüchternen Befund, dass das politische Vorfeld marktwirtschaftlicher Prägung verwaist. Und es fußt auf der Erfahrung, dass ohne Amt und Würden Gehör schwer zu finden ist. Dieses Buch will kein Bestseller sein. Es ist als konstruktives Angebot an die Politik gedacht und zugleich als Einladung an alle politisch Interessierten. Persönliche Eindrücke, die an manchen Stellen augenzwinkernd einfließen, mindern nicht im Geringsten die Anerkennung gegenüber denjenigen, die sich mit Herzblut in der Wirtschaftspolitik engagieren.

In diesem Buch finden Sie bewusst keine Bewertungen der aktuellen Politik der jüngsten Koalition. Allzu oft wären solche Einschätzungen schon überholt, bevor das Buch gedruckt ist. Stattdessen soll hier eine neue Perspektive eröffnet werden, die unabhängig von der Tagespolitik trägt. Es ist die Perspektive der Langfristigkeit, die Sie selbst dazu einlädt, aktuelle Debatten aus einer anderen, vielleicht ungewohnten Sicht zu betrachten. Stellen Sie dieses Buch also ruhig ins Regal, lassen Sie es eine Weile einstauben, und greifen Sie immer wieder danach, um zu prüfen, was sich im Vergleich zu den hier beschriebenen Grundmustern der Wirtschaftspolitik verändert hat.

Manche werden in diesem Buch eine Liste mit zehn Punkten vermissen, die sofort umgesetzt werden sollten. Der Grund dafür ist einfach. Solche Listen gibt es schon zuhauf. Ich verfüge nicht über die eine entscheidende Weisheit, und ich möchte Ihnen auch keine vorgefertigten Lösungen servieren. Das Ziel ist ein anderes. Leserinnen und Leser sollen nach der Lektüre besser in der Lage sein, Diskurse und Narrative sowie die damit verbundenen Vorschläge einzuordnen. Und sie sollen dem kurzfristigen und pessimistischen Blick einen langfristigen und optimistischen entgegensetzen können.

Was dieses Buch ebenfalls ausspart, sind aktuelle Triggerpunkte. Themen wie Migration, Schuldenbremse oder die Sanktionierung von Arbeitsunwilligen werden hier nicht diskutiert. Das ist kein Versehen, sondern Absicht. Zu oft saß ich in wirtschaftspolitischen Gesprächsrunden über Reformbedarf, die rasch in Debatten über Triggerpunkte abglitten. Man begann bei der Rentenreform und endete im Kulturkampf. Mit dem Fokus auf eher abstrakte Fragen wie Datenmärkte und Industriepolitik soll vermieden werden, dass dieses Buch allein an seiner Haltung zu aktuellen Streitfragen gemessen wird.

Weil sich Populismus gerne an Triggerpunkten entzündet, will dieses Buch auch kein Öl ins Feuer gießen, sondern für eine langfristige Politik sensibilisieren, die abseits dieser Kampffelder stattfindet. Wer die politische Mitte beschwört, wäre gut beraten, es ähnlich zu halten. Auch wenn das bedeutet, auf den schnellen viralen Erfolg eines zugespitzten Social-Media-Posts zu verzichten.

Das Anliegen dieses Buches ist es, den Blick auf politische Strukturen und Handlungsmuster zu lenken. Gute Politik entfaltet ihre Wirkung oft jenseits der übermäßig aufgeladenen Kontroversen. Natürlich bleibt es eine Aufgabe der großen Politik auf der Berliner Bühne, langfristig und visionsorientiert auch schwierige Konfliktfelder zu bearbeiten. Fast noch wichtiger ist jedoch, unsere demokratischen Prozesse entscheidungsfähig zu halten und damit den Weg freizumachen für die gute Arbeit, die häufig im Hintergrund und abseits des Rampenlichts geschieht. In der Verwaltung arbeiten viele Menschen engagiert, vielleicht mit etwas zu wenig Mut zu Neuem, doch meist leistungsbereit und am Gemeinwohl orientiert, solange sie nicht durch politische Entscheidungen in Überforderung oder Chaos gestürzt werden. In diesen Bereichen gute und langfristige Politik umzusetzen, ist oft wirksamer, als an den bekannten Triggerpunkten die Temperatur am politischen Stammtisch weiter in die Höhe zu treiben.

Wer mehr darüber lesen möchte, was hinter dem Plädoyer für langfristige Politik steht, findet spannende Anregungen in folgender

Literatur. In »Thinking, Fast and Slow« erklärt der Nobelpreisträger Daniel Kahneman eindrücklich, warum unser Denken so oft vom kurzfristigen, intuitiven System 1 bestimmt wird und welche Verführungen darin liegen. Das Buch »Triggerpunkte« von Steffen Mau, Thomas Lux und Linus Westheuser zeigt, dass wir in der Mitte der Gesellschaft einen erstaunlich breiten Konsens haben, auf dem sich aufbauen lässt. Es macht zugleich deutlich, wie leicht man den Polemiken der Populisten erliegt. Für Freunde der trockenen Kost lohnt sich »Complexity and the Art of Public Policy« von David Colander und Roland Kupers. Das Werk bleibt zwar wenig konkret, doch die Perspektive der Komplexitätswissenschaft auf die Wirtschaftspolitik ist ein faszinierender Ansatz. Und Robin Alexanders »Letzte Chance« seziert das Politikhandwerk genüsslich und zeigt, wie daraus bisweilen Pfusch am Bau entsteht. Sein Blick auf die Praxis der Politiktaktik ist das passende Gegenstück zu dem Politikstil, den dieses Buch einfordert.

Wer sich am Wandel zur Zukunft beteiligen möchte, ist eingeladen, den Aktivitäten der Zukunft-Fabrik.2050 zu folgen und an den öffentlichen virtuellen Seminaren teilzunehmen. Daneben gibt es unzählige andere Veranstalter und Formate, bei denen Sie sich einbringen können. Am wichtigsten ist jedoch, langfristiges Denken in den Mittelpunkt zu stellen, ob als Redebeitrag bei einer Veranstaltung, am Familientisch, im Gespräch mit Freunden oder im Kollegenkreis. Widerstehen Sie trivialen Argumenten. Trauen Sie sich, Ideen auszusprechen, die außerhalb der Komfortzone liegen. Nehmen Sie öfter die Metaebene ein, statt die einfachen oberflächlichen Lösungen kopfnickend zu akzeptieren.

Reisen Sie in andere Regionen und Länder, und fragen Sie sich, welche Vision dort verfolgt wird und wie sich diese Orte mit Deutschland vergleichen lassen. Entwerfen Sie alternative Szenarien in der Vergangenheit, in der Gegenwart und vor allem für die Zukunft. Fordern Sie das auch von anderen ein. Fragen Sie im Elterngespräch die Schulleitung nach vergleichenden Statistiken der Klasse oder der Schule, und formen Sie eine Vorstellung davon, wie gut die Schule Ihrer Kinder sein könnte. Halten Sie in Gesprächen mit Freundinnen, Freunden und Kolleginnen wie Kollegen unterschiedliche Standpunkte aus.

Deutschland braucht Visionen nicht als Projektionsfläche für Wunschdenken, sondern als politische Praxis. Wer gestalten will, braucht Visionen. Wer sich auf den Weg zu einer Vision macht, sollte Strukturen schaffen, die Wandel ermöglichen. Mein Traum wäre, nach diesem Titel »Visionen braucht das Land« sehr bald den Titel »Visionen hat das Land« vorzulegen. Helfen Sie dabei mit!

# Dank

Am Schluss möchte ich danken. Mein größter Dank gilt meiner Familie, meiner Partnerin und unserem wunderbaren Sohn. Sie ertrugen mit Fassung, dass ich mich für den Aufbau der Zukunft-Fabrik.2050 beurlauben ließ und so viel Energie in das Nachdenken über mein Vaterland steckte. Dazu kamen der Zeitaufwand für das Schreiben dieses Buches und viele Reisen nach Berlin. Gleichzeitig beobachten zu können, wie unser Sohn seine eigene Zukunft formt und welche Schaffenskraft in ihm steckt, inspirierte und überzeugte mich, dass auch eine ganze Gesellschaft dazu fähig ist. Jeder kann seine Zukunft in die eigenen Hände nehmen.

Das Projekt Zukunft-Fabrik.2050 war nur dank meines Mitinitiators Dr. Rainer Lampe und der vielen Menschen an seiner Seite möglich. Voller Ideen und Tatkraft griff er unmittelbar nach unserer gemeinsam organisierten Konferenz in Berlin 2021 die Idee einer Denkfabrik auf. Auf ihn geht die zentrale Forderung nach einer positiven und zugleich realistischen Vision für unser Handeln zurück. Sein Freimachen von Denkschranken, sein unerschütterlicher Glaube an Interdisziplinarität und an ehrenamtliches Engagement beeindrucken mich bis heute.

Dr. Christian Pfeiffer lernte ich während seiner Promotion durch unseren Ideenwettbewerb kennen. Seither ist er ein wichtiger Sparringspartner, gerade weil er stets in alternativen Szenarien denkt und sie bildlich vermitteln kann. Für die vielen Gespräche und den engen Gedankenaustausch danke ich ihm. Nach seiner Promotion engagierte er sich über viele Monate ehrenamtlich beim Aufbau der Zukunft-Fabrik.2050. Gemeinsam mit Prof. Johannes Hirata investierte er viel Arbeit in die Analyse von Methoden für langfristiges Denken, die die Grundlage für Kapitel 4 mitbildeten. Beiden danke ich sehr.

Daneben danke ich den vielen Kooperationspartnern und Mitautoren, die ich mit und über die Zukunft-Fabrik.2050 gewinnen konnte. Sie haben geholfen, Ideen zu entwickeln und reifen zu lassen, Forschung umzusetzen und diese in die öffentliche Diskussion einzubringen. Besonderer Dank gilt Dr. Nils Hesse, der mich entscheidend zu dieser Monografie ermutigt hat. Gemeinsame Arbeiten mit ihm sowie mit Britta Grauke, Dr. Steffen Issleib, Markus Keller und Dr. Anselm Küsters bilden die Grundlage für Teile dieses Manuskripts. Dr. Christoffer Koch danke ich für viele Gespräche und den Zugang zu seinem hervorragenden Netzwerk. Großer Dank gilt auch Kaspar Althaus, der den lebenden Beweis liefert, wie zukunftsorientiertes Denken im Rahmen der Zukunft-Fabrik.2050 in unternehmerisches Handeln übersetzt werden kann.

Weiterhin danke ich den vielen hervorragenden Denkern und Sparringspartnern, mit denen ich Themen durchdenken und Hypothesen erproben konnte. Sie waren oft nur eine Textnachricht entfernt, um rasch Rückmeldung zu einem entworfenen Absatz zu geben. Dazu gehören unter anderem Stephanie von Ahlefeldt, Guido Arndt, Dr. Alex Barkawi, Dr. Michael Blum, Dr. Axel Brugger, Dr. Susanne Cassel, Prof. Michael Ganslmeier, Hendrik Hofstadt, Dr. Hans-Peter Kleebinder, Rico zu Knyphausen, Dr. Tobias Krahnke, Adrian Locher, Dr. Nils Remmel, Dr. Michael Sander, Hansi Schäuble, Otto Schell, Prof. Sascha Spoun, Natascha Weisert, Prof. Conny Wunsch, Dr. Julian Zuber und viele andere. Mein Dank gilt auch den frühen Testlesern, darunter Steffen Böhm, Prof. Georg Cremer, Dr. Christoph Denk, Prof. Stefan Kooths, Dr. André Meier, Christian Meier, Dr. Stefan Schöncke sowie meinen Brüdern Bernd und Christian. Ebenso danke ich den engagierten Fellows der Zukunft-Fabrik.2050, der HSG-Alumni-Gemeinschaft und den Teilnehmerinnen und Teilnehmern unserer Diskussionswochenenden im November. Ich danke auch meinen aktuellen und früheren Kolleginnen und Kollegen, deren Türen in Berlin und anderswo seit Jahren für Gespräche offen stehen. Euer Vertrauen schätze ich sehr. Eine Namensliste wäre hier fehl am Platz.

Ich danke dem Herder Verlag, insbesondere Dr. Patrick Oelze und Dr. Robert Köhler, für den Vertrauensvorschuss und die Begleitung dieses Buchprojekts. Johanna Germeier unterstützt seit Jahren maßgeblich die Organisation der Aktivitäten der Zukunft-Fabrik.2050. Stefan Zsolt Tari begleitete intensiv die Arbeiten zum Klimaschutz. Adam Bisharat und Felix Zozin halfen beim Marketing dieses Buches. Maximilian Germ übernahm verlässlich die Anfertigung von Charts und die Hintergrundrecherche. Angelique Pershon und Elisabeth Essbaumer schneiderten die Webseite, Lionel Farha und Gian Luca Mäder bespielten die Social-Media-Kanäle. Die großartigen Cartoons stammen von Spirt Cebanu. Unsere Zusammenarbeit begann über eine Internetplattform und erwies sich vom ersten Moment an als Glücksfall.

Ein großer Dank gilt auch den Entwicklerinnen und Entwicklern von DeepL, ChatGPT und der WSKI Reporterfabrik. Durch diese Innovationen gewann das Manuskript deutlich an Lesespaß. Ich nutzte KI für Recherche, insbesondere für Fallbeispiele, für Ideengenerierung und für die sprachliche Glättung der Rohentwürfe. Im Verlauf des Buchprojekts lernte ich die Bots und ihre Fähigkeiten gut kennen. Sie halfen mir, Denkblockaden zu lösen, neue Formulierungen zu finden und Hypothesen zu prüfen. Den Eindruck, dass sie eigenständig lesenswerte Texte entwerfen, habe ich nicht. Und ihr Humor ist ziemlich fad. Sie können also sicher sein, dass die weit über 500 000 Zeichen des Erstentwurfs allein vom Autor stammen. Dass verschachtelte Gedankengänge gekürzt und schwammige Formulierungen geradegezogen wurden und Sie deshalb nur rund 400 000 Zeichen zu lesen hatten, verdanken Sie auch meiner Zusammenarbeit mit der KI.

Wichtige inhaltliche Impulse entsprangen den Veranstaltungen, die ich unter dem Dach der Zukunft-Fabrik.2050 initiieren konnte.

Sie boten reichlich Inspiration, viele Ideen und einige Geschichten, die an verschiedenen Stellen in das Manuskript eingeflossen sind. Mein Dank gilt den Sponsoren, die manche Veranstaltung erst ermöglichten, und besonders den gut fünfzig namhaften Referentinnen und Referenten, die wir begrüßen durften. Einige möchte ich hier ausdrücklich nennen, weil ihre Vorträge und Diskussionen in der einen oder anderen Weise auf dieses Buch Einfluss genommen haben. Es sind dies Andreas Aepli, Prof. Stefanie Bailer, Thomas Bergen, Dr. Martin Braml, Prof. Markus Brunnermeier, Prof. Lars P. Feld, Prof. Christoph Frei, Prof. Maja Göpel, Prof. Armin Grunwald, Prof. Friedrich Heinemann, Prof. Michael Hüther, Prof. Christian Kastrop, Dr. Hannes Kühn, Rafael Laguna de la Vera, Prof. Mark Lawrence, Dr. Markus Reichel MdB, Dr. Markus Richter, Prof. Martin Werding und Armand Zorn MdB.

Ganz besonders in Erinnerung geblieben ist mir unsere virtuelle Veranstaltung mit dem leider inzwischen verstorbenen Dr. Wolfgang Schäuble MdB, den ich besonders geschätzt habe. Seit unserem Kennenlernen zu meiner Zeit bei den Wirtschaftsweisen haben wir uns stets freundlich gegrüßt. Umso mehr freute es mich, dass er auf meine Anfrage für eine Onlineveranstaltung sofort zusagte. Vielen Teilnehmerinnen und Teilnehmern ist die offene Diskussion, die er vor dem Hintergrund seines Zuhauses führte, in eindrucksvoller Erinnerung geblieben. Auf die Frage nach seiner Vision für die ferne Zukunft antwortete er mit aufrichtiger Gelassenheit, dass diese Aufgabe nun den Jüngeren zufalle.

Und ganz zum Schluss möchte ich meinen Dank zum Ausdruck bringen, dass ich als ganz kleines Rad an einem Netzwerk internationaler und deutscher Ökonomen, leitender Verwaltungsangestellter und Politiker teilhaben durfte und darf. Hervorheben möchte ich hier den ehemaligen Vorsitzenden der Wirtschaftsweisen, Prof. Christoph Schmidt. Seine feine Antenne für Nuancen im wirtschaftspolitischen Diskurs hat mich dazu angeregt, neben der ökonomischen Substanz dem Framing besondere Aufmerksamkeit zu schenken, was diesem Buch zugutekam. Dass die Wirtschaftsweisen und ihre Mitarbeiterinnen und Mitarbeiter, die Kolleginnen und Kollegen in den Ministerien, die Abgeordneten und ihre Büros, die Parteizentralen, die Kolleginnen und Kollegen vom Währungsfonds und aus dem IWF-Netzwerk sowie viele Bekannte und Freunde aus der Wissenschaft und dem politischen Vorfeld immer für mich ansprechbar waren und sich Zeit für einen Gedankenaustausch nahmen, ist großartig. Ich wertschätze jede und jeden Einzelnen. Mir ist bewusst, dass diese Offenheit nicht selbstverständlich ist. Sie beruht auf Vertrauen. Vielen Dank!

Zehn Jahre sind seit unserer ersten Begegnung vergangen. Das Rad der Zeit hat sich weitergedreht. Die Sonne scheint freundlich an diesem Morgen in Washington, D. C. Es ist der Abreisetag nach der halbjährlichen Tagung von Weltbank und Internationalem Währungsfonds. Auf einer Parkbank im Dupont Circle treffe ich den damaligen Abteilungsleiter wieder. Gemeinsam blicken wir zurück. Wir sprechen dieselbe Sprache.

# Anmerkungen

1 Vgl. Abbildung 138 in Sachverständigenrat Wirtschaft (2022): Jahresgutachten 2022/23 – Energiekrise solidarisch bewältigen, neue Realität gestalten. Wiesbaden, S. 373.

2 Vgl. IWF (2025): World Economic Outlook (October). https://www.imf.org/en/Publications/WEO/Issues/2025/10/14/world-economic-outlook-october-2025, aufgerufen am 16. Oktober 2025.

3 Vgl. Abbildung 139 in Sachverständigenrat Wirtschaft (2022): Jahresgutachten 2022/23 – Energiekrise solidarisch bewältigen, neue Realität gestalten. Wiesbaden, S. 373 f.

4 Der Handelsökonom Brad Setser weist darauf hin, dass der direkt in bilateralen Handelsdaten messbare positive Wachstumsimpuls nur von 2005 bis 2011 feststellbar ist. Siehe https://x.com/Brad_Setser/status/1586422263989026816 vom 29. Oktober 2022, abgerufen am 20. September 2025. Eine Analyse der Europäischen Zentralbank zeigt, dass, gemessen am Marktanteil der Warenexporte des Euroraums, zwischen 2001 und 2019 die geografischen (besonders China) und sektoralen Effekte (besonders Investitionsgüter) den Verlust der internen Wettbewerbsfähigkeit fast aufwiegen. Zitiert von Isabel Schnabel am 2. Oktober 2024 in https://www.ecb.europa.eu/press/key/date/2024/html/ecb.sp241002_2~4fbb6ea450.de.html, abgerufen am 20. September 2025.

5 Zur besseren Verständlichkeit ist von Außenhandel und Handelsbilanz die Rede. Im Jargon der volkswirtschaftlichen Gesamtrechnung ist jedoch die Leistungsbilanz gemeint.

6 Vgl. Schroeder, S. & Esser, J. (1999): Modell Deutschland: Von der Konzertierten Aktion zum Bündnis für Arbeit, in: Aus Politik und Zeitgeschichte 37/1999. https://www.bpb.de/shop/zeitschriften/apuz/archiv/539026/modell-deutschland-von-der-konzertierten-aktion-zum-buendnis-fuer-arbeit/, aufgerufen am 17. September 2025.

7 Vgl. Koalitionsvertrag von SPD & Die Grünen (1998): Aufbruch und Erneuerung – Deutschlands Weg ins 21. Jahrhundert. Bonn, S. 1 & 4. https://www.spd.de/fileadmin/Dokumente/Beschluesse/Bundesparteitag/koalitionsvertrag_bundesparteitag_bonn_1998.pdf, aufgerufen am 17. September 2025.

8 Vgl. Bofinger, P. (2015): German wage moderation and the EZ crisis, VoxEU column. https://cepr.org/voxeu/columns/german-wage-moderation-and-ez-crisis, aufgerufen am 17. September 2025.

9 Vgl. Sachverständigenrat Wirtschaft (2023): Jahresgutachten des Sachverständigenrates Wirtschaft 2023/24 – Wachstumsschwäche überwinden, in die Zukunft investieren. Wiesbaden, S. 231.

10 Vgl. Abbildungen 35 rechts in Sachverständigenrat Wirtschaft (2019): Jahresgutachten 2019/20 – Den Strukturwandel meistern. Wiesbaden, S. 104.

11 Vgl. §2 des Gesetzes über die Bildung eines Sachverständigenrates Wirtschaft zur Begutachtung der gesamtwirtschaftlichen Entwicklung (SachvRatG). https://www.gesetze-im-internet.de/sachvratg/BJNR006850963.html#:~:text=Zum%201.%20M%C3%A4rz%20eines%20jeden%20Jahres%20-%20erstmals%20nach%20Ablauf, aufgerufen am 20. September 2025.

12 Vgl. Tagesschau vom 31. Juli 2025: MediaMarkt-Saturn-Mutter Ceconomy vor Übernahme. https://www.tagesschau.de/wirtschaft/unternehmen/mediamarkt-saturn-ceconomy-jdcom-100.html, aufgerufen am 20. September 2025.

13 Sachverständigenrat Wirtschaft (2016): Jahresgutachten 16/17 – Zeit für Reformen. Wiesbaden, S. 465.

14 Das Papier ist nicht im Internet zu finden, wird jedoch auch in wissenschaftlichen Studien zitiert, etwa in Hünnekes, F., Konradt, M., Schularick, M., Trebesch, C. & Wingenbach, J. (2023): Exportweltmeister – Germany's Foreign Investment Returns in International Comparison. Graduate Institute of International and Development Studies. Working Paper No. HEIDWP03-2023. https://www.econstor.eu/bitstream/10419/278387/1/1839692529.pdf, aufgerufen am 20. September 2025.

15 Eigene Übersetzung.

16 Eigene Übersetzung.

17 Lewis, M. (2010): The Big Short. W.W. Norton & Company.

18 Vgl. Hünnekes, F., Konradt, M., Schularick, M., Trebesch, C. & Wingenbach, J. (2023): Exportweltmeister – Germany's Foreign Investment Returns in International Comparison. Graduate Institute of International and Development Studies. Working Paper No. HEIDWP03-2023. https://www.econstor.eu/bitstream/10419/278387/1/1839692529.pdf, aufgerufen am 20. September 2025.

19 Die Schätzungen verschiedener Quellen schwanken um diesen Wert. Als Referenz für die Schätzung von zwei Prozent siehe Europäische Kommission (2024): Impact Assessment Report. https://eur-lex.europa.eu/resource.html?uri=cellar:6c154426-c5a6-11ee-95d9-01aa75ed71a1.0001.02/DOC_1&format=PDF#:~:text=COMMISSION%20Strasbourg,%206.2.2024%20SWD(2024)%2063%20final%20PART%201/5%20COMMISSION%20STAFF, aufgerufen am 20. September 2025.

20 Vgl. BMF (2025): 30. Subventionsbericht des Bundes, S. 19. https://www.bundesfinanzministerium.de/Content/DE/Downloads/Broschueren_Bestellservice/30-subventionsbericht.html, aufgerufen am 21. September 2025.

21 Vgl. Abbildung 51 in Sachverständigenrat Wirtschaft (2022): Jahresgutachten 2022/23 – Energiekrise solidarisch bewältigen, neue Realität gestalten. Wiesbaden, S. 169.

22 Vgl. Destatis (2022), 15. Koordinierte Bevölkerungsvorausberechnung. https://www.destatis.de/DE/Themen/Gesellschaft-Umwelt/Bevoelkerung/Bevoelkerungsvorausberechnung/begleitheft.html, aufgerufen am 16. September 2025.

23 Vgl. Weinhold, O. (2025): Fremdkörper in der Bundesregierung – Harte Kritik aus den eigenen Reihen an Katherina Reiche, in: Berliner Zeitung vom 28. Juli 2025. https://www.berliner-zeitung.de/news/rente-mit-70-kritik-an-katherina-reiche-aus-den-eigenen-reihen-li.2345014, aufgerufen am 14. August 2025.

24 Vgl. Wolff, G., Tagliapietra, S., & Lenaerts, K. (2021): Can Climate Change be Tackled without Ditching Economic Growth? https://www.bruegel.org/working-paper/can-climate-change-be-tackled-without-ditching-economic-growth, aufgerufen am 15. August 2025.

25 Vgl. Global Carbon Project, basierend auf Friedlingstein et al. (2022): Global Carbon Budget 2022, in: Earth System Science Data (14), S. 4811–4900. https://doi.org/10.5194/essd-14-4811-2022, aufgerufen am 20. September 2025. Vgl. Bojanowski, A. (2024): Was Sie immer schon übers Klima wissen wollten, aber bisher nicht zu fragen wagten. Westend, S. 275.

26 Vgl. Pressemitteilung des BMWSB vom 13. Juli 2022. https://www.bmwsb.bund.de/SharedDocs/pressemitteilungen/DE/2022/07/sofortprogramm-klimaschutz-gebaeude.html, aufgerufen am 20. September 2025.

27 Vgl. https://www.bundesregierung.de/breg-de/service/archiv/sofortprogramm-klimaschutz-1934852, aufgerufen am 20. September 2025.

28 Alle Zertifikate, die für unvermeidbare Emissionen gehandelt würden, müssten also durch Negativemissionen erzeugt werden.

29 Zum Effekt von Schulwiedereröffnungen auf Covid-Infektionen vgl. z. B. Ipshording, I. E., Lipfert, M., & Pestel, N. (2021): Does re-opening schools contribute to the spread of SARS-CoV-2? Evidence from staggered summer breaks in Germany, in: Journal of Public Economics, S. 198. https://doi.org/10.1016/j.jpubeco.2021.104426, aufgerufen am 21. September 2025. Vgl. auch von Bismarck-Osten, C., Borusyak, K., & Schönberg, U. (2022): The role of schools in transmission of the SARS-CoV-2 virus: quasi-experimental evidence from Germany, in: Economic Policy 37(109), S. 87–130. https://doi.org/10.1093/epolic/eiac001, aufgerufen am 21. September 2025.

30 Siehe zu Überbrückungshilfen zum Beispiel Bundesrechnungshof (2022): Corona-Überbrückungshilfen: Ausgestaltung und Zugangsvoraussetzungen. https://www.bundesrechnungshof.de/SharedDocs/Downloads/DE/Berichte/2022/corona-ueberbrueckungshilfen-volltext.pdf?__blob=publicationFile&v=3, aufgerufen am 15. September 2025. Sowie BMWK (2022): Überblickspapier Corona-Hilfen Rückblick – Bilanz – Lessons Learned mit Stand 27. Juni 2022. https://www.bmwk.de/Redaktion/DE/Downloads/C-D/Corona/ueberblickspapier-corona-hilfen.pdf?__blob=publicationFile&v=1, aufgerufen am 15. September 2025.

31 Siehe https://vlex.co.uk/vid/locomotives-act-1865-808255757, aufgerufen am 20. September 2025.

32 Siehe https://vlex.co.uk/vid/locomotives-on-highways-act-861208325, aufgerufen am 20. September 2025.

33 Siehe https://vlex.co.uk/vid/motor-car-act-1903-808473345, aufgerufen am 20. September 2025.

34 Siehe https://www.gov.uk/government/publications/history-of-road-safety-and-the-driving-test/history-of-road-safety-the-highway-code-and-the-driving-test, aufgerufen am 20. September 2025.

35 Vgl. Meyers, Z. (2025): Better Regulation and the EU's Artificial Intelligence Act, in: Embracing Deregulation in The European Union. 60/3, S. 149–153. https://www.intereconomics.eu/contents/year/2025/number/3/article/better-regulation-and-the-eu-s-artificial-intelligence-act.html, aufgerufen am 16. August 2025.

36 Vgl. Koch, J. (2010): Bürgerproteste gegen Google, in: Rheinische Post vom 12. August 2010. https://rp-online.de/nrw/staedte/duesseldorf/buergerprotest-gegen-google_aid-8923549, aufgerufen am 20. September 2025.

37 Vgl. Golem vom 21. Oktober 2010. https://www.golem.de/1010/78793.html, aufgerufen am 20. September 2015.

38 Vgl. Statista. https://www.statista.com/statistics/432773/internet-usage-to-view-cities-streets-eg-google-street-view-germany/, aufgerufen am 3. September 2024.

39 Vgl. Ramge, T. (2024): Wie sieht eine gute Zukunft mit KI aus? Eine Fortschrittserzählung. Das Progressive Zentrum. https://doi.org/10.5281/ZENODO.12938365, aufgerufen am 20. September 2025.

40 Vgl. von Sydow, E. (2025): 4.1.5er: Bedeutung und Anleitung zum Busfahrer-Gruß, in: Focus vom 10.02.2025. https://praxistipps.focus.de/4-1-5er-bedeutung-und-anleitung-zum-busfahrer-gruss_184323, aufgerufen am 17. August 2025.

41 Regierungserklärung von Bundeskanzler Olaf Scholz am 27. Februar 2022. https://www.bundesregierung.de/breg-de/aktuelles/regierungserklaerung-von-bundeskanzler-olaf-scholz-am-27-februar-2022-2008356, aufgerufen am 15. September 2025.

42 Vgl. Deutsche Welle (2022): Mehr Investitionen für Klimaschutz und sichere Energien. https://www.dw.com/de/mehr-investitionen-f%C3%BCr-klimaschutz-und-sichere-energien/a-61036101, aufgerufen am 20. September.

43 Vgl. bp (2021): Statistical Review of World Energy, 70th edition. https://www.bp.com/content/dam/bp/business-sites/en/global/corporate/pdfs/energy-economics/statistical-review/bp-stats-review-2021-natural-gas.pdf, aufgerufen am 20. September 2025. Zum Hinweis auf fehlende eigene statistische Grundlagen vgl. beispielsweise Bundeszentrale für politische Bildung (2022): Deutschlands Abhängigkeit von russischem Gas, 13. April 2022. https://www.bpb.de/kurz-knapp/hintergrund-aktuell/507243/deutschlands-abhaengigkeit-von-russischem-gas/, aufgerufen am 20. September 2025.

44 Vgl. Sachverständigenrat Wirtschaft (2022): Jahresgutachten des Sachverständigenrat Wirtschaft 2022/23 – Energiekrise solidarisch bewältigen, neue Realität gestalten. Wiesbaden, S. 375ff.

45 Dieser Abschnitt bedient sich des unveröffentlichten Positionspapiers Andritzky, J. & Pfeiffer C. (2023): Rohstoffsicherheit: Seltene Erden – Zielpyramide und Politikoptionen.

46 Vgl. BMWK (2023): Leitplanken zur Stärkung der Versorgungssicherheit – Gutachten des Wissenschaftlichen Beirats beim Bundesministerium für Wirtschaft und Klimaschutz (BMWK). https://www.bundeswirtschaftsministerium.de/Redaktion/DE/Publikationen/Ministerium/Veroeffentlichung-Wissenschaftlicher-Beirat/wissenschaftlicher-beirat-presseerklaerung-versorgungssicherheit-gutachten.pdf?__blob=publicationFile&v=12, aufgerufen am 16. September 2025.

47 Vgl. BMWK (2022): Eckpunktepapier – Wege zu einer nachhaltigen und resilienten Rohstoffversorgung. https://www.bundeswirtschaftsministerium.de/Redaktion/DE/Downloads/E/eckpunktepapier-nachhaltige-und-resiliente-rohstoffversorgung.pdf?__blob=pudblicationFile&v=1, aufgerufen am 21. November 2022.

48 Vgl. Stelter, D. (2024): Gesinnungsethik der Kurzsichtigen (254). BTO – Der Ökonomie-Podcast mit Daniel Stelter. https://www.youtube.com/watch?v=1V6tZD6LQgc, aufgerufen am 16. September 2025.

49 Vgl. Habbe, S. & Denzel, M. (2025): Was für »entwaldungsfrei« alles zu beachten ist, in: Frankfurter Allgemeine Zeitung, Recht und Steuern vom 14. Januar 2025. https://www.faz.net/aktuell/wirtschaft/was-fuer-entwaldungsfrei-alles-zu-beachten-ist-110231086.html, aufgerufen 20. September 2025.

50 »Wandel durch Handel« ist nicht zu verwechseln mit »Wandel durch Verflechtung«, welches in unserem Verhältnis zu Russland zum Einsatz kam, etwa indem die deutschen Gasspeicher an Gazprom verkauft wurden und Deutschland im Gegenzug ein paar sibirische Gasförderstätten erhielt.

51 Vgl. Felbermayr, G. & Braml, M. (2024): Der Freihandel hat fertig – wie die neue Welt(un)ordnung unseren Wohlstand gefährdet. Amalthea, Wien, S. 16, sowie die dort genannten Quellen, insbesondere Santamaria, M., Ventura, J. & Yeşilbayraktar, U. (2021): DP15633 Borders within Europe, in CEPR Discussion Paper No. 15633. CEPR Press, Paris & London. https://cepr.org/publications/dp15633, aufgerufen am 20. September 2025.

52 Vgl. Sachverständigenrat Wirtschaft (2016): Jahresgutachten des Sachverständigenrates Wirtschaft 2016/17 – Brexit Votum: Schaden abwenden, Europa durch Subsidiarität stärken. Wiesbaden, S. 153f.

53 Siehe dazu auch CDU, CSU & SPD (2025): Verantwortung für Deutschland – Koalitionsvertrag zwischen CDU, CSU und SPD, S. 143. https://www.koalitionsvertrag2025.de/sites/www.koalitionsvertrag2025.de/files/koav_2025.pdf, aufgerufen am 15. September 2025.

54 Vgl. Felbermayr, G. & Braml, M. (2024): Der Freihandel hat fertig – wie die neue Welt(un)ordnung unseren Wohlstand gefährdet. Amalthea, Wien, S. 27.

55 Vgl. Eppinger, P., Felbermayr, G., Krebs, O. & Kukharskyy, B. (2021): Decoupling Global Value Chains. CESifo Working Papers, No. 9079. https://www.cesifo.org/en/publications/2021/working-paper/decoupling-global-value-chains, aufgerufen am 20. September 2025.

56 Vgl. Krahnke, T., Ferrari Minesso, M., Mehl, A. & Vansteenkiste, I. (2024): Seizing central bank assets? CEPR Discussion Paper, No. 19186. CEPR Press. Paris & London. https://cepr.org/publications/dp19186, aufgerufen am 20. September 2025.

57 Vgl. Kienholz, R. & Schlagenhof, M. (2024): Ein Marathon mit Endspurt, in: Die Volkswirtschaft – Plattform für Wirtschaftspolitik. https://dievolkswirtschaft.ch/de/2024/09/ein-marathon-mit-endspurt/, aufgerufen am 5. September 2025.

58 Vgl. Harari, Y. N. (2024): Nexus. Eine kurze Geschichte der Informationsnetzwerke von der Steinzeit bis zur künstlichen Intelligenz. Penguin Verlag, S. 306f.

59 Vgl. Abbildung 51 in Sachverständigenrat Wirtschaft (2022): Jahresgutachten 2022/23 – Energiekrise solidarisch bewältigen, neue Realität gestalten. Wiesbaden, S. 169.

60 Colander, D. C. & Kupers, R. (2016): Complexity and the Art of Public Policy – Solving society's problems from the bottom up, Princeton University Press, S. 114 ff.

61 Vgl. https://en.wikiquote.org/wiki/John_Maynard_Keynes_and_Friedrich_Hayek, aufgerufen am 22. September 2025.

62 Vgl. Deutscher Presserat (2020): Jahresbericht 2020. https://www.presserat.de/jahresberichte-statistiken.html, aufgerufen am 20. September 2025.

63 Vgl. Sachverständigenrat Wirtschaft (2019): Aufbruch zu einer neuen Klimapolitik – Sondergutachten. Wiesbaden. https://www.sachverstaendigenrat-wirtschaft.de/fileadmin/dateiablage/gutachten/sg2019/sg_2019.pdf, aufgerufen am 20. September 2025.

64 Ein lesenswerter Abriss der Irlandkrise und der Arbeit des IWF findet sich bei Pulitzer-Preis-Autor Ahamed, L. (2014): Money and Tough Love – On Tour with the IMF. Visual Editions, London. Für eine vergleichende Studie zur Aufarbeitung von faulen Immobilienkrediten siehe Andritzky, J. (2014): Resolving Residential Mortgage Distress: Time to Modify? IWF Arbeitspapier WP/14/226. https://www.imf.org/external/pubs/ft/wp/2014/wp14226.pdf, aufgerufen am 22. September 2025.

65 Teile dieses Abschnitts bedienen sich unseres Beitrags Andritzky, J. & Hesse, N. (2025): Dezentralistisch und langfristig ausgerichtete Soziale Marktwirtschaft 2050, in: Enste, D., Funk, L. & Klös, H.-P. (Hrsg.), Wirtschaft und Evolution. Kohlhammer Verlag, S. 167–177.

66 Vgl. Holz, M., Schlepphorst, S., Brink, S., Icks, A. & Welter, F. (2019): Bürokratiewahrnehmung von Unternehmen, Institut für Mittelstandsforschung, Bonn. https://www.econstor.eu/handle/10419/202423, abgerufen am 20. September 2025.

67 Siehe Statistik der Bundesagentur für Arbeit (2024): https://statistik.arbeitsagentur.de/DE/Navigation/Statistiken/Fachstatistiken/Grundsicherung-fuer-Arbeitsuchende-SGBII/Sanktionen-Widersprueche-Klagen/Sanktionen-Widersprueche-Klagen-Nav.html, aufgerufen am 20. September 2025. Siehe auch das Gutachten für den Normenkontrollrat erstellt von McKinsey & Company (2019): Erst der Inhalt, dann die Paragraphen. https://www.normenkontrollrat.bund.de/Webs/NKR/SharedDocs/Downloads/DE/Gutachten/2019-erst-der-inhalt-dann-die-paragraphen.pdf?__blob=publicationFile&v=6, aufgerufen am 15. September 2025.

68 Vgl. Badaan, V., Jost, J. T., Fernando, J., & Kashima, Y. (2020): Imagining better societies: A social psychological framework for the study of utopian thinking and collective action. Social and Personality Psychology Compass, 14(4). https://doi.org/10.1111/spc3.12525, aufgerufen am 23. September 2025.

69 Vgl. Bojanowski, A. (2024): Was Sie schon immer übers Klima wissen wollten, aber bisher nicht zu fragen wagten. Westend, S. 125.

70 Teile dieses Kapitels beziehen sich auf den Beitrag Andritzky, J. & Hesse, H. (2023): Soziale Marktwirtschaft, aber richtig. Frankfurter Allgemeine Zeitung vom 18. Juli 2023. https://www.faz.net/aktuell/wirtschaft/soziale-marktwirtschaft-aber-richtig-staat-engt-den-spielraum-ein-19039796.html, aufgerufen am 20. September 2025.

71 Weitere Beispiele sind in Fachbüchern zur strategischen Vorausschau zu finden, so zum Beispiel in Veröffentlichungen des Competence Centers Foresight des Fraunhofer-Instituts für System- und Innovationsforschung (ISI) oder im Buch von Merkel-Berater Bergheim, S. (2020): Zukünfte – Offen für Vielfalt. Das Handbuch für den klugen Umgang mit dem Später. ZGF Verlag.

72 Vgl. https://www.denkfabrik-bmas.de/, aufgerufen am 16. September 2025.

73 Vgl. https://www.bmftr.bund.de/DE/Forschung/Gesellschaft/StrategischeVorausschau/strategischevorausschau_node.html, aufgerufen am 16. September 2025.

74 Vgl. Warnke, P., Priebe, M. & Veit, S. (2021): Studie zur Institutionalisierung von Strategischer Vorausschau als Prozess und Methode in der deutschen Bundesregierung. https://www.isi.fraunhofer.de/de/competence-center/foresight/projekte/studie-zur-institutionalisierung-von-strategischer-vorausschau-a.html, aufgerufen am 23. September 2025.

75 Vgl. zum Beispiel Bass, B. M. (1990): Bass & Stogdill's handbook of leadership: Theory, research, and managerial applications. Free Press. https://psycnet.apa.org/record/1990-98476-000, aufgerufen am 20. September 2025.

76 Vgl. Deutscher Bundestag (2023): Gesetzentwurf der Bundesregierung zur Änderung des Gebäudeenergiegesetzes, zur Änderung der Heizkostenverordnung und zur Änderung der Kehr- und Überprüfungsordnung. Drucksache 20/6875, S. 50–91. https://dserver.bundestag.de/btd/20/068/2006875.pdf, aufgerufen am 19. September 2025.

77 Vgl. Criscuolo, C., Gonnei, N., Kitazawai, K. & Lalanne, G. (2022): An industrial policy framework for OECD countries – Old debates, new perspectives, in: Technology and Industry Policy Papers, No. 127. https://doi.org/10.1787/0002217c-en, aufgerufen am 23. September 2025.

78 Vgl. Mazzucato, M. (2022): Mission Economy. Penguin Books. London, S. 86–87.

79 Vgl. Mazzucato, M. & Rodrik, D. (2023): Industrial Policy with Conditionalities: A Taxonomy and Sample Cases. UCL Institute for Innovation and Public Purpose Working Paper Series (IIPP WP 2023-07). https://www.ucl.ac.uk/bartlett/publications/2023/oct/industrial-policy-conditionalities-taxonomy-and-sample-cases, aufgerufen am 25. September 2025.

80 Vgl. Mazzucato, M. & Rodrik, D. (2023), S. 6.

81 Vgl. Staff Report des Internationalen Währungsfonds zu Irlands 12. Review. https://www.imf.org/en/Publications/CR/Issues/2016/12/31/Ireland-Twelfth-Review-Under-the-Extended-Arrangement-and-Proposal-for-Post-Program-41147, aufgerufen am 16. September 2025.

82 Vgl. Staff Report der Europäischen Kommission zum Reviews im Frühjahr 2013. https://ec.europa.eu/economy_finance/publications/occasional_paper/2013/pdf/ocp154_en.pdf, aufgerufen am 16. September 2025.

83 Vgl. Statistisches Bundesamt (2025): Zeitverwendungserhebung (ZVE) 2022. https://www.destatis.de/DE/Themen/Gesellschaft-Umwelt/Einkommen-Konsum-Lebensbedingungen/Zeitverwendung/Tabellen/erwerbsarbeit-unbezahlte-arbeit-geschlecht-zve.html, aufgerufen am 18. August 2025.

84 Vgl. Statistisches Bundesamt (2025): Erwerbstätigkeitsquote 1911 bis 2024. https://www.destatis.de/DE/Themen/Arbeit/Arbeitsmarkt/Erwerbstaetigkeit/Tabellen/erwerbstaetigenquoten-gebietsstand-geschlecht-altergruppe-mikrozensus.html, aufgerufen am 18. August 2025.

85 Vgl. Greenwood, J., Guner, N., Kocharkov, G. & Santos, C. (2014): Marry Your Like – Assortative Mating and Income Inequality. American Economic Review. No. 104. S. 348–353. https://www.aeaweb.org/articles?id=10.1257/aer.104.5.348, aufgerufen am 18. August 2025.

86 Vgl. Costa, D. & Kahn, M. (2000): Power Couples – Changes in the Locational Choice of the College Educated. The Quarterly Journal of Economics. https://academic.oup.com/qje/article-abstract/115/4/1287/1820397, aufgerufen am 18. August 2025.

87 Vgl. Antonelli, M., Castaldo, A., De Bonis, V. & Salustri, A. (2024): Do different household models affect poverty? Applied Economics. https://www.tandfonline.com/doi/full/10.1080/00036846.2024.2364086?casa_token=I7hHi_ygqyYAAAAA%3Ag-8W3HIKZc_GeeKYjjWhaQNr9X87MbzZexjyHv8M1Wqb1L2WUlj4_WWjRQ6Z-1vDhe4mmyH0qhbfcIgWc, aufgerufen am 18. August 2025.

88 Vgl. Sachverständigenrat Wirtschaft (2019): Jahresgutachten 2019/2020 – Den Strukturwandel meistern. Wiesbaden, S. 119.

89 Vgl. zum Beispiel Umfrage von INSA im Auftrag der Bild am Sonntag. Vgl. Block, T. & Eichinger, R. (2024): 72 Prozent halten die Rente nicht für sicher!, in: Bild am Sonntag vom 6. April 2024. https://www.bild.de/politik/inland/politik-inland/rente-das-denken-die-deutschen-wirklich-87774370.bild.html, aufgerufen am 18. August 2025.

90 Vgl. BMAS (2024): Rentenversicherungsbericht 2024. https://www.bmas.de/SharedDocs/Downloads/DE/Rente/rentenversicherungsbericht-2024.pdf, aufgerufen am 25. September 2025.

91 Vgl. Deupmann, U. (2006): SPD läuft Sturm wegen Rente mit 67, in: Bild am Sonntag vom 16. Februar 2006. https://www.bild.de/news/2006/spd-rente-beck-widerstand-98576.bild.html, aufgerufen am 18. August 2025.

92 Vgl. MSN (2025): Klingbeil kritisiert Reiches Renten-Vorschlag. https://www.msn.com/de-de/nachrichten/politik/klingbeil-kritisiert-reiches-renten-vorschlag/ar-AA1Jv5Ib, aufgerufen am 18. August 2025. Andrea Nahles, damals Bundesarbeitsministerin, wiederum erinnerte in einem BILD-Interview 2016 lieber an ihren Vater: »Mein Vater war Maurer und ist mit 73 Jahren gestorben. Wenn mir da einer mit Arbeiten bis 70 kommt, werde ich sauer.« Vgl. Eichinger, R. & Hellemann A. (2016): Bis 70 arbeiten? Da wird Nahles richtig sauer!, in: Bild am Sonntag vom 23. April 2016. https://www.bild.de/politik/inland/gesetzliche-rentenversicherung/rente-mit-70-45503260.bild.html, aufgerufen am 18. August 2025.

93 Vgl. Andritzky, J., Munkacsi, Z. & Wang, K. (2021): How to Gain the Most from Structural Conditionality of IMF-Supported Programs. IMF Working Paper WP21/139 https://www.imf.org/en/Publications/WP/Issues/2021/05/13/How-to-Gain-the-Most-from-Structural-Conditionality-of-IMF-Supported-Programs-50143, aufgerufen am 19. August 2025.

94 Siehe dazu auch CDU, CSU & SPD (2025): Verantwortung für Deutschland – Koalitionsvertrag zwischen CDU, CSU und SPD, S. 20. https://www.koalitionsvertrag2025.de/sites/www.koalitionsvertrag2025.de/files/koav_2025.pdf, aufgerufen am 19. August 2025.

95 Vgl. Sachverständigenrat Wirtschaft (2015): Jahresgutachten 2015/16 – Zukunftsfähigkeit in den Mittelpunkt. Wiesbaden, S. 308ff. Vgl. Sachverständigenrat Wirtschaft (2019): Jahresgutachten 2019/20 – Den Strukturwandel meistern. Wiesbaden, S. 106ff. Vgl. Sachverständigenrat Wirtschaft (2020): Jahresgutachten 2020/21 – Corona-Krise gemeinsam bewältigen, Resilienz und Wachstum stärken. Wiesbaden, S. 323.

96 Vgl. Decker, R. A., Haltiwanger J., Jarmin R. S. & Miranda, J. (2014): The role of entrepreneurship in US job creation and economic dynamism, in: Journal of Economic Perspectives 28 (3), S. 3–24.

97 Vgl. Sachverständigenrat Wirtschaft (2019): Jahresgutachten. 2019/20 – Den Strukturwandel meistern. Wiesbaden, S. 109.

98 Vgl. GEM Global Entrepreneurship Monitor 2023/24. https://www.gemconsortium.org/reports/latest-global-report, aufgerufen am 25. September 2025.

99 Vgl. EU Business Demographics Statistics 2022. https://ec.europa.eu/eurostat/statistics-explained/index.php?title=Business_demography_statistics, aufgerufen am 9. August 2025.

100 Vgl. Sachverständigenrat Wirtschaft (2019): Jahresgutachten 2019/20 – Den Strukturwandel meistern. Wiesbaden, S. 184ff. Vgl. Sachverständigenrat Wirtschaft (2020): Jahresgutachten 2020/21 – Corona-Krise gemeinsam bewältigen, Resilienz und Wachstum stärken. Wiesbaden, S. 518ff. Vgl. Sachverständigenrat Wirtschaft (2021): Jahresgutachten 2021/22 – Transformation gestalten: Bildung, Digitalisierung und Nachhaltigkeit. Wiesbaden, S. 406ff.

101 Vgl. Sachverständigenrat Wirtschaft (2021): Jahresgutachten 2021/22 – Transformation gestalten: Bildung, Digitalisierung und Nachhaltigkeit. Wiesbaden, S. 314f.

102 Vgl. Sachverständigenrat Wirtschaft (2020): Jahresgutachten 2020/21 – Corona-Krise gemeinsam bewältigen, Resilienz und Wachstum stärken. Wiesbaden, S. 294ff.

103 Zum Zusammenhang zwischen Arbeitskräfteangebot und Gründungsinzidenz vgl. Karahan, F., Pugsley, B., & Şahin, A. (2024): Demographic Origins of the Start-up Deficit. American Economic Review 114 (7), S. 1986–2023. https://www.aeaweb.org/articles?id=10.1257/aer.20210362, aufgerufen am 15. September.

104 Vgl. für die hier folgenden Überlegungen auch Sachverständigenrat Wirtschaft (2020): Jahresgutachten 2020/21 – Corona-Krise gemeinsam bewältigen, Resilienz und Wachstum stärken. Wiesbaden, S. 288ff.

105 Vgl. Acemoglu, D., Akcigit, U., Alp, H., Bloom, N., & Kerr, W. (2018): Innovation, Reallocation, and Growth. American Economic Review 108 (11), S. 3450–91. https://www.aeaweb.org/articles?id=10.1257/aer.20130470, aufgerufen am 25. September 2025.

106 Vgl. Rammer, C. & Spielkamp, A. (2015): Hidden Champions – Driven by Innovation: Empirische Befunde auf Basis des Mannheimer Innovationspanels. ZEW-Dokumentation 15(03). https://www.econstor.eu/bitstream/10419/109963/1/823406458.pdf, aufgerufen am 25. September 2025.

107 Vgl. Bloom, N., Brynjolfsson, E., Foster, L., Jarmin, R. Patnaik, M., Saporta-Eksten, I. & Van Reenen, J. (2019): What Drives Differences in Management Practices? American Economic Review 109 (5), S. 1648–1683. https://www.aeaweb.org/articles?id=10.1257/aer.20170491, aufgerufen 25. September 2025.

108 Für Evidenz aus Italien vgl. Serafinelli, M. (2019): Good Firms, Worker Flows, and Local Productivity. Journal of Labor Economics 37(3). https://doi.org/10.1086/702628, aufgerufen am 25. September 2025.

109 Vgl. Sachverständigenrat Wirtschaft (2019): Jahresgutachten 2019/20 – Den Strukturwandel meistern. Wiesbaden, S. 118.

110 Vgl. https://www.innovationsindikator.de/2024, aufgerufen am 20. August 2025.

111 Vgl. Sachverständigenrat Wirtschaft (2015): Jahresgutachten 2015/16 – Zukunftsfähigkeit in den Mittelpunkt. Wiesbaden, S. 317, sowie zitiert in Paqué, K.-H. (2012): Vollbeschäftigt. Das neue deutsche Jobwunder. Carl Hanser Verlag. München.

112 Die folgenden Abschnitte lehnen sich zur Anwendung der Spieltheorie an einen Artikel mit Stefan Zsolt Tari an, der unter dem Titel »Das Spiel um das Klima« am 14. Dezember 2023 in der NZZ sowie online https://www.nzz.ch/meinung/dem-klima-ist-nicht-geholfen-wenn-versorgungsluecken-mit-kohlestrom-gestopft-werden-ld.1770438, aufgerufen am 20. August 2025, veröffentlicht wurde, sowie zur Ermöglichung von Kooperationen an ein für die Denkfabrik R21 verfasstes Papier mit Nils Hesse, das unter dem Titel »Internationale Kooperationslösungen in der Klima- und Industriepolitik« im Juli 2024 unter https://denkfabrik-r21.de/wp-content/uploads/2025/01/Papier-Klima-und-Industriepolitik-ECF_v2-1.pdf, aufgerufen am 20. August 2025, veröffentlicht wurde.

113 Vgl. Nordhaus, W. D. (2021): Climate Club Futures – On the Effectiveness of Future Climate Clubs, in: Cowless Foundation Discussion Papers. 2619. https://elischolar.library.yale.edu/cowles-discussion-paper-series/2619, aufgerufen am 16. September 2025.

114 Vgl. https://www.ngfs.net/en und https://www.financeministersforclimate.org/, jeweils aufgerufen am 23. September 2025.

115 Vgl. https://climate-club.org/, aufgerufen am 20. August 2025.

116 Dieser Abschnitt lehnt sich an die folgende Veröffentlichung an: J. Andritzky und N. Hesse (2025): Should Non-EU Countries Be Able to Join the EU Emissions Trading System? Intereconomics 60 (1). S. 49–54. https://www.intereconomics.eu/contents/year/2025/number/1/article/should-non-eu-countries-be-able-to-join-the-eu-emissions-trading-system.html, aufgerufen am 20. August 2025.

117 Vgl. Roser, M. (2025): Why did renewables become so cheap so fast? In: Our World in Data. https://ourworldindata.org/cheap-renewables-growth, aufgerufen am 22. September 2025. Vgl. Goldman Sachs (2023): Electric vehicle battery prices are falling faster than expected. https://www.goldmansachs.com/insights/articles/electric-vehicle-battery-prices-falling?utm_source=chatgpt.com, aufgerufen am 22. September 2025.

118 Vgl. R. Veugelers in »Industrial strategies for Europe's green transition«, The Sound of Economics, Podcast vom 24. Januar 2024. https://podcasts.apple.com/us/podcast/industrial-strategies-for-europes-green-transition/id1124063625?i=1000642755273, aufgerufen am 25. September 2025.

119 Die Große Koalition hat den Abschluss neuer Klimaschutzverträge unter Finanzierungsvorbehalt gestellt. Vgl. https://www.klimaschutzvertraege.info/thema/aktuelles_vorbereitendes_verfahren, aufgerufen am 21. August 2025.

120 Vgl. Bellon, M., Aligishiev, Z. & Massetti, E. (2022): Macro-Fiscal Implications of Adaptation to Climate Change. Staff Climate Notes. https://www.imf.org/en/Publications/staff-climate-notes/Issues/2022/03/16/Macro-Fiscal-Implications-of-Adaptation-to-Climate-Change-512769, aufgerufen am 20. September 2025.

121 Vgl. Guardian News, https://youtu.be/jBBsv0QyscE, aufgerufen am 21. August 2025.

122 Zu den Externalitätskosten fossiler Brennstoffe vgl. https://www.imf.org/en/Topics/climate-change/energy-subsidies, aufgerufen am 23. September 2025.

123 Vgl. Vereinte Nationen, World Population Prospects 2024. https://population.un.org/wpp/, aufgerufen am 20. August 2025.

124 Vgl. Chateau, J., Jaumotte, F., & Schwerhoff, G. (2022): Economic and Environmental Benefits from International Cooperation on Climate Policies. IMF Departmental Paper. https://www.imf.org/en/Publications/Departmental-Papers-Policy-Papers/Issues/2022/03/16/Economic-and-Environmental-Benefits-from-International-Cooperation-on-Climate-Policies-511562, aufgerufen am 20. August 2025.

125 Vgl. Bojanowski, A. (2024): Was Sie schon immer übers Klima wissen wollten, aber bisher nicht zu fragen wagten. Westend, Neu-Isenburg.

126 Vgl. https://www.tagesschau.de/inland/deutschlandtrend, aufgerufen am 20. August 2025.

127 Vgl. Hagemeyer, L., Faus, R. & Bernhard L. (2024): Vertrauensfrage Klimaschutz – Mehrheiten für eine ambitionierte Klimapolitik gewinnen. Friedrich-Ebert-Stiftung. Bonn, S. 15. https://collections.fes.de/publikationen/content/titleinfo/450628, aufgerufen am 25. September 2025.

128 Der folgende Abschnitt lehnt sich an den Beitrag »Es ist Zeit für einen Wechsel in der deutschen Klimapolitik« an, der am 22. Dezember 2022 auf dem Blog der Universität St. Gallen erschienen ist. https://www.unisg.ch/de/newsdetail/news/es-ist-zeit-fuer-einen-wechsel-in-der-deutschen-klimastrategie/, aufgerufen am 20. September 2025.

129 Vereinfachte Rechnung auf Basis von Pro-Kopf-Inlandsemissionen aus Industrie und fossilen Energien ohne Landnutzungsänderungen im Jahr 2022. Vgl. Ritchie, H., Roser, M., & Rosado, P. (2020): $CO_2$ and Greenhouse Gas Emissions. https://ourworldindata.org/co2-and-greenhouse-gas-emissions, aufgerufen am 18. September 2025.

130 Eine ähnliche Formulierung wurde zuvor vom Physik-Nobelpreisträger Dennis Gábor verwendet, dem Erfinder der Holografie und einem Gründungsmitglied des Club of Rome.

131 Vgl. Lehmann, R. & Wollmershäuser, T. (2024): Struktureller Wandel im verarbeitenden Gewerbe – Produktion unterzeichnet Bruttowertschöpfung. ifo Schnelldienst 77(2). München. S. 55–60. https://www.ifo.de/publikationen/2024/aufsatz-zeitschrift/struktureller-wandel-im-verarbeitenden-gewerbe, aufgerufen am 19. September 2025, sowie der dortige Verweis zu https://www.vda.de/de/themen/automobilindustrie/marktentwicklungen/produktion-der-deutschen-automobilindustrie-internationalisiert-sich-weiter, aufgerufen am 19. September 2025.

132 Vgl. Kapitel 3 in IMF (2016): World Economic Outlook, April 2016. https://doi.org/10.5089/9781498398589.081, aufgerufen am 20. September 2025.

133 Vgl. Duval, R. & Aiyar, S. (2019): Strengthening the Euro Area – The Role of National Structural Reforms in Building Resilience. Staff Discussion Notes 19(05). https://doi.org/10.5089/9781498319706.006, aufgerufen am 20. September 2025.

134 Vgl. Gerl, M. (2016): Mit diesem Auto dürfen auch 16-Jährige fahren, in: Süddeutsche Zeitung vom 26. Dezember 2016. https://www.sueddeutsche.de/bayern/doesingen-dreirad-fuer-grosse-kinder-1.3308007, aufgerufen am 20. September 2025.

135 Vgl. https://de.wikipedia.org/wiki/Umweltbonus, aufgerufen am 20. September 2025.

136 Aufgenommen vor dem Monocle Café, in dem wesentliche Ideen dieses Buches entwickelt wurden. Vielen Dank für die Gastfreundschaft und Toleranz (denn eigentlich gilt »no laptops please«), Tyler!

137 Vgl. Abrahams, M. (2003): The Ig Nobel prizes – The annals of improbable research. Dutton.

138 Vgl. Andritzky, J. & Hesse, N. (2023): Experimentierrepublik Deutschland, Blogbeitrag für Wirtschaftliche Freiheit. https://wirtschaftlichefreiheit.de/wordpress/?p=33477, aufgerufen am 19. September 2025.

139 Vgl. Pressemitteilung des Bayerischen Staatsministeriums für Wohnen, Bau und Verkehr vom 15. Dezember 2023. https://www.stmb.bayern.de/med/pressemitteilungen/pressearchiv/2023/223/index.php, aufgerufen am 22. September 2025.

140 Laut der GENIOS-Datenbank in der Kategorie »Presse Deutschland« ergibt das Suchwort »Fußpilz« im Jahr 2024 354 Treffer, während das Wort »Catena-X« 31 Ergebnisse erzielt.

141 Vgl. Luttmer, N. (2020): Rent a Tier, in: Frankfurter Rundschau vom 22. Mai 2020. https://www.fr.de/wirtschaft/sharing-economy-rent-tier-huehner-schafe-bienen-mieten-13772822.html, aufgerufen am 22. August 2025.

142 Vgl. Bundesministerium für Wirtschaft und Energie (2017): Weißbuch Digitale Plattformen Digitale Ordnungspolitik für Wachstum, Innovation, Wettbewerb und Teilhabe. Berlin. https://www.bundeswirtschaftsministerium.de/Redaktion/DE/Publikationen/Digitale-Welt/weissbuch-digitale-plattformen.pdf?__blob=publicationFile&v=1, aufgerufen am 19. September 2025.

143 Vgl. Feld, L. P., Fuest, C., Haucap, J., Schweitzer, H., Wieland, V., & Wigger, B. (2017): Neue Diskriminierungsverbote für die digitale Welt? Stiftung Marktwirtschaft. https://www.stiftung-marktwirtschaft.de/wp-content/uploads/2024/08/KK_63_Digitalisierung_2017.pdf, aufgerufen am 19. September 2025.

144 Vgl. Rusche, C. (2020): Ist die GWB-Novelle ein Daten für alle Gesetz? IW-Kurzbericht Nr. 124. https://www.iwkoeln.de/fileadmin/user_upload/Studien/Kurzberichte/PDF/2020/IW-Kurzbericht_2020_GWB-Novelle.pdf, aufgerufen am 1. September 2025.

145 Vgl. Mattioli, D. (2012): On Orbitz, Mac Users Steered to Pricier Hotels, in: The Wall Street Journal vom 23. August 2012. https://www.wsj.com/articles/SB10001424052702304458604577488822667325882, aufgerufen am 20. September 2025.

146 Vgl. NBC News (2014): Uber's Surge Pricing Near Siege in Sydney Sparks Outrage. https://www.nbcnews.com/storyline/sydney-hostage-standoff/ubers-surge-pricing-near-siege-sydney-sparks-outrage-n268371, aufgerufen am 20. September 2025.

147 Vgl. Cohen, P., Hahn, R., Hall, J., Levitt, S. & Metcalfe, R. (2016): Using Big Data to Estimate Consumer Surplus: The Case of Uber, NBER Working Paper 22627. https://www.nber.org/system/files/working_papers/w22627/w22627.pdf, aufgerufen 25. September 2025. Vgl. auch Castillo, J.-C. (2025): Who Benefits from Surge Pricing? Econometrica 93 (5), S. 1811–1854. https://onlinelibrary.wiley.com/doi/abs/10.3982/ECTA19106, aufgerufen am 25. September 2025.

148 Vgl. Rollingstone Germany (2024): Taylor Swift machte sich gegen Dynamic Pricing bei Eras-Tour stark. https://www.rollingstone.de/taylor-swift-machte-sich-gegen-dynamic-pricing-bei-eras-tour-stark-2831837/, aufgerufen am 20. September 2025.

149 Vgl. https://www.adac.de/rund-ums-fahrzeug/auto-kaufen-verkaufen/import-export/reimport/, aufgerufen am 20. September 2025.

150 Vgl. Popper, K. R. (1945): The Open Society and Its Enemies – The Spell of Plato. Routledge, London.

151 Zitat aus der Fabel »Die Eiche und das Schilfrohr«. Das Schilfrohr verkörpert Resilienz, denn es übersteht den Sturm nicht trotz, sondern wegen seiner Nachgiebigkeit. Die Eiche steht dagegen für starre Kraft, die zwar imponiert, in Extremsituationen jedoch versagen kann. Quelle: https://www.lafontaine.net/les-fables/les-fables-du-livre-i/le-chene-et-le-roseau/, aufgerufen am 25. September 2025.

152 Vgl. PWC (2017): The Long View – How will the global economic order change by 2050. https://www.pwc.com/gx/en/research-insights/economy/the-world-in-2050.html, aufgerufen am 16. September 2025.

153 Vgl. Orlik, T. & Van Roye, B. (2020): An Economist's Guide to the World in 2050. Bloomberg. https://www.bloomberg.com/graphics/2020-global-economic-forecast-2050, aufgerufen am 20. August 2025.

154 Vgl. Veld, J. (2019): Quantifying the economic effects of the single market in a structural micromodel. European economy Discussion paper. Publications Office of the European Union. Luxemburg. https://doi.org/10.2765/281048, aufgerufen am 20. September 2025. Vgl. Mayer, T., Vicard, V., & Zignago, S. (2018): The Cost of Non-Europe, Revisited. Banque de France. Working Paper No. 673. http://dx.doi.org/10.2139/ssrn.3160818, aufgerufen am 20. September 2025. Vgl. Felbermayer, G., Gröschl, J. & Heiland, I. (2018): Undoing Europe in a New Quantitative Trade Model. Ifo Working Paper No. 250. München. https://www.ifo.de/DocDL/wp-2018-250-felbermayr-etal-tarde-model.pdf, aufgerufen am 20. September 2025.

155 Vgl. Santamaría, M., Ventura, J., & Yeşilbayraktar, U. (2020): Borders within Europe. National Bureau of Economic Research. https://doi.org/10.3386/w28301 sowie Felbermayr G. & M. Braml (2024): Der Freihandel hat fertig – wie die neue Welt(un)ordnung unseren Wohlstand gefährdet. Amalthea, Wien, S. 16.

156 Natürlich sollte nicht unerwähnt bleiben, dass die Förderung der Hypothekenbanken (die sogenannten Government-Sponsored Enterprises, insbesondere Fannie Mae und Freddie Mac) später durch zunehmend laxe Kreditstandards zu einem systemischen Risiko wurden, das in die globale Finanzkrise mündete.

157 Vgl. Letta, E. (2024): Much More Than a Market, April 2024. https://www.consilium.europa.eu/media/ny3j24sm/much-more-than-a-market-report-by-enrico-letta.pdf, aufgerufen am 20. September 2025. Sowie Draghi Report »The future of European competitiveness« von September 2024. https://commission.europa.eu/topics/eu-competitiveness/draghi-report_en, aufgerufen am 18. September 2025

158 Teile dieses Abschnitts basieren auf meinem Gastbeitrag »Wie eine klügere Industriepolitik auch ohne Subventionen gelingen kann« vom 3. März 2023 in der WELT. https://www.welt.de/wirtschaft/article244057027/Wie-eine-kluegere-Industriepolitik-auch-ohne-Subventionen-gelingen-kann.html, aufgerufen am 3. September 2025. Zum Thema Resilienz ist das Buch von Markus Brunnermeier »Die resiliente Gesellschaft«, erschienen 2021 beim Aufbau Verlag, zu empfehlen. Auf sein Buch geht auch das Eingangszitat von Jean de La Fontaine zurück.

159 Vgl. für China: Garcia-Marcia, D., Kothari, S. & Tao, Y. (2025): Industrial Policy in China – Quantification and Impact on Misallocation. IMF Working Paper WP/25/155. https://www.elibrary.imf.org/view/journals/001/2025/155/article-A001-en.xml, aufgerufen am 3. September 2025. Vgl. für EU-Länder: European Commission (2025): Policy and Strategy – State aid case support and policy. https://competition-policy.ec.europa.eu/document/download/68225c70-5570-4e10-b983-53efde939d7f_en?filename=state_aid_scoreboard_note_2024.pdf, aufgerufen am 5. September 2025. Zu OECD-Daten für Deutschland, vgl. https://www.oecd.org/content/dam/oecd/en/topics/policy-sub-issues/quantifying-industrial-strategies/QuIS-Germany.pdf, aufgerufen am 3. September 2025.

160 Der folgende Abschnitt bedient sich der Studie »Internationale Koordinationslösungen in der Klima- und Industriepolitik« zusammen mit Nils Hesse von Juli 2024. https://www.zukunftfabrik2050.de/wp-content/uploads/2024/07/ZF2050-Klima-und-Industriepolitik-R21-2024_07.pdf, aufgerufen am 5. September 2025.
Eine lesenswerte Abhandlung zur Industriepolitik findet sich auch im Gutachten des Wissenschaftlichen Beirats beim Bundesministerium für Wirtschaft und Energie vom August 2025, vgl. https://www.bundeswirtschaftsministerium.de/Redaktion/DE/Publikationen/Ministerium/Veroeffentlichung-Wissenschaftlicher-Beirat/industriepolitik-in-europa.pdf?__blob=publicationFile&v=6, aufgerufen am 5. September 2025.

161 Vgl. Criscuolo, C., Gonnei, N., Kitazawai, K. &. Lalanne, G. (2022): An industrial policy framework for OECD countries: Old debates, new perspectives. OECD Science, Technology and Industry Policy Papers, Nr. 127. OECD Publishing, Paris. https://doi.org/10.1787/0002217c-en, aufgerufen am 20. September 2025.

162 Vgl. Hulfeld, F., Spescha, A. & Wörter, M. (2025): Innovationsstandort Schweiz unter Druck, in: Die Volkswirtschaft – Plattform für Wirtschaftspolitik. https://dievolkswirtschaft.ch/de/2025/07/innovationsstandort-schweiz-unter-druck/, aufgerufen am 5. September 2025.

163 Vgl. https://single-market-economy.ec.europa.eu/industry/sustainability/net-zero-industry-act_en, aufgerufen am 4. September 2025.

164 Vgl. Krohn, P. & Theile, G. (2024): Wie »Made in China« das neue »Made in Germany« werden soll, in FAZ vom 12. November 2024. https://www.faz.net/aktuell/wirtschaft/wird-made-in-china-das-neue-made-in-germany-110104316.html, aufgerufen am 4. September 2025.

165 Für eine ältere Übersicht siehe Abbildung 148 in Sachverständigenrat Wirtschaft (2022): Jahresgutachten 2022/23 – Energiekrise solidarisch bewältigen, neue Realität gestalten. Wiesbaden, S. 373.

166 Vgl. Tagesschau (2025): Brüssel stellt Weichen für weltgrößte Freihandelszone. Stand 3. September 2025. https://www.tagesschau.de/wirtschaft/weltwirtschaft/mercosur-handelsabkommen-eu-kommission-100.html, aufgerufen am 4. September 2025.

167 Vgl. Die Bundesregierung (2023): Wirtschaftsbeziehungen mit Kanada ausbauen. https://www.bundesregierung.de/breg-de/bundesregierung/bundesministerien/bundesministerium-fuer-wirtschaft-und-energie/ceta-ratifizierung-2059226, aufgerufen am 4. September 2025.

168 Basierend auf dem Zukunft-Fabrik.2050 Brownbag vom 10. Februar 2023 mit Roger Nord, Deputy Direktor beim Internationalen Währungsfonds.

169 Zur statistischen Grundlage siehe die gute Übersicht des Bundesministeriums für Landwirtschaft, Ernährung und Heimat. https://www.bmel-statistik.de/landwirtschaft/landwirtschaftliche-gesamtrechnung/landwirtschaftliche-gesamtrechnung-in-der-eu, aufgerufen am 26. September 2025.

170 Andere Rechtfertigungsgründe wie der Erhalt von Landschaften und Biodiversität, die hier nicht diskutiert werden, kamen erst später auf. Zu Beginn der europäischen Agrarpolitik, die auf Art. 39 (1) der Römischen Verträge von 1957 zurückgeht, spielten sie keine Rolle.

171 Vgl. Felbermayr, G. & Braml, M. (2024): Der Freihandel hat fertig – wie die neue Welt(un)ordnung unseren Wohlstand gefährdet. Amalthea, Wien, S. 126.

172 Vgl. zu Battery Electric Vehicles: EU Regulation vom 29. Oktober 2024 (2024/2754): https://eur-lex.europa.eu/legal-content/EN/TXT/?uri=OJ%3AL_202402754, aufgerufen am 20. September 2025. Vgl. zu zinnbeschichtetem Stahl: EU Regulation vom 13. Januar 2025 (2025/81): https://eur-lex.europa.eu/eli/reg_impl/2025/81/oj/eng, aufgerufen am 20. September 2025.

173 Auszug aus der Listung in Felbermayr, G. & Braml, M. (2024): Der Freihandel hat fertig – wie die neue Welt(un)ordnung unseren Wohlstand gefährdet. Amalthea, Wien, S. 59.

174 Vgl. Felbermayr, G. & Braml, M. (2024): Der Freihandel hat fertig – wie die neue Welt(un)ordnung unseren Wohlstand gefährdet. Amalthea, Wien, S. 147ff.

175 Vgl. BMWK (2023): Leitplanken zur Stärkung der Versorgungssicherheit – Gutachten des Wissenschaftlichen Beirats beim Bundesministerium für Wirtschaft und Klimaschutz. https://www.bundeswirtschaftsministerium.de/Redaktion/DE/Publikationen/Ministerium/Veroeffentlichung-Wissenschaftlicher-Beirat/wissenschaftlicher-beirat-presseerklaerung-versorgungssicherheit-gutachten.pdf?__blob=publicationFile&v=12, aufgerufen am 5. September 2025.

176 Vgl. Felbermayr, G. & Braml, M. (2024): Der Freihandel hat fertig – wie die neue Welt(un)ordnung unseren Wohlstand gefährdet. Amalthea, Wien, S. 151ff.

177 Vgl. BMWK (2023): Leitplanken zur Stärkung der Versorgungssicherheit – Gutachten des Wissenschaftlichen Beirats beim Bundesministerium für Wirtschaft und Klimaschutz https://www.bundeswirtschaftsministerium.de/Redaktion/DE/Publikationen/

Ministerium/Veroeffentlichung-Wissenschaftlicher-Beirat/wissenschaftlicher-beirat-presseerklaerung-versorgungssicherheit-gutachten.pdf?__blob=publicationFile&v=12, aufgerufen am 5. September 2025.

178 Brief an Wilhelm Gundert von September 1960. Zitiert in: U. Lindenberg (Hrsg.), Mein Hermann Hesse – Ein Lesebuch. Suhrkamp Verlag, 2008.

179 Vgl. Webseite der Deutschen Rentenversicherung. https://www.deutsche-rentenversicherung.de/DRV/DE/Rente/Allgemeine-Informationen/Wissenswertes-zur-Rente/FAQs/Rente/Muetterrente_KEZ/KEZ_Muetterrente-III.html#fd2d1376-0e7b-49ae-bf1e-5c6d7cb7ec09, aufgerufen am 26. September 2025. Siehe auch Antwort auf eine Kleine Anfrage der Linken, 3. Februar 2025, Bundestag Drucksache 20/14874. https://dserver.bundestag.de/btd/20/148/2014874.pdf, aufgerufen am 26. September 2025.

180 Vgl. Ganslmeier, M. (2025): From the Pledge to Poll – Investigating the Impact of Campaign Promises on Party Alignment, in: Comparative Political Studies. https://doi.org/10.1177/00104140251342928, aufgerufen am 20. September 2025.

181 Vgl. Datenhandbuch zur Geschichte des Deutschen Bundestages. https://www.bundestag.de/dokumente/parlamentsarchiv/datenhandbuch/, aufgerufen am 26. September 2025.

182 Vgl. Andritzky, J. & Issleib, S. (2025): Die Kandidaten zur Bundestagswahl – Politikprofis und Beamte? http://www.zukunftfabrik2050.de/wp-content/uploads/2025/02/ZF2050-Kandidatenanalyse-BTW25-2025_02_15.pdf, aufgerufen am 19. September 2025.

183 Vgl. Bailer, S., Meißner, P., Ohmura, T. & Selb, P. (2013): Seiteneinsteiger im Deutschen Bundestag. Springer Fachmedien Wiesbaden. https://doi.org/10.1007/978-3-658-01026-3, aufgerufen am 20. September 2025.

184 Vgl. Andritzky, J. & Issleib, S. (2025): Sind Bundestagsausschüsse fachlich gut besetzt? http://www.zukunftfabrik2050.de/wp-content/uploads/2025/08/ZF2050-Ausschussbesetzung-21_BT.pdf, aufgerufen am 19. September 2025.

185 Vgl. Pilotti, A., Lasseb, K. & Di Capua, R. (2023): Das sozioprofessionelle Profil des Nationalrats. DeFacto. https://www.defacto.expert/2023/11/13/das-sozioprofessionelle-profil-des-nationalrats-2015-2023/, aufgerufen am 20. September 2025.

186 Zur Abgeordnetenentschädigung des Bundestages: https://www.bundestag.de/abgeordnete/mdb_diaeten/mdb_diaeten-214848. Zu den Bezügen der Nationalratsmitglieder: https://www.parlament.ch/de/%C3%BCber-das-parlament/parlamentsportraet/ratsmitglieder/bezuege-der-ratsmitglieder, aufgerufen am 20. September 2025. Daneben ist die personelle Ausstattung von Nationalratsmitgliedern weniger umfangreich.

187 Vgl. Initiative D21 (2025): eGovernment Monitor 2025. https://initiatived21.de/publikationen/egovernment-monitor/2025, aufgerufen am 26. September 2025.

188 Baldwin, R. E. (2025): The great trade hack – how Trump's trade war fails and the world moves on. CEPR Press. https://cepr.org/publications/books-and-reports/great-trade-hack-how-trumps-trade-war-fails-and-global-trade-moves, aufgerufen am 26. September 2025.

189 Für nur 249 Dollar pro Flasche. Zwei kaufen und 100 Dollar sparen. Jetzt bestellen unter https://gettrumpfragrances.com/, aufgerufen am 20. September 2025.

190 Im Englischen spricht man von Metapolitik, so wie es Colander und Kupers (siehe Kapitel 3) tun, doch hierzulande ist der Begriff von der Neuen Rechten besetzt.

191 Interview mit Steffen Mau im Handelsblatt vom 11. Oktober 2024. https://www.handelsblatt.com/politik/deutschland/steffen-mau-alte-weisse-maenner-das-ist-eine-karikaturhafte-uebertreibung/100005436.html, aufgerufen am 26. September 2025.

192 Vgl. World Summit of Committees of the Future, 2022. https://eptanetwork.org/database/policy-briefs-reports/2556, aufgerufen am 20. September 2025.

193 Vgl. dpa (2013): CSU – PKW-Maut für Ausländer Bedingung für Regierungsbeteiligung, in: Bild am Sonntag vom 11. August 2013. https://www.bild.de/regional/muenchen/csu-pkwmaut-fuer-auslaender-bedingung-fuer-31784928.bild.html, aufgerufen am 20. September 2025.

194 Vgl. »Gescheiterte Pkw-Maut kostet Steuerzahler weitere Millionen«, Handelsblatt vom 4. September 2025. https://www.handelsblatt.com/politik/deutschland/verkehr-gescheiterte-pkw-maut-kostet-steuerzahler-weitere-millionen/100152776.html, aufgerufen am 25. September 2025.

195 Man darf Angela Merkel zugutehalten, dass sie ansonsten Politikideen zuerst intern und mit Experten abzuprüfen pflegte, bevor sie an die Öffentlichkeit ging.

196 Vgl. dazu die Kleine Anfrage der Grünen vom 12. Juni 2025, https://dserver.bundestag.de/btd/21/004/2100474.pdf, aufgerufen am 20. September 2025.

197 Vgl. Referentenentwurf des Arbeitsmarktstärkungsgesetzes Bearbeitungsstand 12. September 2025. Das Papier ist über verschiedene Webseiten im Internet einsehbar, zum Beispiel https://www.portal-sozialpolitik.de/uploads/sopo/pdf/2025/2025-09-12_Arbeitsmarktst%C3%A4rkungsgesetz_RefE.pdf, aufgerufen am 25. September 2025.

198 Siehe zum Beispiel den Vergleich von Mengden, A. (2023): International Tax Competitiveness Index 2023, 10th Edition. Tax Foundation – Center for Global Tax Policy. https://taxfoundation.org/wp-content/uploads/2023/10/TF-ITCI23-Book_16-10_FV.pdf, aufgerufen am 20. September 2025.

199 Ein erster Pilot der Datenbank ist unter https://reformproposalhub.net/ verfügbar, aufgerufen am 25. September 2025.

200 Vgl. Gutachten des Normenkontrollsrats erstellt durch McKinsey & Company (2019): Erst der Inhalt, dann die Paragraphen. https://www.normenkontrollrat.bund.de/Webs/NKR/SharedDocs/Downloads/DE/Gutachten/2019-erst-der-inhalt-dann-die-paragraphen.pdf?__blob=publicationFile&v=6, aufgerufen am 15. September 2025.

201 Es ist mir schwergefallen, aber nach den Ereignissen rund um die Richterwahl für das Bundesverfassungsgericht im Sommer 2025 habe ich im Entwurf dieses Satzes das Wort »selbstverständlich« durch »weitgehend« ersetzt.

202 Vgl. Bayer, C., Christanell, N., Höftberger, C., Kuhn-Régnier, P., Lampe, R., Maisch, B., Ostergaard, J., Premchand, S., Rode-Schubert, C. & Sander, M. (2024): Zehn Leitideen zum Gesundheitssystem der Zukunft. https://www.zukunftfabrik2050.de/10-leitideen-zum-gesundheitssystem-der-zukunft/, aufgerufen am 26. September 2025.

203 Dieser Abschnitt basiert auf Andritzky, J. & Hesse, N. (2025): Dezentralistisch und langfristig ausgerichtete Soziale Marktwirtschaft 2050, in: Enste, D., Funk, L. & Klös, H.-P. (Hrsg.), Wirtschaft und Evolution. Kohlhammer Verlag, S. 167–177.

204 Vgl. https://www.hamburg.de/politik-und-verwaltung/behoerden/bsfb/themen/schulaufsicht/inspektionsberichte, aufgerufen am 25. September 2025.

205 Vgl. Interview mit Ludger Wößmann im Handelsblatt vom 15. Oktober 2024. https://www.handelsblatt.com/meinung/gastbeitraege/bildung-mathematik-istsubstanzieller-als-neue-schicke-turnhallen/100071874.html, aufgerufen am 26. September 2025.

206 Vgl. Voßkuhle, A. & Bogumil, J. (2024): Wie Bürokratieabbau wirklich gelingt, in: FAZ vom 8. Februar 2024. https://www.faz.net/einspruch/wie-buerokratieabbau-wirklich-gelingt-19503510.html, aufgerufen am 20. September 2025.

207 Vgl. Andritzky, J. & Keller, M. (2024): Ein neues Grundrecht als Schlüssel zum Bürokratieabbau, in: FAZ Einspruch Exklusiv vom 17. März 2024. https://www.faz.net/einspruch/wie-kann-buerokratieabbau-gelingen-19592967.html, aufgerufen am 20. September 2025, sowie Andritzky J. & Keller, M. (2024): Rechtsunklarheit durch zu viel Recht – was tun? Zeitschrift für Rechtspolitik. Heft 8, S. 225–256. https://beck-online.beck.de/?vpath=bibdata%2Fzeits%2FZRP%2F2024%2Fcont%2FZRP%2e2024%2eH08%2eNAMEINHALTSVERZEICHNIS%2ehtm, aufgerufen am 20. September 2025.

208 Vgl. Alexander, R. (2025): Letzte Chance. Der neue Kanzler und der Kampf um die Demokratie. Siedler Verlag, München.

209 Vgl. Stelter, D. (2024): Von Wirtschaft kaum Ahnung (249). BTO – Der Ökonomie-Podcast mit Daniel Stelter. https://www.youtube.com/watch?v=abTxO1lY1XE, aufgerufen am 20. September 2025.

210 Das Zitat wird ebenfalls Nelson Mandela zugeschrieben.

# Über den Autor

Jochen Andritzky war Generalsekretär des Sachverständigenrates (fünf Wirtschaftsweise). Er studierte Wirtschaft und Politik in St. Gallen, Stockholm und Melbourne und promovierte in Volkswirtschaftslehre. Seine berufliche Laufbahn führte ihn u. a. zum Internationalen Währungsfonds nach Washington DC. Nach 20 Jahren im Ausland kehrte er nach Deutschland zurück und war bestürzt darüber, wie sehr sein Heimatland den Anschluss verloren hatte. Damit Politik wieder langfristig gedacht wird, rief er vor vier Jahren die Initiative Zukunft-Fabrik.2050 ins Leben.